JEAN-PAUL SARTRE [LE COLONIALISME EST UN SYSTEME] et autres

植民地の問題

J-P・サルトル

解説 海老坂 武

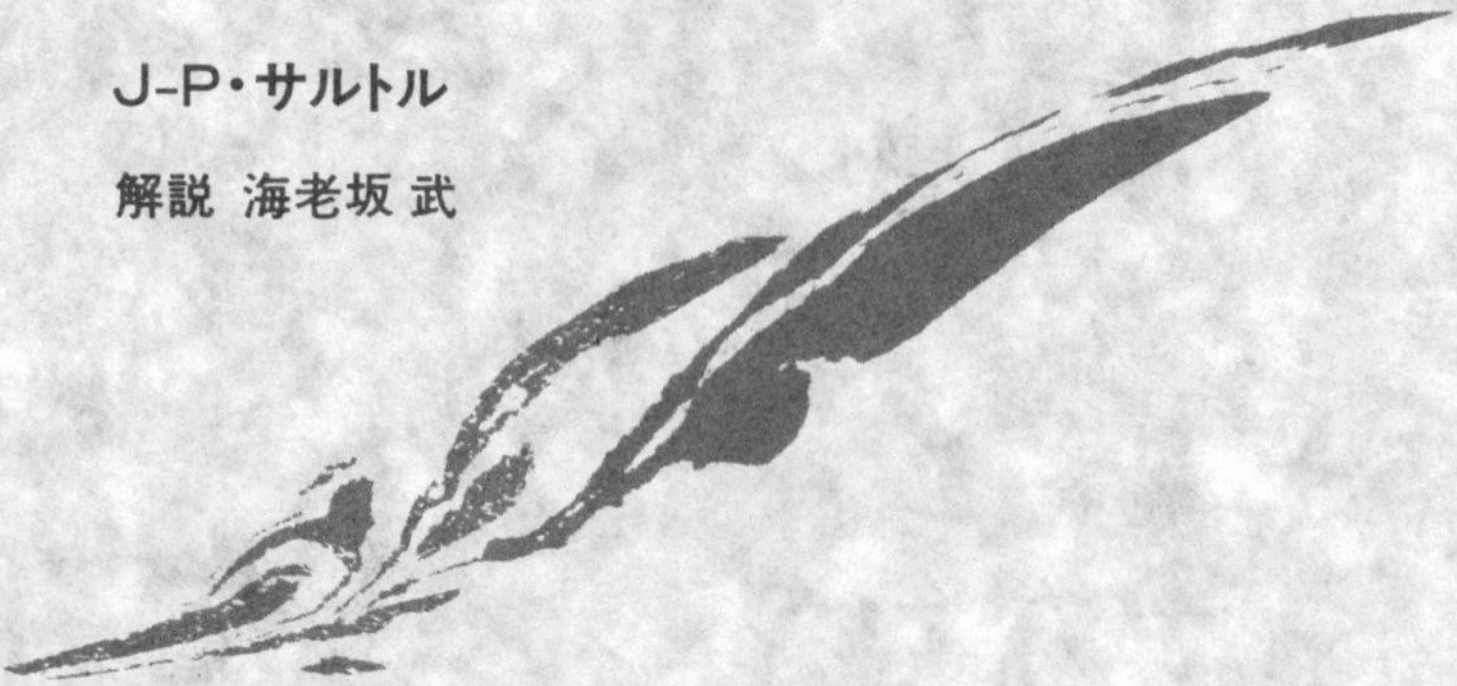

「一つの中国からもう一つの中国へ」	多田道太郎 訳
植民地主義は一つの体制である	多田道太郎 訳
『植民者の肖像と被植民者の肖像』	渡辺 淳 訳
『地に呪われたる者』	鈴木道彦/海老坂 武 訳
パトリス・ルムンバの政治思想	鈴木道彦 訳
黒いオルフェ	鈴木道彦/海老坂 武 訳
ラッセル法廷	浦野衣子 訳
ジェノサイド	加藤晴久 訳
第三世界は郊外に始まる	鈴木道彦 訳

JIMBUN SHOIN
人文書院

時代との婚姻

海老坂　武

作家はすべて時代の中に状況づけられている、自分の時代が作家の唯一の機会である、したがって作家は自分の時代と一つになるべきである……

「レ・タン・モデルヌ」誌「創刊の辞」（一九四五年）の中で、サルトルはこのように〈時代との婚姻〉を高らかにうたった。そして時代の状況の中で、政治的・社会的事件の一つ一つについて立場を明らかにすることを約束した。それは編集長としての、また作家としてのいわば〈公約〉であった。以後三十五年、この〈公約〉はほぼ守られたと言っていい。いま自分たちはいかなる状況の中にいるか、この状況をどのような方向にむかって乗りこえるべきか。時代から発せられるさまざまな問いをめぐって、サルトルは持続的に、精力的に発言を続けた。彼以上に、こうした〈アンガジュマン〉に忠実であった知識人は、すくなくともフランスにおいては、他にいない。

今日の時点から振り返ってみるなら、とりわけ政治の面で、彼の判断の中には事実誤認もあった（たとえば朝鮮戦争の発端について）。評価の誤りもあった（ソ連の社会主義の可能性について）。しかしそれは、未来の眼によってではなく、「なまなましい眼で、やがて滅びる本当の眼で世界を見よう」とする者にとって、いま、ここで決断をし、いま、ここで立場を取ろうとする者にとって、不可避の誤りであったとも言える。決して誤ろうとしないなら、立場をとらず、沈黙をきめこめばよかっただろう。あるいは距離をおいて、批判的観点にだけ身を置けばよかっただろう。ある時期のカミュのように、ある時期のメルロ－ポンティのように、生涯にわたってのレイモン・アロンのように。

しかし、「一つ一つの言葉はさまざまな反響を生む。一つ一つの沈黙もまたその通り。私はフローベールやゴンクールを、コミューヌにつづくあの弾圧について責任があると考える」と書いた者にとって、沈黙は不可能だった。判断を回避して沈黙をするなら、筆を折り、雑誌を廃刊にする必要があったろう。たしかに今日、サルトルがタルの上に乗ってマイクをつかみ、ルノー工場の前で工員に語りかけている風景を映像でみるとき、ある種のコミックな感じを押さえきれない。街頭に出て、発禁になったマオイストの雑誌を売っているサルトルについても、コミックと感じる人はいるかもしれない。

しかし他方、サルトルの葬儀の日に、五万人と言われる群衆がモンパルナスの墓地のまわりにつめかけた、ということをどう考えるべきだろう。病院から出棺されるときに、「家族の方は前に」という葬儀屋のうながしにたいして、「私たちすべてが家族です！」という女性の声が飛んだそうだが（翌日の新聞記事）、この一つの声を、この複数でありえた声を、どう考えるべきだろう。それは、『嘔吐』や『自由への道』の作者に、『弁証法的理性批判』や『家の馬鹿息子』の作者に投げかけられたものだろうか。

おそらく、そうではないだろう。それと無関係ではないだろうが、それだけのサルトルであったなら、二十世紀の偉大なる作家、偉大なる哲学者であったというだけなら、五万人の人間が街頭に出て、それぞれの仕方でサルトルに想いを寄せるという光景は決して見られなかっただろう。この日、人びとが歩きながら思いを寄せ、カフェではてしなく論じ合ったのは、何か大きな事件があるたびにその発言に人びとが耳を傾けたサルトル、ピエロとみなされながらも街頭に立って語り続けたサルトル、時代との婚姻という公約に忠実であり続けたサルトルだったのではないだろうか。意見を共にするにしても異にするにしても、同時代人にとってサルトルは、比類なき対話者だったのである。

いずれにせよ、『シチュアシオン』十巻は、状況の中で立場を鮮明にすることを選び、時代の中で格闘したサルトルの〈アンガジュマン〉の直接の軌跡と言える。内容は、政治、文学、哲学、芸術、肖像と多岐にわたり、形式も、論文、エッセイ、序文、インタヴュー、講演記録、書評、映画評とさまざまである。いずれも一度、なんらかの形で発表されたものであり、テーマによる配列に若干の配慮がみられるが、基本的には、発表の年代順に編集され、すべての巻がサルトルの生前に刊行されている。ここにおさめられた文章以外にも数多くの発表された文章がありインタヴュー記事があるのだが、取捨選択にあたっては、当然サルトルの意図が反映されていると考えられる。どの文章を取りどの文章を捨てたか、その尺度は明らかでない。ただすくなくとも『シチュアシオン』におさめられた作品は、インタヴューを含めて、質的にレヴェルの高いものばかり、と言うことはできる。状況の産物と言えるこのような作品群にたいし、サルトル自身、『嘔吐』や『言葉』とは別の意味での愛着をもっていた気配がある。

ところで、日本語訳の『シチュアシオン』全十巻は数年前から絶版になったままである。状況の産物であるがゆえに、このような作品が時代がたつにつれて人びとの関心を惹かなくなる、ということはある程度やむをえぬことである。またいわゆる「サルトル離れ」という現象もあるだろう。一九七〇年代の中頃までは、大学の生協の書店にサルトル全集は必ずあったし、一般の書店にも必ずサルトルのコーナーがあった。それがいつしかなくなり、今ではサルトルの著作を見つけること自体が難しくなっている。要するに、サルトルの読者の数が減っていったということである。

しかし、サルトルの読者がまったくいなくなったかというと、決してそうではないようだ。この間、少部数ながら刊行された『家の馬鹿息子』の第一巻、第二巻は難解な作品であるにもかかわらずもう在庫がなくなっているし、『実存主義とは何か』や『嘔吐』はたえず読まれ続けている。『存在と無』の再刊を望む声も大きかったという。読者の要求に応じての、新たな提示の仕方が問われている、と考えるべきであろう。

そこで『シチュアシオン』だが、このまま眠らせてしまうのはあまりにももったいないないし、全集を刊行してきた出版者としての責任もあるはずである。もちろん全十巻を改訳した上で復刊するにこしたことはないのだが、出版情勢とにらみあわせるとなると、テーマ別に再構成し、縮約をし、改訳をした上で解説を付して刊行するのが妥当ではないか、というのが、人文書院と私を含めて何人かの研究者がたどりついた結論である。

いまのところ『植民地の問題』、「文学」、「哲学・言語」、「芸術」、「肖像」の五つのテーマにもとづく五巻が予定されており、最終的には『シチュアシオン』全十巻の二分の一ということになるだろうか。その他のテーマとしては、「知識人」、「社会主義」、「旅」などが立てられうる。私個人としては、それらの巻がなんらかの形で刊行されることを希望している。


さて本巻は、植民地主義、植民地戦争、非植民地化をめぐってのテクストを一巻におさめたものである。そこで以下、なぜ〈植民地問題〉なのか、それらのテクストを読むことによって何が見えてくるのか、今日これらのテクストを読むことにいかなる意味がありうるか、といった点について、私の考えを簡単に述べておきたい。

第一に、植民地主義にたいする闘いは、また新植民地主義にたいする闘いは、サルトルの政治的〈アンガジュマン〉の中心部分をなしている、ということがある。サルトルは植民地国の人間として、二つの植民地戦争を体験した。一つは一九四六年に始まるインドシナ戦争、もう一つは一九五四年に始まるアルジェリア戦争である。周知のとおり、インドシナ戦争はフランスの完全敗北に終わり、ホー・チミン政権の正統性が再確認された（一九五四年七月）。アルジェリア戦争は苛酷な戦闘が七年間続き、武力解決の不可能をさとったド・ゴール政権がアルジェリアの独立を認めざるをえなくなる、という形で終結した（一九六二年）。

二つの植民地戦争のうち、サルトルがより深くコミットしたのはアルジェリア戦争の方である。「レ・タン・モデルヌ」誌は毎号のように政府のアルジェリア政策を批判する論説を掲載し、戦争反対の姿勢を示すだけでなく、アルジェリア人の要求が正当なものであることを明らかにしていた。本書におさめられた「植民地主義は一つの体制である」は、一九五八年一月、戦争の初期における反戦集会での発言であるが、結論の一句（「アルジェリア人民の側に立って、植民地の暴政からアルジェリア人とフランス人とを同時に解放すべく戦うこと」）のうちに、サルトルの姿勢がすでに明快に示されている。

この講演はアルジェリアにおける植民地主義の矛盾を冷静に分析したものであるが、その後アルジェリア戦争が激化し、フランス軍隊による捕虜の拷問や一般市民にたいする残虐行為が明るみに出るにつれ、サルトルの行動も発言も急進化していった。アルジェリアでの人権侵害に抗議する記者会見、反ド・ゴールのデモへの参加、友人フランシス・ジャンソンを中心とする脱走兵支援運動への積極的協力、〈アルジェリア戦争における不服従の権利の宣言〉（一二一人宣言）、反ファシズム連合の結成など、アルジェリア戦争に反対する運動の中心には常にサルトルの姿が見られるようになる。その結果、一九六一年には、アルジェリアの独立に反対する極右の組織によってボナパルト街の自宅に二度にわたって爆弾が仕掛けられるという事件も起こっている。フランツ・ファノンの『地に呪われたる者』に寄せた長い序文は、フランスとヨーロッパを断罪する言葉の激しさによって際立っているが、それはこのように緊迫した状勢と無関係ではないだろう。

植民地についてサルトルの〈アンガジュマン〉の中でもう一つ忘れてはならないのは、晩年、移民労働者たちを支援する運動の先頭に立ったことである。一九七〇年以降彼は、毛沢東派《マオイスト》と呼ばれる急進左翼の若者たちとしばしば行動を共にした。その成果の一つがサルトルを初代編集長とする日刊紙「リベラシオン」の創設（一九七三年）であるが、アフリカやアラブ諸国からの移民労働者の国外退去に反対し、彼らの空家住宅の占拠を支持する集会にも姿を現している。「第三世界は郊外に始まる」はこうした晩年のサルトルの一面を伝えてくれている。

第二に、植民地問題をめぐるサルトルのテクストをつきあわせていくと、そこには、歴史の方向《サンス》を見きわめよう、歴史の意味《サンス》を引き出そう、という哲学者としての〈アンガジュマン〉が浮きあがってくる。たとえばサルトルがアルジェリアにおける植民地主義の矛盾を指摘して、それが「自己破壊の道を歩んでいる」と結論するとき（「植民地主義は一つの体制である」）、あるいはヴェトナムにおけるアメリカの戦争犯罪が実のところ植民地犯罪であって、〈ジェノサイド〉こそが「一民族全体にたいする唯一、可能な政策」であり、そうであるがゆえに、核を使って絶滅の挙に出るか、和平を受け入れ撤退するかの二者択一しかない、と結論するとき、彼は歴史の分析に依拠しつつ、歴史の流れの方向を見きわめつつこの結論を導いている。

そしてサルトルにおいて特徴的なことは、植民地体制、植民地戦争、植民地文化が、いずれも人間たちのドラマとして生きられている様相に光を投げかけていることである。植民地体制（戦争、文化）の中で、ものと化した存在が、いかに人間となっていくか、客体がいかにして主体となるか、この反転、この人間生成の運動のうちに、彼は歴史の原動力と方向性、意味を見ているのだ。

ファノンへの並々ならぬ共感もおそらくそこにある。『地に呪われたる者』の第一章でファノンが植民地状況を描写するとき、彼はまず原住民をもののような身体として提示する。この、飢え、こごえ、うずくまる身体、この身体がどのようにして、おのれをとりまきおのれをつらぬく植民地暴力を生きているか、どのようにして筋肉の次元で始まった反乱を意識の次元に転移させ、原住民から民族の主権者へ、さらには〈全的人間〉へと生成していくか、客体から主体へのこの反転の運動こそファノンが非植民地化の過程として描き出したことだった。ファノンはしばしば〈暴力〉の理論家として紹介され、それ自体は決して誤りではないが、サルトルに言わせれば、この暴力とはこのように「自らを再び人間として作りあげつつある者の姿」なのである。

セゼールを中心に論じた「黒いオルフェ」もまたこの視角から読まれてよい。それは植民地の言語状況にある黒人が、なぜ詩を出口として自己表現をするか、なぜシュールレアリスムを武器とするかについての見事な分析であるが、同時に、〈ネグリチュード〉についての考察においては、〈ネグリチュード〉がいかにして人種的概念から歴史性へと変形していったか、黒人たちの詩がいかにして万人のための詩となりえたか、という転回・進展の相に力点が置かれており、ここでも普遍へとむかう人間生成の方向‐意味が垣間見られている。

第三に、しかし、植民地問題へのサルトルのアプローチには、倫理意識が深くかかわっている、ということが感じられる。出発点にあるのは、歴史への視線というよりも、むしろ植民地主義、植民地犯罪との共犯の拒否なのだ。いや、より正確に言うなら、フランス人は、〈彼ら〉にたいして何をしてきたか、とうおののきであり、有罪意識である。〈彼ら〉の視線を前にしての恥の感覚である。収奪、略奪、家畜化、奴隷化、拷問、殺戮、ジェノサイド、植民地主義の当然の帰結とみなされるこうした非人間的な企てへの共犯を拒否するためには、必ずしも歴史への透徹したヴィジョンを必要としないからである。

ただ、ここでは十分に展開して論じることはできないのだが、サルトルの思考の中では歴史の意味と個人の倫理とのあいだにある種の回路が成立していたようである。いずれにせよ、人間相互の関係がより倫理的になっていく社会をこそ、彼は歴史の方向 - 意味として構想していたのである。

第四に、植民地をめぐるサルトルのこれらの論集を今日読むことに、読み直すことにどのような意味があるのか、という問いであるが、さしあたって私は二つのことを記しておきたい。

第一、いま私たちは、帝国主義も植民地主義も過去の遺物であり、こうした歴史的概念は知の古道具箱にしまいこんでもよいような幻想の中で生きている。だがはたしてそうだろうか。東チモールの独立運動は植民地主義と何のかかわりもないことだろうか。アフガニスタンの内戦を生み出したのは、帝国主義としか言えないような勢力の介入ではなかったのか。そして今日のアルジェリアにおけるテロと弾圧の悪循環は？　帝国主義、植民地主義、新植民地主義といった概念は、役立たずの古びた概念では決してない。これに対抗しえた社会主義というカードが失効してしまっただけに、第三世界の国々はいま資本主義のグローバリゼーションにもろにさらされており、これらの概念は過去から現在へいたる旧植民地国の現実を解読するのによりいっそう重要になっている、と私は考えている。さらに言うなら、――本書の「パトリス・ルムンバの政治思想」において、サルトルが実に見事にその分析をしているのだが――新植民地主義という言葉をすててポスト・コロニアルとかポストコロニアリズムといった仮名文字を使う論者は、こういう言葉を使うことによって新たに何が見えてくるのかをまず明らかにすべきであろう。

第二。植民地問題は、私たち日本人にとっても過去の問題ではない。従軍慰安婦問題は、日本の植民地主義、植民地犯罪が半世紀以上たってもまだ過去の出来事ではないことの象徴でもある。一般的に言って植民地国の人間と被植民地国の人間とのあいだには、集団としての記憶に大きなギャップがある。そして、なぐった者となぐられた者との記憶を比較したとき後者の記憶こそ完全に正しい［正確の意ではない］のと同じように、二つの民族の支配―被支配においても後者の記憶こそ完全に正しいのである。そのギャップを埋めることからしか最終的な和解はありえない。忘れていたなら思い出すこと、思い出させること、知らないなら知ること、知らせること、学習を足場にして相手の記憶に自分の記憶を一歩でも近づけること、相手の記憶を想像によって生き直すこと。植民地を持ったことのある民族に、もしも倫理という観念があるなら、こうした記憶への努力が続けられねばならない。サルトルの文章がそういうことを私に教えてくれるし、他方、植民地犯罪に何一つふれず、加害の歴史はほおかむりしたまま見まいとする、見せまいとする『国民の歴史』という卑劣な書物もまたそういうことを私に教えてくれる。いま私はいささか腹を立てている。

一九九九年十二月

目次

サルトル手帖

<CARNET SARTRIEN>

45

2021

人文書院

未完の魅力

鈴木道彦

サルトルの長大なフローベール論である『家の馬鹿息子』の翻訳も、いよいよ第五巻が刊行されて完結した。

最近は話題になることも少なくなったサルトルだが、彼は実に多様な領域で仕事をした人だった。第二次世界大戦前には、今読んでも少しも古びたところのない小説『嘔吐』を書き、戦争中には彼の実存の思想の中核となる大著『存在と無』を刊行したし、戦後は、小説『自由への道』のほかに、数多くの戯曲を発表するとともに、そのさまざまな政治的思想的発言によって二十世紀を代表する知識人と見なされるようになった。その当時、彼の発する言葉は常に世界中から注目を浴びたものである。とくにアルジェリア戦争やハンガリー事件、そして日本では「五月革命」と呼ばれた六八年の「五月危機」などの際には、彼がどんな発言をするかということに、人びとは強い関心を寄せていた。たまたま一九五六年のハンガリー事件のときにフランスにいた私は、ある日、若い友人がサルトルの「スターリンの亡霊」の掲載された新聞を持って訪ねて来て、「サルトルが書いたぞ！」と興奮していたのを思い出す。それほどに、彼の発言は人びとに待たれていたのだった。

そのような彼の多彩な仕事のなかに、伝記文学とも呼ばれ得る一連の作品がある。その最初のものは一九四七年にまとめられた『ボードレール』だろうが、特に重要なのは一九五二年に刊行された『聖ジュネ』と、一九七一年にまず第一巻と第二巻が同時に刊行され、翌一九七二年に第三巻が出版された『家の馬鹿息子』である。

またそのほかに、アルジェリア戦争（一九五四〜一九六二）当時にサルトルのアパルトマンが右翼のプラスチック爆弾で破壊されたさいに焼失したといわれる『マラルメ論』もある。これは全体で二〇〇〇ページにも及ぶ大著になる予定であったらしく、きわめて重要な考察を含んでいることは、たまたま別な場所に保管されていたために焼失を免れた部分の文章からも容易に推察されるが、これについてはもし別な機会があればそのときに検討することにして、今はふれない。

さて、この『家の馬鹿息子』の冒頭におかれた「はじめに」という文章で、サルトルはこう書いている。

『家の馬鹿息子』は『方法の問題』の続篇である。その主題とは、今日、一個の人間について何を知りうるか、ということだ。この問題に対しては、ある具体例の研究によってだけ答えることができるように思われた。たとえば、ギュスターヴ・フローベールについて、われわれは何を知っているだろうか。このことは、われわれが彼について使える情報を全体化することに帰してしまう。

ここに言う『方法の問題』とは、初め「実存主義とマルクス主義」という題でポーランドのある雑誌に掲載された論文だが、その後に何度も加筆され、一九六〇年の『弁証法的理性批判』の出版にあたっては、その冒頭に、ただし『批判』とは別の作品として掲載されたものだ。これはサルトルの人間理解の方法をきわめて簡潔に語った論文と言ってよいだろう。

さらに、同じ『家の馬鹿息子』の「はじめに」のなかで、サルトルは次のように続ける。

それは一人の人間とは決して一個人ではないからである。人間を独自的普遍と呼ぶ方がよいだろう。

自分の時代によって全体化され、まさにそのことによって、普遍化されて、彼は時代のなかに自己を独自性として再生産することによって時代を再全体化する。人間の歴史の独自的な普遍性によって普遍的であり、自らの投企の普遍化する独自性によって独自的である彼は、両端から同時に研究されることを要求する。

サルトルの『家の馬鹿息子』は、このような考え方に基づいて、『ボヴァリー夫人』の作者ギュスターヴ・フローベールを、一個の独自的普遍として描き出そうとした作品であると言えよう。つまり彼は、十九世紀の一人の作家を例にとって、自分の考える人間理解の方法を例示したことになるだろう。

「今日、一個の人間について何を知りうるか」。これは考えてみると、非常に大胆な問題提起である。それだけに、その回答とも言うべき『家の馬鹿息子』が、これほどの大冊になったのもやむを得ないことだろう。しかし、この作品によって、すんなりと回答が与えられたわけでは決してない。これは結局、回答不能な問題提起でもあって、だからこそ本巻の最後でも、第三部「エルベノンまたは最後の螺旋」の末尾の部分（邦訳第四巻三九五ページ）とまったく同様に、サルトルは改めて『ボヴァリー夫人』を読み直すことに言及しながら、筆を擱かざるを得なかったのだろう。つまり『家の馬鹿息子』は、原書で三〇〇〇ページ近い分厚い三冊の大作でありながら、結局は未完に終わった作品なのである。そこには、失明という著者の肉体的条件もあったけれども、それ以上にサルトルの思想に固有の問題が含まれていると私は考える。

振り返って見ると、彼の作品のなかには、未完に終わったものが少なくない。その典型的な例は、戦中から戦後にかけて書き継がれた大作『自由への道』だろう。これはある意味で、サルトルの抱えた問題の困難さを象徴するような挫折だった。戦前の刺激的な論文「フランソワ・モーリヤック氏と自由」で、作中人物は自由でなければならないと主張し、小説における「神の視点」を排除したサルトルは、その一方で、一九六〇年にあるインタビューに答えて、「もしも文学が全体（tout）でないならば、それは一時間の労苦にも値しない。そのことをわたしは、『アンガージュマン』という言葉によって言い表したいのです」とも言っている。

これは途方もない野心であり、矛盾した試みだろう。しかも到達された全体は、もはや全体ではないはずだから、これは不可能な目標でもあった。つまり、「全体」を目指した彼のアンガージュマン文学は、初めから挫折を予告されてもいたのである。

しかしサルトルの魅力は、珠玉のように完成した作品を読者に提示するところにあるのではない。むしろ、破綻を恐れずに、不可能な目標に向かって荒々しく突き進んで行くその過程、その方法にこそ、彼の本質があるのではないか。それは小説でも伝記的文学でも同様である。

このことは『方法の問題』において、サルトルが次のように述べた個所にも現れている。

われわれは実存主義者のアプローチの方法を、遡行的―漸進的且つ分析的―総合的方法、と定義したい。それは同時に対象（これは段階づけられた意味づけとして時代すべてを包含している）と時代（これはその全体化作用のなかに対象を包含している）との間の豊饒化の力をもった往復運動である。

『家の馬鹿息子』が『方法の問題』の続篇であるということは、この「豊饒化の力をもった往復運動」にこそ示されている。それは飽くまでも運動であって、決して完成され固定された作品ではない。たとえこの作品がさまざまな点で破綻を示しているとしても、同時に随所に汲み取るべき指摘や考察を残しているのはそのためであろう。大胆不敵な問題提起や、破綻を恐れない解決の試み、サルトルの真骨頂は、こうした方法の豊かさにこそ求められるべきであろう。

再録

サルトルとの一時間

海老坂武

四月にしては風の冷たい日だった。定められた時刻の十二時半きっかりに、モンパルナスのラスパーユ通り二二二番地の建物に入る。エレヴェーターで十階まで。この上には屋根裏部屋しかない。『言葉』の中でも書いているように高い所が好きなようだ。エレヴェーターを降りるとすぐ右手のドアがサルトルの部屋。ベルを押すとすぐに彼が出てきた。

サルトルにゆっくり会いたいという気持は七二年四月にパリに落ち着いて以来ずっと抱いていた。日本での「知識人論」を大幅に修正せざるをえないであろう六八年以後の彼の政治的選択について、知識人における〈自己否定〉なるものについて、その他これまでほとんど知られていない十代の少年サルトルの文学的形成について、散逸してしまった初期の作品について、尋ねてみたいことはいくらもあった。しかし、とにかく忙しい人であり時間を作ってもらえるかどうかもわからない。また七一年に一度倒れて以後、健康状態がすぐれぬということも耳にしていた。そして何よりも当時私は、サルトルがライフワークとしている『フローベール論』二巻（その後三巻目が出た）にはまだほとんど手をつけていなかった。先方がもっとも重要と考えている最新の著作を読みもせず、のこのこと出かけていくのは非礼というものであろう。とにかく『フローベール』を読み終えてから、というのが私の気持で会見の申込みはずっとひかえていた。

今年（七三年）の二月ごろではなかったかと思う。サルトルやボーヴォワールと個人的に親しくしている朝吹登水子氏から、「健康状態は相変らずすっきりしないようだ。今できるときに会っておいたら」という意の好意ある助言を得た。朝吹氏は当時、サルトルの病状が悪化するのを真剣に憂えていた。また他方では、『フローベール論』読了まで、などと言っていたら私のことだから何年先になるかわからない、と見すかされていたのかもしれない。

実際、それまでの一年間、私は読書の時間の大半をこの大著に費していたのだが、三巻で三千頁のようやく三分の二近くを読み終えたにすぎなかった。予定ではあと半年が必要だった。ただそこまで読んできて、全体の輪郭――この本の方法と構造――はほぼ摑みえたように思えていた。一巻と二巻との読書を通じて出てきた問いをぶつけてみても、それほど見当違いのことにはならないであろう……。というわけで朝吹氏にさっそく連絡を取っていただくことにした。

ランデヴはじめ四月三日に予定されたが、気分がすぐれぬとのことで四月九日に延期された。貴重な時間を愚にもつかぬ質問でつぶしてしまっては、と、その日までの四週間、私は『フローベール論』を何度もめくり直して私なりにこの本を整理してみた。整理をしていく途上で宙に浮いていた疑問のあるものは解消され、あるものはそのまま残った。その残った疑問を今度はフランス語で一連の質問の形に練りあげて、頭の中におさめた。

とにかく聞いておけるだけのことを聞き出しておきたいという気持から、私は発音のまずさは忘れて次から次へと質問を繰りだした。それが適切なものであったか、あるいは的はずれのものであったかは今何とも言えない。ただサルトルは、私のどの質問にたいしてもていねいに、率直に、ときには忍耐強く答えてくれた、と思う。

答えの中には分かりきったものもあった。それはそうだがしかし、と言いたいものもあった。それではまったく不十分だな、と思うものもあった。しかし誰を相手にした場合でもそうだが、答えの深度は問いの水準によって決定される。私の作りあげた問いの装置からするなら、彼のしてくれた答えに満足すべきであろう。

『フローベール論』にかんしては三つの発言が特に私の注目を惹いた。第一。彼はこの本が彼自身の個人史とのかかわりの中で読まれることを好まない。あくまでもこれが方法の提示とその実験として、客観的な次元で論じられることを欲している。多くの批評家たちは『フローベール論』の中に一種の自己告白を聞き取ろうとした。しかしサルトルはあるインタヴュの中でこうした読み方を斥けている。だが『フローベール論』を書き始めた時期は『言葉』を書いていた時期とほぼ一致している。彼の描くフローベール像の中に少年ジャン－ポールを見るのはあたっていないとしても、『言葉』を書くことは、自分の幼年時代を方法論的に振り返る作業は、フローベールを内側から了解するのに大いに役立ったのではないか？

「かもしれない、ありうることだ。しかしそれはね……」と言葉をにごす。要するに『フローベール論』を『言葉』に近づけることを好まないのだ。この点で面白かったのは、方法を実験するモデルとして、彼は当初フローベールとロベスピエールとを考えたということ。これは初耳である。しかし結局は彼はフローベールを選んだのだ。「幼少期の回想がずっと多く残っていた」ので。もし彼がロベスピエールを選んでいたとしても、方法の提示という点では結果は同じだったろうか？　それは何とも微妙なところだ、と私は思う。

第二。実存主義的精神分析の適用というかぎりでは、彼はすでに一九五〇年に『聖ジュネ』を書いている。『聖ジュネ』と『フローベール論』との方法上の相異は何点かあるが、その一つに、前者には、フローベールの幼少期を解く上で二本の太い軸となっている、〈素質構成〉constitution と〈個性形成〉personnalisation という二つのモメントが区別されていない。より正確に言えば、ジュネがいかにしてジュネとなったかという〈個性形成〉に力点が置かれ、この形成の条件とその条件の中で幼児がおのれを構成する、意識的生命以前の前史protohistoire が欠落している。その理由は、ジュネの幼少期に関する資料が欠けていたためだけなのか、それともまた、〈素質形成〉という概念《ノシオン》をまだ鍛えあげていなかったためでもあるのか。

この問いにたいしては、その両方である、という答えが返ってきた。でもあるとするなら、その後ジュネがさらにいくつかの作品を書いているということは一応考慮外におくとしても、もしも現在ジュネの幼少期に関して必要な資料があり、『ジュネ論』を書き直すとするなら、つまり〈素質構成〉から出発してジュネの全体像を提出するとするなら、結果は異なるものとなるだろうか？

「まず異なるまい。ただ結果はもっと豊かなものになるだろう。それに、真の綜合ができるだろう」

これは予期した答えである。しかし本質的な点においてはそれほど変わらないとすると……私の問いの意味をすぐ了解してサルトルはすぐにその理由をつけ加えた。「それほど異なるまい、というのは、ジュネというのは、ある種の作家、とりわけ主観的な作家だからだ。したがってその場合、ジュネのうちにある主観的なものという考え方を残す必要があるだろう、私はそうしたのだが……」

ということは、〈素質構成〉と〈個性形成〉とは同じメタルの表裏の関係にありながらも、前者により多くの照明をあてねばならない作家と、後者をむしろ重視すべき作家とがいる、ということを意味するであろう。これまたよく考えねばならない点である。

第三。私の感じでは、『フローベール論』にはいくつかの概念装置（それ自体重要だが）をのぞけば、これまでに知られているサルトル哲学からの大きな飛躍というものはない。これはやはり一つの達成であり、綜合である。ただここには、〈他者性〉の思想の広大な深まりがある。〈他者性〉altérité（われわれでありながらわれわれの手から逃れ、われわれには属さないという人間存在の条件とでも言おうか）はここでは具体的な〈他人たち〉との関係をはるかに越えて、われわれを規定する物質的諸条件から、われわれ幼年期を経て、さらには歴史全体を包みかねない。

そこで私はおそるおそるではあるが、こういう問いを出してみた。なぜおそるおそるかと言えば、この問いは下手をすれば、マルクス主義者であることに固執するサルトルへの全面的な否認とも受け取られかねないからである。「あなたの場合、〈他者性〉という概念notionは結局のところ、歴史的人間の物質性をも包括する、と言うことができるのか？」

この問いにたいしてサルトルは実に慎重に、ゆっくり答えた。

「そう、お望みならね。そういうことだ。それでしかないというわけではないが、たしかにそうだ。つまり、実際、歴史が作られるのは他人たちがいるということのためなのだが、その瞬間から〈他者性〉というものが現われてくる。歴史においては、常に他者なのだ、自己との関係においてさえ」

〈他者性〉の思想を押しすすめていくと、そこからは、人間についてのペシミズムが否応なく出てくるであろう。しかし、フランシス・ジャンソンも言うように、近年のサルトルのうちには、徹底化したペシミズムと徹底化したオプチミズムとが奇妙な同居を続けている……この点についてももう少し突っこみたいところだったが、どういう形で問いを立てたらよいのか、言葉が出てこなかった。

『フローベール論』について聞きたいことをほぼ聞き終ってみると、予定された一時間の時間はもうほとんど残っていなかった。準備した問いの半分は知識人をめぐる彼の最近の発言に関するものであったのだが。そこで私は問題を一点に集中した。日本の大学闘争の中でも、自己否定＝自己への異議申し立てということが学生や教師の重要な課題として突き出されたことを手短に説明したあと、ほぼ次の意のことを質した。

「問題は、この自己への異議申し立てをいかに具体化するか、ということにつきるだろう。今度の『シチュアシオンⅧ』の中で、あなたは日本でされた知識人論について若干の留保をつけ、〈実践的知識の技術者〉は今日自分の社会的地位、自分の職業にたいして新たな距離を取らねばならない、という意のことを書き足しておられたが、この距離の具体化をどのような形で考えていられるのか」

　むろんこうした性急な問いに、香具師でないかぎり、明快な答えがあるわけではない。私が知りたかったのは彼の答えの方向である。彼は一つの例として、知的労働にたずさわる者が肉体労働にもたずさわる必要を説いた。観念としか接触を持たぬ存在としての知識人たることの拒否、を私の問いにたいする一つの答えとした。二年前のインタビュ（『シチュアシオンⅧ』に所収）の中でも彼は、六十七歳にもなると工場に働きに行くこともできないが……という意のことを自嘲的に語っている。だとすると、三十歳、四十歳の〈知識人〉たちはどういうことになるのか……

「学生たちにたいし、工場に行くべきだ、というふうにあなたはすすめるか」

「そう、すすめるだろう」

「勉学を捨てて？」

「捨ててもよいし、肉体労働との関係の中で勉学を綜合しようとしてもよい……」

　サルトルが「人民の大義《ラ・コーズ・デュ・プープル》」を中心とする毛派《マオ》を支持するのも、彼らが部分的にであれ、この労学統合を実践しているからなのだろう。

　サルトルのアパルトマンは日本流に言うなら二ＤＫというところであろうか。迎え入れられた書斎の中央には仕事机が一つ、左手の壁ぎわには本棚が仕つらえられ、ここに若干の本が雑然と並べられている。その他には木の椅子が三、四脚あるばかりで、装飾品、家具はおろか、ソファー一つない。「一行たりとて書かざる日なし」という生活にとって余分なものがいっさい切り捨てられた、見事な簡素のあふれる部屋だった。

（一九七三年十月記、「サルトル手帖43号」再録）

◇◇◇◇◇ **資料　サルトルがやってきた** ◇◇◇◇◇◇◇◇◇◇◇◇◇◇◇◇◇◇◇◇◇◇◇◇◇◇◇◇◇◇◇◇◇◇◇◇◇◇

1966年（昭和41年）９月、慶應義塾大学と人文書院の招聘で、サルトルとボーヴォワールが初来日を果たした。計３回の講演を行い社会現象ともいえる熱狂をもって迎えられた。半世紀以上たったいま、弊社にのこされた当時の来日スケジュールなどを資料として掲載する。

当時の滞日スケジュール

招へい委員会（慶応大学：人文書院）

９月18日（日）	18時50分東京空港着、空港で記者会見（20～30分）（ホテルオークラ）
19日（月）	晩餐会（慶応大学）新喜楽（築地）
20日（火）	16時から慶応大学三田校舎で講演（慶応大学） 18時30分から三井クラブでレセプション（慶応大学）
21日（水）	午後、座談会〔世界〕、夜、歌舞伎観劇
22日（木）	13時から日比谷公会堂で講演〈朝日新聞社〉 19時30分からホテルオータニでレセプション〔文芸家協会〕
23日（金）	箱根行（石井好子さんの別荘訪問）
24日（土）	夕刻に箱根から下山して東京着、19時50分から梅若能楽学院で観能の会〈人文書院〉葵上、立食パーティ
25日（日）	
26日（月）	新幹線で京都入り（京都ホテル）
27日（火）	13時から京都会館で講演〈朝日新聞社〉 晩餐会〈人文書院〉祇園十二段家（朝日新聞慰労）
28日（水）	11時から桂離宮見学、嵯峨、西山方面散策の予定 書衾　吉兆（嵯峨）
29日（木）	11時から修学院離宮見学、13時から昼餐会〈人文書院〉 京都博物館見学　南禅寺瓢亭　伊吹、生島、野田先生
30日（金）	奈良行、奈良博物館、東大寺戒壇院、法隆寺、薬師寺 唐招提寺を見学の予定（奈良ホテル）
10月１日（土）	高野山行、高野山から志摩へ向う（志摩観光ホテル）
２日（日）	伊勢神宮等を見学、夜、京都着（俵屋）
３日（月）	大阪でテレビ対談（NHK）
４日（火）	加藤周一、田中澄江氏（神戸、オリエンタルホテル）
５日（水）	神戸港から別府へ向かう、別府泊り
６日（木）	阿蘇を経て熊本泊り
７日（金）	三角、島原、雲仙を経て長崎泊り
８日（土）	福岡泊り
９日（日）	広島泊り（広島グランドホテル）
10日（月）	倉敷泊り（倉敷国際ホテル）
11日（火）	倉敷を汽車で立ち、夜東京着（ホテルオークラ）
12日（水）	
13日（木）	日光行
14日（金）	座談会〔文芸〕〔婦人公論〕
15日（土）	べ平連の会へ出席
16日（日）	10時　日航機にて離日 離日の直前にホテルで記者会見（20～30分）

追記　〈　〉内は当該行事の運営担当を示す。〔　〕内は該当座談会の主催雑誌名を示す。

◇◇◇

サルトルとボーヴォワールを囲んでの勉強会
ホテルオークラにて（1966.9）
左より朝吹登水子、二人おいて白井浩司、鈴木道彦、平井啓之、海老坂武

奈良で鹿にエサをあげるサルトル

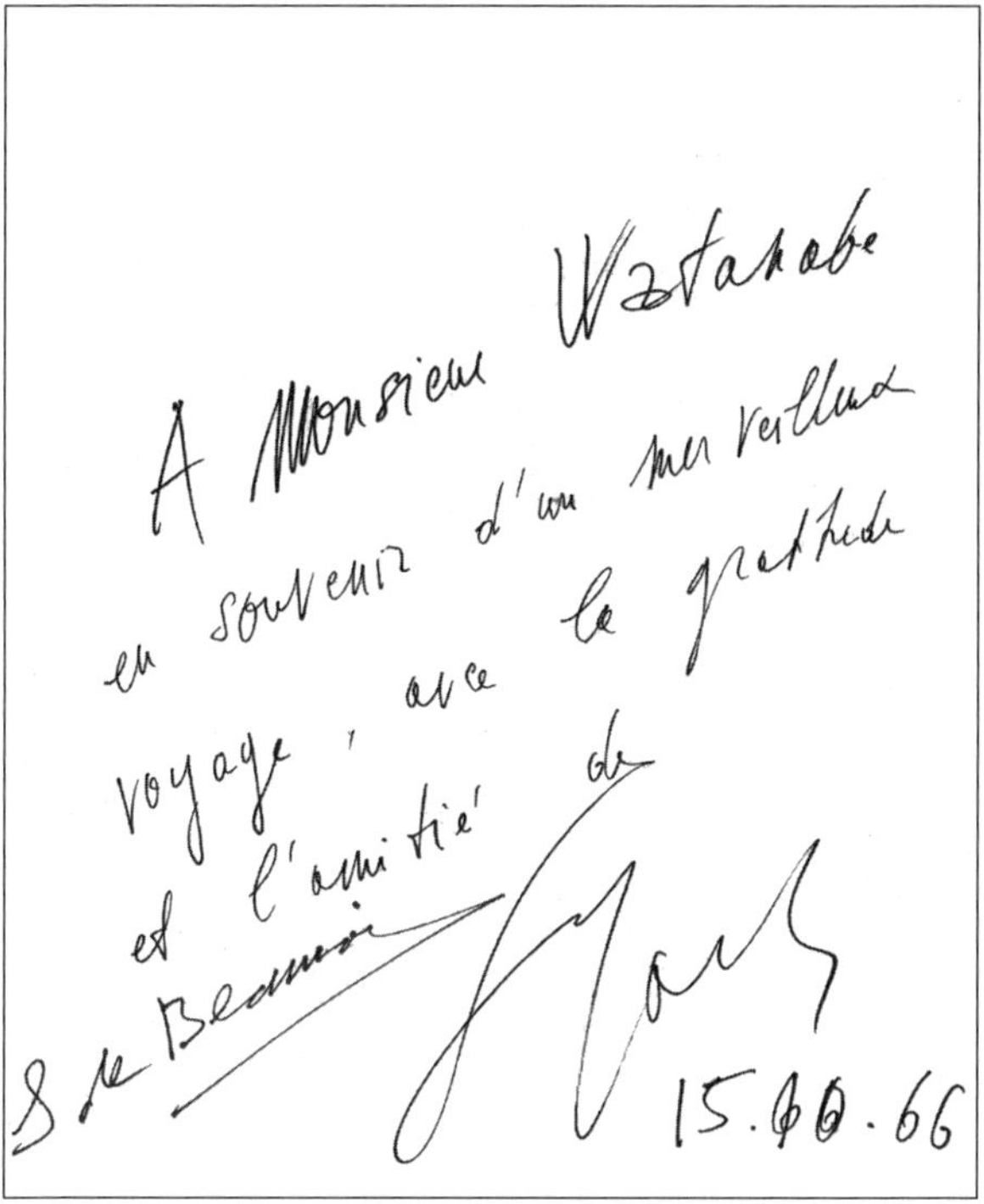
À Monsieur Watanabe
en souvenir d'un merveilleux
voyage, avec la gratitude
et l'amitié de
S de Beauvoir
15.10.66

すばらしい旅行の思い出に
感謝と友情をこめて
1966年10月15日　サルトル　ボーヴォワール

人文書院サルトル著作リスト

1950	自由への道　第I部 分別ざかり	佐藤朔／ 白井浩司（訳）	（全集1）
1950	壁	伊吹武彦／ 白井浩司（訳）	（全集5）
1951	汚れた手	白井浩司／ 鈴木力衛（訳）	（全集7）
1951	嘔吐	白井浩司（訳）	（全集6）
1951	自由への道　第II部 猶予	佐藤朔／ 白井浩司（訳）	（全集2）
1952	悪魔と神	生島遼一／ 山口平四郎（訳）	（全集15）
1952	恭しき娼婦	伊吹武彦／ 加藤道夫（訳）	（全集8）
1952	自由への道　第III部 魂の中の死	佐藤朔／ 白井浩司（訳）	（全集3）
1952	唯物論と革命	多田道太郎／ 矢内原伊作（訳）	（全集10 へ収録）
1952	文学とは何か	加藤周一／ 白井健二郎（訳）	（全集9 へ収録）

1953	アメリカ論	渡辺一夫（訳）	（全集10 へ収録）
1954	歯車	中村真一郎（訳）	（全集21 へ収録）
1954	水いらず	伊吹武彦他（訳）	（全集5 へ収録）
1955	実存主義とは何か	伊吹武彦（訳）	（全集13）
1955	想像力の問題	平井啓之（訳）	（全集12）
1956	狂気と天才	鈴木力衛（訳）	（全集14）
1956	ボードレール	佐藤朔（訳）	（全集16）
1956	ネクラソフ	淡徳三郎（訳）	（全集17）
1956	存在と無　I	松浪信三郎（訳）	（全集18）
1957	スターリンの亡霊	白井浩司（訳）	（全集22 へ収録）
1957	賭はなされた	福永武彦／ 中村真一郎（訳）	（全集21）
1957	哲学論文集	平井啓之／ 竹内芳郎（訳）	（全集23）
1957	アルトナの幽閉者	永戸多喜雄（訳）	（全集24）
1958	存在と無　II	松浪信三郎（訳）	（全集19）

1960	存在と無　Ⅲ	松浪信三郎（訳）	（全集20）
1962	方法の問題	平井啓之（訳）	（全集25）
1962	弁証法的理性批判　Ⅰ	竹内芳郎他（訳）	（全集26）
1963	マルクス主義と実存主義	森本和夫（訳）	
1964	言葉	白井浩司（訳）	（全集29）
1964	シチュアシオン　Ⅱ	加藤周一他（訳）	（全集9）
1964	シチュアシオン　Ⅲ	小林正他（訳）	（全集10）
1964	シチュアシオン　Ⅳ	矢内原伊作他（訳）	（全集30）
1965	弁証法的理性批判　Ⅱ	竹内芳郎他（訳）	（全集27）
1965	シチュアシオン　Ⅰ	佐藤朔他（訳）	（全集11）
1965	シチュアシオン　Ⅴ	鈴木道彦他（訳）	（全集31）
1966	シチュアシオン　Ⅵ	白井健三郎他（訳）	（全集22）
1966	シチュアシオン　Ⅶ	白井浩司他（訳）	（全集32）
1966	トロイアの女たち	芥川比呂志（訳）	（全集33）
1966	聖ジュネ　Ⅰ	白井浩司他（訳）	（全集34）
1966	聖ジュネ　Ⅱ	白井浩司他（訳）	（全集35）
1967	サルトルとの対話	加藤周一他（訳）	
1967	生けるキルケゴール	松浪信三郎他（訳）	

1967	知識人の擁護	佐藤朔他（訳）	
1973	弁証法的理性批判　Ⅲ	竹内芳郎他（訳）	（全集28）
1974	シチュアシオン　Ⅷ	鈴木道彦他（訳）	（全集36）
1974	シチュアシオン　Ⅸ	松浪信三郎他（訳）	（全集37）
1975	反逆は正しい　Ⅰ	鈴木道彦他（訳）	
1975	反逆は正しい　Ⅱ	鈴木道彦他（訳）	
1977	シチュアシオン　Ⅹ	鈴木道彦他（訳）	（全集38）
1977	サルトル　自身を語る	海老坂武（訳）	
1982	家の馬鹿息子Ⅰ	平井啓之他（訳）	
1985	奇妙な戦争	海老坂武他（訳）	
1985	女たちへの手紙	朝吹三吉他（訳）	
1987	フロイト　シナリオ	西永良成（訳）	
1988	ボーヴォワールへの手紙	二宮フサ他（訳）	
1989	家の馬鹿息子Ⅱ	平井啓之他（訳）	
1994	嘔吐（新装改訳版）	白井浩司（訳）	
1996	実存主義とは何か	伊吹武彦他（訳）	
1998	文学とは何か	加藤周一他（訳）	
1999	存在と無　上	松浪信三郎（訳）	

1999	存在と無　下	松浪信三郎（訳）
2000	植民地の問題	鈴木道彦他（訳）
2000	自我の超越・情動論素描	竹内芳郎（訳）
2000	真理と実存	澤田直（訳）
2001	哲学・言語論集	鈴木道彦／海老坂武他（訳）
2006	言葉	澤田直（訳）
2006	家の馬鹿息子Ⅲ	平井啓之他（訳）
2010	嘔吐　新訳	鈴木道彦（訳）
2015	家の馬鹿息子Ⅳ	鈴木道彦／海老坂武他（訳）
2021	家の馬鹿息子Ⅴ	鈴木道彦／海老坂武他（訳）

植民地の問題

『一つの中国からもう一つの中国へ』

〔一国の特長をしめす〕絵になる風景の根源には、戦争があり、敵を理解したくないという意志がある。事実、アジアについてのわれわれの知識は、まず最初、いらだった宣教師、また兵隊たちのもたらしたものである。おくれて旅行者——商人や観光客——が登場するが、これも冷静化した戦士である。つまり、彼らの掠奪は《ショッピング》と名づけられ、強姦は特殊な店でそうとうの金と引きかえに行なわれる。しかし、基本的態度はかわっていないのだ。土着民たちを殺すことは少ないが、彼らをまとめて軽べつする。これが、大量虐殺の文明化した形態なのである。分けへだてするものを数えあげて、ひとは貴族主義的なよろこびにひたる。「わたしは髪をかり、彼は髪を編む。わたしはフォークを使い、彼は箸を使う。わたしは鵞ペンで書き、彼は筆で文字を描く。わたしの構図はまっすぐだが、彼のは曲がっている。中国人は垂直のうごきが嫌いで、何でも斜めでないと承知しないことに、君は気づいたか」。これを称して異常あそびという。諸君が新たに一つ異常を見つけたり、どうにも納得のゆかぬ新しい理由を発見したりすれば、諸君の国では、なかなか感受性があるといってほめられるのだ。人類同胞を、このように、いかんともしがたい差異のモザイクとして描きだす人びと。彼らが、さらに進んで、ひとはどうして中国人でありうるのかなどといぶかしがっても、あえて驚くにはあたらぬのである。

子どものころ、わたしはこうした絵になる風景の〔偏見の〕犠牲者であった。ひとは、あらゆる手をつくして、中国人を恐ろしげなものにしたてあげていたのだ。ひとがわたしに語ったのは、腐ったタマゴであり――これが彼らの好物だ――、二枚の板にのせられてノコギリでひき殺される人間であり、かぼそい調子外れの音楽であった。わたしをとりまく世界には、とりわけ中国風と呼ばれる事物があり、動物たちがいた。矮小であり、手がつけられぬそれらのものは、指のあいだからするりと逃げだし、背後からおそいかかり、ふいにけたたましい音をたてて大騒ぎを演ずる。水族館のガラスにそってすべる魚影のような物影、またたく灯籠、信じられぬほどの、しかしムダな洗練、巧緻な刑罰、鈴をつけた傘様の楽器。また、不可解の一語で片づけられていた中国的魂がある。「なにしろ東洋人だからね……」。黒人はわたしをおびえさせなかった。これは善良な犬だと教えられていたからだ。彼らはまだ哺乳類の仲間なのだ。ところが、アジア人はわたしをこわがらせた。彼らは、田んぼの溝を走りまわるカニのよう、大平原をおそいすっかり荒廃させるイナゴのようだ。われわれは魚の、ライオンの、ネズミの、サルの王者である。中国人は高等霊長類である。彼は霊長類の上に君臨している。

その後、ミショー[1]が登場する。魂もないかわりに甲殻もつけていない中国人、ロートス〔白蓮〕もないかわりにロチ風でもない中国を見せてくれた最初の人物である。

さらに四分の一世紀たって、カルチエ-ブレッソンの写真集が、神秘打破の仕事を完成する。

戦争に手をかす写真家もいる。彼らは文学をつくっているからだ。彼らは、誰よりも中国人らしい風貌の中国人をさがしもとめる。けっきょく、それをさがしあてる。その男にいかにも型どおりの中国風のポーズをとらせ、まわりに一面、中国趣味の品物をあしらう。彼らは何をフィルムに写しとったのか。一人の中国人か。いや、ちがう。中国という《観念》を写しとったのだ。

カルチエ－ブレッソンの写真は、ぜったいにおしゃべりしない。それは観念ではない。それはわれわれに観念を与えるのである。ことさらそうしようとして、するのではない。彼の中国人たちは面喰らわせる。その大部分は、あまり中国的ななりをしていないのだ。才気ある旅行者ならば、どうやって中国人はおたがいを識別しているのか、といぶかるだろう。わたしは、写真集を繰ってからは、むしろ、どうしてわれわれは、彼らをごっちゃにしているのか、おなじ項目の下に分類しているのかをあやしむのである。中国という《観念》は遠ざかり、色あせる。それはもう、便宜上の呼び名にすぎない。あとにのこるのは、人間であるかぎり、たがいに似通った人間たちなのである。登録された呼び名をいまだもたぬ、現身の生ける存在たち。カルチエ－ブレッソンの唯名論《ノミナリスム》に感謝しなければならぬ。

絵になる風景は、言葉のなかに逃げこむ。この宦官、もし彼を言葉で表現したとすれば、何という異国趣味！　彼はほかの宦官たちと一しょに僧院で暮らしている。部屋には《大事なもの》を大事そうにしまってある。黄色のアグリッピナ(2)、西太后(3)がまだ側妻《そばめ》にすぎなかったころ、彼は彼女を裸にし、緋の肩掛けを彼女にまとわせ、腕に抱きかかえて王の臥所まではこんだものである。裸の王妃、側妻のアグリッピナ（Agrippine concubine）――これは韻をふんでいる――、緋の肩掛け、こうしたすべての言葉は、それぞれの焰でたがいを燃えたたせる。ここに欠けているもの、それは、目で見うるすべて、現実なのである。今は写真集をひらこう。まず、諸君の目に入るのは何か。くずれゆく生命、年取った男。これは去勢の症状ではない。この顔に皺とヤニを与えたのは、誰もがまぬがれえない老いというものなのだ。彼の皮膚をなめしたのは、老いであって中国というものではない。この男は女みたいだ？　なるほど、そうかもしれぬ。しかし、それは、年齢が性のちがいを消しさろうとしているからなのだ。気持の荒んだ通訳が嘲りをこめて札びらを彼に突き出す。彼は偽善者のごとく、卑しげに目を伏せ、その札びらをつかむべく手をさしのばす。王宮の光輝はいまいずこ？　過ぎし日の太后たちはいまいずこ？　この男は宦官だから、というかもしれぬ。しかし、よし彼が宦官でなかったにせよ、この齢で、これ以上の何になれよう。絵になる風景は消滅する。ヨーロッパ的詩情よ、さらばである。あとにのこるのは、唯物的真実である。失墜せる政体の、一老寄生虫の、悲惨と貪欲とである。

朝飯をくうこの農夫。彼はその土地の生みだしたものを売るべく、町へやってきた。いま、彼は戸外で、見知らぬ都会人のさなかで、農民らしい健啖ぶりで粥を食べている。飢え、疲れ、孤独なこの男は、この瞬間、世界のすべての大農業都市に、その兄弟をもつ。アテネの大通りを羊を追うてゆくギリシア人から、山を降りてマラケッシュの町をさまようシュルー人(4)にいたるまで、いたるところに兄弟をもつ。しかし、彼らとはちがう農民たちもいる。飢えが彼らを北京に狩りだし、彼らはそこ北京にとりのこされる。工業のない首都で、何をすればいいのか。手に職をつけるには永い見習い期間が必要だ。彼らは輪タクのペダルを踏むだろう。この自転車を一目見れば、どこかで見覚えのあることが分かろう。占領時代、われわれのところにも輪タクがあったのだ。たしかにわれわれのは、彼らほど垢じみていなかった。それというのも、われわれの垢は別のところについていたからだ。この世で悲惨ほど、どこにでもうまく分配されているものはない。われわれの国にも、やはり悲惨な人びとがいる。なるほど、彼らを車につなぎつけ、金持を運搬させる習慣はなくなった。しかし、だからといって、彼らが駄獣でなくなったろうか。彼らは、機械につながれているのである。

で、輪タクに乗っているのは誰か。やわらかい帽子をかぶり、長衣をまとったあの旦那衆。本屋の店頭で、しばしのあいだ本のページを繰っているあの人たち。彼らは、本が読めるというのが嬉しいのだ。

諸君にはあの長衣がおかしいか。では、わたしたちの司祭もおかしいはずだ。彼らの帽子か。では、諸君自身を笑いたまえ。エリートの服装、それは彼地では、フェルト帽と長衣なのである。われわれの国では、それは三つ揃いの背広である。いずれにせよ、中国でもフランスでも、笑うに価するのは、エリートが存在するということである。おのれのみ、読み書きソロバンのできる旦那衆、優越の印をしょいこんでいる旦那衆がいるということである。

イメージが唯物的であれば、そのおかげで人びとはたがいに近づくことができる。唯物的とは、そもそもの初めから始めること、肉体から、欲求から、労働から始めることである。腐ったタマゴ〔燻製たまご〕やフカのヒレなどはどうでもするがいい。四千万ちかいフランス人にはその味まではどうにも分からない。だから、これは異国風の食いものだと諸君はいうのか。とすれば、これらの食いものは、中国ではもっと異国的なのだ。なぜなら、四億の——あるいはそれに近い——中国人は、一度もそれらを食べたことがないからだ。中国四億の民、彼らはイタリアの日傭い人夫とおなじく飢えている。フランスの農夫とおなじく労働で疲れ切っている。四分の三の西洋人が資本主義の大領主に搾取されているのとおなじく、蔣介石一族に搾取されている。それはそうとして、たしかにわれわれの言葉は彼らのとはちがうし、風俗習慣もちがう。しかし、差異を語る機会はいつでもある。相違は学ぶ必要があるが、同じものは一瞬のうちにわかる。いま、こちらに向かって歩いてくる人、彼をまずドイツ人と見るか、中国人と見るか、ユダヤ人と見るか、それともまず人間と見るか。諸君はただちにそれを見分けねばならない。そして諸君は、彼が何者であるかを決定することによって、諸君自身が何者であるかを決定するであろう。この苦力を中国のイナゴと見なせば、諸君はたちどころにフランスのカエルとなるであろう。諸君のモデルたちにポーズをさせれば、モデルたちに他者となる余裕を与えることとなる。諸君とはちがう他者。人間とはちがう他者。

自己とはちがう他者。ポーズからエリートと賤民が生まれる。将軍たちとパプア土人が生まれる。ブルターニュ風のブルターニュ人が、中国風の中国人が、いかにも慈善家然とした婦人が、つまり、観念的なものが生まれる。カルチエ＝ブレッソンのスナップ写真は、あっという間に人間をとらえるので、人間が浅薄になる余裕を与えないのである。百分の一秒では、われわれはみなおなじ人間である。みな、人間の条件の中核に据えられた人間なのだ。

　この宏大な農業帝国のうち、われわれに示されているのは街だけである。共産主義者たちが農村を占領しているからだ。しかし、どの写真も、家内工業、過剰人口、貧窮といった経済停滞の災厄を暴露してくれる。ミショーは言った、「中国人は生まれながらの職人である……こまごました手職は、中国人がみなもう見つけている」。そのとおりである。あの商人たち、意地わるで我慢強そうなあの顔を見るがいい。二個のクルミを掌のうちでぶつけながらあやつるあの手はどうだ。敏捷な、片時も休むことのないあの手。ギリシア人の手が琥珀の数珠をまさぐるかのようである。この手は、つぎはぎをし、ごまかしをするように作られている。「中国では、手管はけっして悪とむすびつかない。しかし、すべてとむすびつく。徳とは、いちばんうまく考えられた手管のことなのである」。たしかに、みんな狡猾だ。みんな職人《アルティザン》、芸術家《アルティスト》、悪賢い連中《アルティフィシウ》だ。しかし、彼らのずるさを皮膚の色や脳みその形、あるいは食いもののせいにするなら、わたしは諸君にききたい、中国人とナポリの人間と、どちらが知恵者で、どちらが策にたけているか、と。ナポリ対北京。これは、一倍半も中国的な人間と、中国人との比較である。おそらく引き分け試合であろう。ナポリの人間のやる不法なことは、ニセのパーカーを盗んだ品だと偽ったり、まさしく盗んだ時計を偽って売ったり、計算器を偽造したり、そんなことである。諸君がもし街頭の転売者からタバコを買えば、諸君のふかしているものが何か、知れたものではない。ところが、蔣介石や孫逸仙夫妻の保護のもとに、紙巻きタバコを売っているこの商人を見たまえ。その瞳は重く、唇は垂れさがっている。ずるいというよりは鈍重な表情だ。しかし、彼の陳列しているのは、すでに封の切られたタバコでありその中味はぬきとられ、屑がつめてあるのだ。両端にひとつまみのタバコをいれ、ごまかしてある。誰も彼も、工業《アンデュストリ》がないため巧緻《アンデュストリュ》になり、修理し、維持し、抑えつけ、つなぎあわせては時を過ごしている。そうして穴をふさぎ壁や屋根のくずれおちるのを防いでは、二つの大洪水のあいだじゅう、歩道の端に腰をおろし、こみいった計画をたてて金持の隙をねらい、何スーかを金持から引きだしてやろうとしている。彼らの巧妙、彼らのおだやかな不誠意。その理由を説明するのは貧窮であり、機械の欠如である。

　アジアの群集。その雑踏をカルチエ－ブレッソンは伝えようと思ってはいなかった。これはいいことだ。というのは、アジアの群集はむらがらない。むらがるとしても、ごくわずかだ。それは組織されているのだ。たしかに、それはすべてを襲い、すべてを破壊する。あの老婆たちの小さな歩み、小さなおじぎ、小さな微笑。これは老年いた女中たちであり、群集の母なる女神である。その一人が、姪か従姉妹で女中をしているのを訪ねて、金持の家におずおずと入ってゆく。と、たちまち、すべての女が、どうしてだか分からぬが、あつまってくる。あっという間に数を増す。彼女らを容れるには家は小さすぎる。壁は崩壊する。この無数の女訪問客たちは、アメリカ人のとりわけ恐れるところだ。

　だが、この急速な群がりをイナゴの侵入と混同することは、誰にもゆるされない。中国の群集は組織されているのだ。群集は歩道を占領し、車道にまであふれ出る。しかし、つぎの瞬間、めいめいが自分の場所をこしらえ、隣人の場所をもみとめるのである。この理髪師たちを見たまえ。彼らはみんな、生活空間をもっているし、それに文句をつけようと思う人は一人もいないのである。群集はこのようにゆるやかな大きな環をえがいている。これがちぢまれば血が流れるのだ。上海でのことだが、政府が市場に金を出した。群集は長蛇の列をつくる。とつぜん、群集の密度が増す。結果、死者七人、足をくじいた者数名。中国では、群集中の人間は、おたがいの距離を尊重して生きねばならないのだ。中国の有名な礼譲とは、何よりもまず、窒息をさけるための緊急の手段なのだ。分割すれば微小な星屑のあつまりともなろうこの化物じみた群集の増加、目立たぬがどこにでも存在するこの死の脅威を、カルチエ－ブレッソンはいたるところでわれわれに示してくれる。わたしは群集を海のように愛する。そのわたしには、中国のおびただしい大衆は、恐ろしくも、無縁とも思われない。群集は殺す。しかしそれは死者をその胎内に埋葬し、吸取紙がインクを吸うように血を吸いとるのである。誰にも見られず、知られずに。わが国の群集は、もっと苛だっており、もっと残忍だ。群集の潮がひくと、あとに死者がとりのこされ、放棄された歩道は朱けで染まっている。これが、ただ一つのちがいだ。

今世紀はじめのころ、旅行者たちは貧窮が大好きであった。彫刻家のカルポー[5]の息子、カルポー船長は、一九一一年、中国のオスマン[6]が首都に大通りをひらいたのを嘆き、こう言ったものだ。「ああ、北京の大道を何ということをしてくれた。そのきたなさ、その穴ぼこがこよなき魅惑であり、一幅の絵の生気をもったあの大道を。名もなき品々をこまごまと並べていた、世にもふしぎなあの行商人たちはすべて今いずこにある……。すべては追い払われ、もぎとられ、打ちこわされ、地ならしされた。百年の歳月の年古りた、こわれた大きな舗石は、垢じみた、奇怪至極の小商人とともに消えてしまった……」。

垢じみた、魅惑的なまでにきたない、世にもふしぎな、これこそやはり、貧窮にしめつけられた人びとが、落ちこまざるをえない姿である。で、ひとはこれを嘆いたものかどうか。

飢えと寒さこそありがたい。それらが、おかしげな発明品、へんてこな掘出物を教えてくれたのだから。のみならず、貧乏人は保守的である。古い家具、古い衣装、古い道具を彼らはとっておく。新品と取りかえられないのだ。ひとは中国の古いしきたりを、その陋屋に探りに行ったものだ。あの王朝風のボロ切れの何という豪華さ。しかし同時に、垢が若い女の胸にえがく唐草模様をうっとりながめることも忘れなかった。われわれはずいぶん変わったのか。もうわれわれは、貧乏人を家まで訪ねてゆくことをしないのだ。彼らをさけている、といってもいい。彼らがやりすぎたからだ。ここ三四十年来、彼らの前で金持たちは気詰まりな思いをしている。

北京に遊ぶバレス(7)を想像してみよう。想像は自由ではないか。時は一九〇八年である。彼は今しがたどこかの邸で歓待を受け、ゆっくりした足どりで宿へもどる。頭のなかで『中国のベレニス』という作品の想をねっている。ふいに、彼は立ちどまる。そして足もとに布でくるんだ包みを見る。思ってもみたまえ、中国では、子どもが死ぬと、赤いラシャでそれをくるんで紐をかけ、夜のうちに町角に死体をすてておくのだ。朝になれば、道路清掃の車がそれを共同墓地にはこんでゆくだろう。バレスはすっかりこれに感動する。このうるわしい風習に彼が涙しないということがあろうか。この緋色の小さな堆積をみて、何と清らかな芸術家的感動に彼がひたることとか。灰色一色の夜明けの景色を、この緋色は明るい鮮明なタッチで引きたてるのである。死んだ子のそばに、殺されたネコが捨てられている。殺されたネコ、殺された子ども。かすかに翳りをおびた二つの小さな魂。バレスは双方におなじ哀悼の辞をささげ、これら魂をむすびつける。そこから彼は、もっと色あざやかな比較対照へと移る。すなわち、おそらくこの同時刻、側妻の美しいあたたかなからだは、緋色の絹にくるまれ、帝王の臥所へとはこばれてゆく。あたたかな小さなからだ、冷えた小さなからだ。そのどちらにも、おなじ血がにじんでいる。さて、これで道具はそろった。血、逸楽、死。しあわせなバレス。安らかな良心の秘密を自分の墓へ持ちさり、バレスもまた死んでしまった。現代のわれわれは、爆撃で、あるいはナチスの収容所で、子どもらがネズミのように殺されるのを目撃した。朱けに染まった土とビンロウ樹という魅惑の書割のまえで、ハエが新生児の眼にたかっている光景を見せられても、われわれは横をむいてしまう、われわれは良心の痛みを感ずるのだ。さあ、どうこれを説明するか。ナポリの裏通りで、ある日、みすぼらしい家の戸があけっぱなしになっていた。なかは暗いがらん洞だ。大きな新婚の床のうえには、生後六ヵ月の赤ん坊が、小さくなって、ぐったりと横たわっている。布切れみたいに皺くちゃになったその顔は、化粧しているようにみえる。前の日曜日、聖ピエトロ寺院でミサをあげていた九十余歳の枢機卿と、あやうく見紛うばかりのその顔だ。赤ん坊は死んでいるのだ。かるがるしくも人目にさらされたこのナポリでの死。この死を一度見ただけで、わたしには、事足りたのだ。これだけで、中国の貧しい小さな死者の、詩的な経帷子を、額面どおり評価しえない自分を感ずるのである。わたしの視線はその詩的なものを通りぬけ、皺くちゃの顔を見てしまうのだ。子どもらしい、というにはあまりに幼いその顔を見てしまうのだ。われわれは無感覚になったにちがいない。というのは、美しい西太后の絹の肩掛けや、絹の柔肌を連想することは、われわれには思いもよらぬことなのだから。われわれの考えることは、ただ、子どもらの死をふせがねばならぬということだけだ。そして、国民党の名折れとなったこの殺害された子どもを前にして、われわれは八路軍の勝利をひたすら願うのである。この写真帖は一つの告知状である。これは、観光趣味の終末を告知する。悲惨は絵画風景にはならず、また二度となりえないだろうことを、慎重に、余計な悲愴感はぬきにして、われわれに告知する。

悲惨は、しかし、耐えがたいものとして、音もたてず、そこにある。どのページにも、紛うかたなくあらわれている。それのあらわれるのは、三つの基本的な行動、持ちはこびすること、掘りかえすこと、掠奪すること、である。

貧窮せる首都のどこでも、貧乏人たちは荷物を持ちはこびする。わが身からぜったい手離さない。すわっているときも、かたわらに荷物をおき、それをじっと監視している。それには何が入っているのか。すべて。公園でこっそり拾いあつめた木、パンの堅い切れはし、鉄柵から引きちぎってきた針金、布の裁ちくず。もし荷があまり重すぎれば、手押車や荷車にのせ、ひっぱってゆく。貧窮というのは、つねに夜逃げのような恰好になるものだ。北京で、上海で、南京では、万人がひきずり、万人が押している。この男たちは、荷車を何とか前進させようと頑張っている。ところが橋だ。道が一段高くなっている。努力を倍にしなければならぬ。餓鬼どもが、即座に手を貸していくらかにでもありつこうと、その辺をうろうろしている。丘の中腹で待ちかまえ、辻馬車の手綱を引っぱる『希望の二スー』の、あの失業者と同じである。背景にみえるビルディング、あれは灯台だ。灯台の上に、西洋の目がひかる。ぐるぐる回るその視線は、中国をなめまわしているのだ。上の三つの階は、外国の新聞特派員のためにとってある。何と高くにあることか！　地上での出来事を見るには、あまりにも高すぎる。彼らは、大空のさなかで妻と、情婦と踊るのだ。そのあいだ、地べたでは、人足たちが荷車を押し、そして蔣介石は共産軍に戦いをいどまれている。アメリカ人たちの目には中国の陋屋も、武装農民も、人足たちも映らないのだ。しかし、人足たちには、ただ頭をあげるだけで、アメリカの灯台が見えるのである。

貧窮せる首都のどこでも、ひとは掘りかえしている。ひとは土を掘り、地下を掘る。ひとはゴミ箱のまわりに集まり、塵芥のなかにもぐりこむ。「ひとの投げだしたものは、おれのものだ。ひとさまの役に立たずとも、おれにはけっこうなしろものだ」。北京近郊の空地には、ゴミがうずたかくつまれてある。これは貧民たちの屑なのだ。彼らは何でもかでも篩にかけ、自分のつくった屑のなかまですでに掘りかえした。彼らが仕様ことなく捨てたのは、とうてい食えないもの、使いようのないもの、名状しがたいもの、不潔きわまるものだけである。それでもなお、この空地にむらがる人がいる。四つんばいになって。毎日、一日じゅう、彼らは掘りかえすのであろう。

貧窮せる首都のどこでも、ひとは掠奪する。盗むのか。いや、むしろ拾うのである。たった今、荷が陸上げされた。ものの一時間も河岸にそれを置いておくと、荷は消え失せてしまうだろう。荷を置いたかと思うと、群集がかけつけ、それをとりまくのである。みんなが綿布の切れ端をむしりとろうとする。毎日毎日、こうして一つかみの綿布をあつめてゆけば、それで着物ができあがる。女たちの目付、わたしはこれに見覚えがある。わたしはそれをマルセーユで、アルジェで、ロンドンで、ベルリンの街で見た。それは真剣で、敏捷で、びくびくしている。苦悩が貪欲といりまじっている。つかまえられるより先に、つかまえねばならぬのだ。ひとがトラックの荷をつみおえると、たちまち餓鬼どもが両手をあげて、車のうしろから走ってくる。いっぽう、南京では市街戦が行なわれている。一人の男がたったひとり、大道のさなかで、穴のあいた長椅子の上に、かがみこんでいる。綿毛をむしりとろうという寸法だ。彼の耳もとでびゅんびゅんうなる弾を一発、まともに額にくらわなければ、冬のただ一日、ただ一時間分の燃料は拾えるだろう。


毎日、貧民たちは掘り、掘りかえし、拾いあさる。毎日、職人たちは伝来の動作をくりかえす。夜が明けるといつも、出入禁止の町の庭で士官たちは訓練するが、そのあいだも、やつれた人影が王宮ぞいにそっと忍び入るのである。毎朝、北京は前夜来の顔、先週来の顔、ここ千年来の顔をもう一度とととのえる。わが国では、工業がすべての枠組を破砕してしまう。しかし、彼処、中国ではどうして変化するわけがあろう。カルチエ－ブレッソンは永遠を撮影したのである。

もろい永遠。それは、いつまでも繰りかえされるメロディである。これを止めるには、レコードをこわすべきだろう。そしてまさに、それはこわされんとしている。〈歴史〉は都会の入口まで来ているのだ。稲田のなかで、山岳地帯で、平原で、〈歴史〉は一日また一日と作られている。さらに一日、またさらに一日。これの終わったとき、レコードは空中に四散するであろう。時間の外にあるこのスナップ写真には、厳密な日付が打たれている。これらは〈永遠〉の最後の瞬間を永久に定着する。

　古い中国の円環状の時間と、新中国の非可逆の時間とのあいだに、その媒介として、〈歴史〉からも反復からもひとしく距離をおいたゼラチン質の持続が存在する。それは期待だ。都会は、幾百万とない日常動作の束をほどいた。もはや誰一人として、ヤスリをかけず、布を裁たず、引っかかず、削らず、組み立てず、研《と》がないのである。小さな生活空間も、儀式も、隣人もすてて、人びとは停車場の前、河岸のそばに寄りあつまり、不定形の巨大な塊《マッス》を形づくる。家々に人はいない。そして仕事場にも。そして市場にも。場末の町に群集はあつまり、ひしめき、凝結する。群集の微妙な構造は崩壊する。古都北京の風通しのいい写真につづいて、重苦しく濃密なイメージがあらわれる。期待。群集は、突撃態勢に入った〈歴史〉を引き受けてはいないが、この偉大な状況を、果てしない期待として生きているのである。北京や上海の群集は〈歴史〉を作らない。〈歴史〉を耐えしのぶのだ。それを耐えしのぶ者はほかにもいる。群集を監視する警官たち、群集のなかを行進し、前線から戻り、たえず戻りつづけ、そして二度とやる気のない兵士たち、鳥のように飛び去る官吏たち、風をくらって逃げる将軍たち。〈歴史〉を作った人びとは、まだ巨大な帝都を知らないのだ。彼らの知るのは、山岳と田園のみである。その田園や山岳で、中国の命運は決せられたのだ。首都が、農村の勝手な支配を手をこまぬいて待つのは、これがはじめてのことだ。〈歴史〉は農民の隊列というかたちでその姿を見せるだろう。都会人は、都会同士をつなぎあわす無気力地帯だと、農村を考えている。農村とは、都会で和平をきめるまで、軍隊のかけめぐり、荒らすところである。ところが、とつぜん、その農村があらわれた。現身の、筋肉たくましい農村である。その筋肉のなかでは、尿酸塩の粒くらいの位置を、都会は占めている。しかし、この都会の群集は恐れてはいない。あの高いところ、アメリカの目は、恐怖で狂い、くるくる回っている。だが、地上では、ひとは遠い昔から、共産党員が勝利をしめたと知っている。金持たちは、毛沢東にたいしてとおなじくらい、蔣介石に毒づいている。農民たちは、自分の家に帰りたがっている。なぜなら、すべては共産党員の手中にあり、町でも村でもそのことに変わりはないからだ。労働者や貧民は希望をもちはじめている。〈反復〉の時代の幾千ものちがった期待は、たがいに近づき、融けてただ一つの希望となった。ほかの住民たちは、行列をつくり、平和のためにお祈りをしている。どんな平和でもいいのだ。これは一種の暇つぶしである。尊大な連中に再会し、証文という鞭を焼きすてるまで、しばしのあいだを利用して、ひとは個人的な用をすます。ひとは、めいめいの考えで、偶像の鼻を撫でにゆく。石女《うまずめ》は自分の腹を像の腹に押しつける。儀式ののち、寺院のそばの大きな薬店で、ひとは乾かした丸薬を買う。これが、やつれた夫に熱情を与え、妻の足をあたためよう。

権力がその座にいるかぎり、群集は押えつけられたままでいる。警官が群集に枠をはめ、これを抑制する。ただ、わが国の警官とちがうのは、めったにひとをなぐらないことだ。中国の警官は、ひとがあまりそばまで押しよせるので、いらいらしているのだ。彼は足をあげる。蹴りつけるのか。いや、水たまりで馬に拍車をくれるのだ。泥水をかけられ、人びとは後退する。ところで、国民党の旦那衆はじっとしていられない。彼らは逃亡する。のこるは千人。のこるは百人。間もなく、一人もいなくなるだろう。逃げることもかなわぬ旦那衆は、黄色いのも白いのも、恐怖で青くなっている。支配者のいない空白のあいだ、下層民の低い本能が野放しになろうとする。ひとは、掠奪し、暴行し、暗殺するだろう。ついに、上海のブルジョワたちは、共産党員の到来を祈りもとめる。民衆の憤怒よりは、どんな秩序であれ、そのほうがましなのだ。

今度こそ、万事は終わった。有力者たちは逃亡し、最後の警官は姿を消した。ブルジョワと下層民だけが、町にとりのこされている。掠奪するか、掠奪しないか。すばらしい群集。彼らは、自分たちを押しつぶす重荷を感じなくなれば、一瞬ためらったのち、さて、少しずつ、自分自身の圧力を減ずるのである。この大きい塊《マッス》は、ガス状態に戻る。写真を見たまえ。みんな、走りはじめた。どこへ行くのか。掠奪か。とんでもない。彼らは主《あるじ》なきりっぱな邸に入った。彼らは、昨日までゴミの山を掘りかえしたように、掘りかえす。彼らは何を得たか。ほとんど無、である。暖をとるための割板くらいのもの。一切は平穏である。さあ、北方の農民よ、来てくれ。農民らは、秩序ある町を見いだすであろう。

諸君は思いだすか、一九四〇年六月のことを、トラックや戦車に飛びのり、人気ないパリの街をよぎっていったあの陰気な大男どものことを。これは絵になる風景であった。逸楽はほとんどないが、威儀と血と死とはふんだんにあった。ドイツ人たちは、儀式ばった勝利をのぞんでいた。彼らはそれを手に入れたのだ。カムフラージュした車の上に突ったった美々しいSS〔親衛隊〕は、司祭に、死刑執行人に、殉教者《マルティール》に、火星人《マルシアン》に似ていた。すべてに、人間以外のすべてに似ていたのである。ところで、（この）写真集をひらきたまえ。子どもや若者たちは、勝利者の行進するところにむらがっている。彼らは愉快だ。物珍しい。じっとだまって腕組みし、ながめている。どこに勝利があるか。どこに恐怖があるか。さて、内戦の開始以来、上海で見る最初の共産軍兵士が来た。りっぱな、どんよりした顔の小男。フランスの昔の兵士が戦《いくさ》から帰るときのように、棒のはしに装備をぶらさげている。この疲れた小男、この見物する若者たち。まるで、徒歩競争がゴールに戻ってきたかのようだ。ページを繰って、今度は、八路軍の兵士を背後から見てみたまえ。日傘をさし、上海の大通りで途方にくれている兵士たち。彼ら、この農民たちが街を占領したのか。それとも、街が彼らを占領するのか。彼らは腰をおろす。車道の上、歩道の上。昨夜も、八路軍を待って群集のすわっていた、そのおなじ場所だ。群集はたちあがり、おしあいへしあいし、兵士たちを背のびして見おろし、兵士たちをまじまじと見る。ふつう、勝利者は休息のとき、姿をかくすものだ。しかし、この勝利者は、ひとを威圧しようとは夢にも思わぬようである。とはいえ、この兵士たちこそ、アメリカ人が武装させた国民党軍隊を壊滅したのである。彼らこそ、日本軍の進撃を食いとめたのである。彼らは、まわりの高層建築に圧倒されているようだ。戦いは終わった。平和をかちとらねばならぬ。壮麗かつ腐敗した街の中心にいるこの兵士たちの孤独と苦悩、それをみごとに写真はとらえている。ビルのよろい戸のうしろでは、旦那衆が気をとりなおす。「あいつらの鼻面を引きまわしてやろう」。

旦那衆が考えを変えるのに、さして暇はかからなかった。しかし、これは別の物語だ。カルチエ゠ブレッソンはそれを語らない。数ある勝利のうちでも、もっとも人間的な勝利、何のためらいもなく愛しうる唯一の勝利。その勝利をわれわれに提示しえたカルチエ゠ブレッソンに感謝しよう。

アンリ・カルチエ゠ブレッソン、ジャン゠ポール・サルトル『一つの中国からもう一つの中国へ』序文。ロベール・デルピール書店、パリ、一九五四年。

植民地主義は一つの体制である

《新植民地主義の欺瞞》ともいうべきものを警戒してほしいと思う。

新植民地主義者は、植民者《コロン》に良いのと悪いのといると考える。植民地の状況が悪くなったのは、悪い植民者の罪だという。

欺瞞はつぎのようにして行なわれる。君たちを案内してアルジェリアを見せてくれる。人民の悲惨を親切に見せてくれる。実際それはひどいものだ。性悪の植民者がイスラム教徒に与えた数々の凌辱を物語ってくれる。さらに、君たちが憤慨の色を見せると、こうもつけくわえる。「だから、良質のアルジェリア人たちが武器をとったのです。彼らにはもう我慢できなかったのです」。もし事がうまくはこぶと、われわれはつぎのような考えをもってアルジェリアを去ることとなろう。

(一) アルジェリア問題は、何よりもまず経済上の問題である。当を得た改良によって、九百万の人びとにパンを与えることが問題なのだ。

(二) つぎにそれは社会的問題である。医師と学校の数をふやさねばならぬ。

(三) 最後にそれは心理的問題である。労働者階級の《インフェリオリティ・コンプレックス》という説をたてたド・マン[1]が援用される。彼は同時に《原住民の性格》を解く鍵をも発見した人物である。ひどい扱いをうけ、ひどいものを食い、文字は読めない。だから、アルジェリア人はその主人たちにたいしインフェリオリティ・コンプレックスをもつのだ。

以上、三点を改良することにより、アルジェリア人を平静にもどらせることができる。もし、たらふく飯をくい、仕事をもち、読み書きできたら、アルジェリア人は人間以下という屈辱を味わうことはなかろう。われわれも、フランス人とイスラム教徒との昔からの友好関係をとりもどせよう。

ただし、これらのことに政治を介入させてはならぬ。政治、それは抽象的である。人が飢え死にしそうだというのに、投票などして何の役にたつか。自由選挙だの、憲法制定議会だの、アルジェリア独立だのを言う連中は、扇動者か乱を好む徒である。彼らのいるおかげで、問題は紛糾するばかりだ。

以上がその論旨である。これに対し、ＦＬＮ[2]〔民族解放戦線〕の指導者はこう答えた。「フランスの銃剣の下でたとえわれわれが幸福だとしても、われわれは戦うであろう」。彼らは正しい、が、まだまだ生ぬるい。つまり、フランスの銃剣の下では、人は幸福にはなりえないのである。大多数のアルジェリア人が耐えがたい窮乏にあえいでいることは事実だ。しかし、その窮乏をいやすための改良は、良い植民者、いや《本国》の手ででも実行不可能なこと、これも事実なのである。本国がアルジェリアにおける主権を僭称しているかぎり、それは不可能なのだ。そうした改良は、アルジェリア人が自由を獲得した暁の、アルジェリア人民自身の問題であろう。

ということは、植民地化とは偶発的事実の集まりでも、幾千もの個人的事業の統計的結果でもないということである。それは一つの体制である。十九世紀の半ばにととのえられ、一八八〇年ごろようやく実りをもたらし、第一次世界大戦後に衰えを見せ、そして今日では植民地主義国家にたいし寝返りを打っている一つの体制なのだ。

こういうことを、アルジェリアに即して諸君に語りたいのだが、何と残念なことに、アルジェリアこそは、植民地体制の世にもあざやかな、お笑い草のお手本なのである。わたしが諸君に知ってほしいのは、植民地主義の苛酷なしわざ、その内的必然性、これに従えば今日のわれわれの状況におちこまざるをえないということ、この地獄の軌道の内側では、いかに純粋なもくろみが生まれようと、瞬時にダラクしてしまうということなのである。

なぜかというと、良い植民者がおり、その他に性悪な植民者がいるというようなことは真実でないからだ。植民者がいる。それだけのことだ。[1] そのことを呑みこんでしまえば、なぜアルジェリア人がこの経済的、社会的、政治的組織にたいしまず政治的に攻撃してくるのか、なぜそれが正しいのかが理解されよう。また、彼らの解放とフランスの解放はなぜ植民地の破裂をまたねばならぬかが理解されよう。

この体制はひとりでにととのえられたものではない。ほんとうをいうと、アルジェリアを征服はしたものの、七月王制も第二共和制も、これをどう扱えばいいのか、よく分からなかったのである。

アルジェリアを移住地にしようと人びとは考えた。ビュゴー[(3)]は植民地化ということを《ローマ風》に受けとっていたのだ。アフリカ占領軍の復員兵に広大な領地を与えようとしたのである。しかし、彼の試みはあとがつづかなかった。

ヨーロッパ諸国からはみでる過剰民、フランスやスペインの極貧の農民たちをアフリカに吐きだそうという試みもあった。こうした《賤民》のために、アルジェ、コンスタンチーヌ、オランの周辺にいくつかの村がつくられた。その大部分は疫病のため死に絶えてしまった。

一八四八年以後、失業者をそこに定住させ――より正しくいえば、そこに付加しよう――との試みがあった。失業者の存在が《治安警察》をおびやかしていたのである。アルジェリアにはこばれた二万人の労働者のうち、そのおおかたは熱病とコレラで死んだ。生きのこった者はようやく本国へ送還してもらった。

こうしたありさまでは、植民地の企業はいつまでたってももたもたしたものだった。それが明確な存在となったのは、第二帝政下のことで、商工業の膨張とつながりがある。つぎつぎと植民地の大会社が設立されてゆく。

一八六三年、植民地不動産銀行組合。

一八六五年、マルセーユ信用組合。

モクタ鉄鉱石会社。

海上運輸連合会。

こうなると、資本主義そのものが植民地主義的となる。この新しい植民地主義の理論家となるのがジュール・フェリ(4)である。

「いつも資本にみちあふれ、そうとうの資本を輸出してきたフランスとしては、当然こういう角度から植民地問題を考えねばならない。産業の体質からして多額の輸出に精をだしているわがフランスのような国々にとっては、植民地問題とはまさに販路の問題である。政治的優越のあるところ、そこには生産物の優越があり、経済的優越がある」。

ごらんのとおり、さいしょに植民地帝国主義を定義づけたのはレーニンではない。それは第三共和国の《偉人》、ジュール・フェリなのだ。

また、ごらんのとおり、この大臣は一九五六年の《アルジェリア独立運動のゲリラ》と同意見なのである。四分の三世紀のちに、彼らは植民者に抗して「まず政治を!」といったが、それはすでにフェリの宣言したことでもある。

まず、抵抗をふみつぶすこと、旧社会の骨組を粉砕すること、屈服させ、テロ政治を行なうこと。

そののち、はじめて、経済体系の基礎がおかれるであろう。

で、問題は何か。被征服国に工業を創出することか。そんなことではない。フランスの《あふれている》資本は低開発国に投下されはしない。なぜなら、収益性は不安定だし、利潤はそう早くはあげえないであろう。何から何まで新たにつくりあげ、設備しなければならないからだ。また、こうしたことがかりにできたとして、本国の生産の競争相手を一から十まで創出して、それが何になろうか。フェリの態度ははっきりしている。資本はフランスから出てゆくことはない。それはただ新しい工業に投下されるのみである。そしてその工業製品が植民地となった国へ売られるのである。ここからただちにみちびかれる結論が、関税同盟の確立であった（一八八四年）。この同盟は今なおつづいている。高価格のため国際市場でハンディキャップを負うているフランス工業は、このおかげでアルジェリア市場の独占権を確保しているのだ。

だが、いったい誰に製品を売ろうとこの新工業は考えているのか。アルジェリア人にか。不可能だ。支払うだけの金をどこで彼らが獲得してくるだろうか。この植民地帝国主義の取引相手方として、植民地に購買力を創出しなければならない。そこで、あらゆる便宜の恩典にあずかるのは、いうまでもなく植民者である。これがかりの購買者にしたてあげられるのだ。植民者とは、何よりもまず人工的購買者である。新市場を求める資本主義が、海の向こうで一から十までつくりだした購買者なのだ。

ペイエリモフは、すでに一九〇〇年当時から、《官製》植民地化というこの新しい性格を強調していた。

「植民者の所有権は、直接あるいは間接に、国家から無償で与えられたものである。あるいは、毎日のように植民者は身近なところで払い下げが行なわれるのを見てきたのである。彼らの目の前で、政府は、個人的利害のために、いちじるしい犠牲をはらってきた。もっと歴史の古い、開発の完了した国々では承知しないような犠牲を、政府ははらってきたのだ」。

植民地の、祭壇にかざる二枚折りの絵でいえばその裏面が、ここでくっきりと浮かびあがる。つまり、植民者が買い手となるためには、売り手とならねばならないのだ。誰に売るのか。本国のフランス人に、である。産業もなしに、何を売るのか。食料品と原料とを、である。こうして、大臣フェリと理論家ルロワ‐ボーリュ[5]の手にまもられて、植民地の彫像がつくりあげられる。

植民者、この神々に愛でられ、輸出業者に愛でられた男に、政府は何を《犠牲》として与えてくれるのか。答えはかんたんである。政府は植民者にイスラム教徒の所有権を犠牲として提供するのである。

というのは、実際のところ、この植民地国では大地に自然の産物が生育しており、その大地は《土着の》住民たちのものだからである。人口の少ない、広大な荒れ地をもつ他の国々では、土地の収奪はさほど目だたない。目につくのは、軍事占領であり、強制労働である。だが、アルジェリアでは、フランス軍隊がやってきたとき、すべてのよい土地は耕されていた。いわゆる《開発》は、したがって、一世紀にわたって遂行された住民からの収奪にかかっていたのである。アルジェリアの歴史とは、アルジェリア人の土地所有を犠牲にしての、ヨーロッパ人の土地所有の漸進的集中にほかならない。

どんな手段をとってもかまわなかった。

最初のころ、ちょっとでも反抗の動きがあると、それが押収と差し押えの口実とされた。ビュゴーはこういったものだ、「土地が肥えていればいい。誰のものであろうと構わないのだ」。

一八七一年の反乱は、口実として大いに役立った。敗北者は、数十万ヘクタールの土地をうばわれたのである。

しかし、これだけでは不足のうらみがある。そこで、われわれはイスラム教徒たちに進んでりっぱな贈りものをした。すなわち、彼らにわれわれの民法を与えたのだ。

どうしてそんなに恵みぶかかったのか。理由はこうだ。部族的土地所有は、通常、集団的形態をとっており、投機師たちがそれを少しずつ手に入れるためには、まずあらかじめそれを分散させておく必要があったのだ。

一八七三年、共同の大土地所有をパズルのようにこみいった個人財産に変える仕事が、調査委員たちに課せられた。伝来の土地をそれぞれ分配地に分け、それらを個人にひきわたしたのである。その分配地のなかには、架空のものもあった。ハラールのテント部落では、調査委員は、八ヘクタールの土地にたいし、五十五の被分配者を見つけておいたのである。

これら被分配者のうち一人でも買収すれば事はすんだ。買収された男は分割を主張したのである。フランス流の手続きは、複雑、かつあいまいである。それは、共同所有者のすべてを破滅させてしまった。ヨーロッパ商品の商売人たちは、一口のパンを与えてすべてを買いしめたのである。

たしかにわれわれ本国でも、貧農たちは土地集中と機械化のために破滅し、畑を売り、都市プロレタリアートに合流している。が、少なくとも、資本主義のこの苛酷な法則は、固有の意味での盗みを伴うものではなかった。ここアルジェリアでは、計画的に、破廉恥に、異国の法をひとはイスラム教徒たちに押しつけたのである。というのは、彼らがこの法を自分のものとはしえないこと、これがアルジェリア社会の内的構造の破壊のみをもたらすことを、ひとは知っていたからだ。こうした作戦が、経済法則のやみくもの必然性でもって二十世紀までつづけられたのも、そもそもフランス国家が、封建的農業国においてむりおしに、人為的に資本主義的自由主義の諸条件を創設したからなのである。だがそうしたことがあっても、議会の雄弁家たちは、ごく最近も、平然として、われわれの民法をアルジェリアに強制的に採用させたことを「フランス文明の恩恵の一つ」として誇っているのである。

この作戦の戦果はつぎのとおりだ。

一八五〇年、植民者の所有地は十一万五千ヘクタール。一九〇〇年、百六十万ヘクタール。一九五〇年、二百七十万三千ヘクタール。

こんにち、二百七十万三千ヘクタールがヨーロッパ人土地所有者のものになっているのだ。フランス国は《公有地》と称して、千百万ヘクタールを所有している。アルジェリア人に残されたのは、七百万ヘクタールである。要するに、アルジェリア人の土地の三分の二を彼らから巻きあげるのに、一世紀で十分だったのである。もっとも、集中の法則はある面では、小植民者には不利にはたらいた。こんにちでは、六千人の土地所有者が、千二百万フラン以上の農業総収入を得ている。なかのある者は、十億フランにまで手をとどかせている。植民地体制はととのった。フランス国は植民者に購買力を与えるべく、アラブの土地を引きわたした。その購買力のおかげで、本国の産業は製品を売りつけることができる。植民者は、本国の市場にこの強奪した土地の産物を売るのである。

こうなればもう、体制は自動的に強化される。円滑に事がはこぶ。われわれはつぎに、この体制のあとをたどり、結末のすべてを見てみよう。それが次第次第にきびしくなりゆくさまを見てみよう。

(一)　土地所有をフランス化し、所有地を細分割することによって、古き部族社会の骨格をめちゃめちゃに破壊し、そのかわりに何も置かなかったのである。旧社会の骨組をこのように破壊することは、系統的に奨励されてきた。なぜなら、まずそれが、抵抗の諸勢力を消滅させ、集団の力に代えて埃のような個人を生みだすからである。つぎにそれが、労働力を創出するからである(少なくとも、耕作が機械化されないかぎり)。この労働力があればこそ、輸出の代金をつぐないうるのだし、これのみが、たえず生産費を引きさげている本国経済と対抗しうる、植民地企業の余剰利益を確保してくれるのである。こうして、植民地化は、アルジェリア人民を膨大な農業プロレタリアートに変えた。アルジェリア人について、こうもいえる。彼らは一八三〇年当時とおなじ人間だ、おなじ土地で働いている。ただし、彼らは土地をもつのではなく、土地をもつ人たちの奴隷なのだ。

(二) もし、最初の強奪が少なくとも植民地型でなかったなら、機械化された農業生産のおかげで、アルジェリア人は自分の大地の生む産物を、あるいはもっと安く買いえたかもしれない。しかし、アルジェリア人は植民者のおとくいではない。また、おとくいとはなりえないのである。植民者は、輸入品の支払いのために輸出しなければならない。つまり、彼らはフランス市場のために生産しているのである。彼らは、体制の論理のみちびくままに、土着民の要求を犠牲にして、フランス本国のフランス人たちの要求にこたえているのだ。

一九二七年から一九三二年にかけて、ブドウ栽培の土地は十七万三千ヘクタールにのぼったが、その半分以上がイスラム教徒たちの手から取りあげられた。ところで、イスラム教徒たちはブドウ酒を飲まないのである。取りあげられたこの土地に、かつて彼らはアルジェリア市場のための穀物をつくっていたのだ。つまりこうなると、彼らのうばわれたのは土地だけではない。ブドウをそこに植えることで、ひとはアルジェリア人民からその主食をうばったのである。最良の土地からつまみぐいされ、ブドウ栽培にもっぱら当てられているこの五十万ヘクタールという土地は、イスラム教徒大衆にとっては、非生産的なものにすぎず、無にひとしくなったのである。

それに、イスラム教徒国の食料品店のどこにでもある、あの柑橘類はどうか。諸君は、アラブの農民がデザートにオレンジをたべると思っているのか。

この結果、穀物生産は年々、サハラ砂漠に近い南部に後退している。これはフランスの恩恵である、と説明する人もたしかに存在した。耕作の場所がかわったのは、つまりはフランスの技師たちが砂漠と境を接するところまでこの国を灌漑してくれたからだ、と。本国のお人好しの、あるいは無関心な住民なら、この嘘にあざむかれよう。しかし、アラブ農民は、南部が灌漑されていないことを知っている。彼らがやむなくそこで暮らすのは、もっぱら恩人たるフランスが彼らを北部から追いだしたからなのだ。よい土地は平野に、町の周辺にある。植民地従属民にのこされているのは砂漠である。

結果は何か。状況の不断の悪化である。穀物栽培は七十年来、伸びていない。この間、アルジェリアの人口は三倍になっている。この過剰生産率をフランスの恩恵のうちに数えたいのなら、もっとも高い出産率をもつのはもっとも貧窮せる国民である、という事実を思いおこしてほしい。われわれの国のおかげで、アルジェリアの子どもたちが貧窮のうちに生まれ、奴隷として暮らし、飢えのために死ねることを感謝すべきだというのか。この論証を疑う向きは、つぎの官製の統計を見てほしい。

一八七一年、住民一人当たり二百五十キロの穀物を消費していた。

一九〇一年、同じく二百キロ。

一九四〇年、同じく百二十五キロ。

一九四五年、同じく百キロ。

同時に、個人的土地所有者が圧迫してきた結果、入会地《いりあい》はなくなり、入会権も失った。サハラに近い南部では、イスラム教徒の牧者をまとめて住まわせているので、家畜はほぼそのまま飼われている。北部では、家畜は消滅してしまった。

一九一四年以前、アルジェリアは九百万頭の家畜をもっていた。

一九五〇年、四百万を数えるのみである。

現在、アルジェリアの農業生産はつぎのように見積もられている。

——イスラム教徒の生産高、四百八十億フラン。

——ヨーロッパ人の生産高、九百二十億フラン。

九百万の人間が農業生産の三分の一を生みだしている。この三分の一しか、彼らの消費としてゆるされていないことに留意しよう。のこりはフランスへ行ってしまうのだ。だから、彼らは原始的な道具と悪い土地でもって、みずからを養わねばならない。イスラム教徒の分け前のうち——一人当たり穀物消費を百キロにちぢめても——二百九十億フランは自家消費のためにとっておかねばならないのだ。つまりこれは、家計でいえば、食費を制限することの不可能性——たいていの家庭ではそうだが——ということに当たる。食物だけで金がみな要ってしまう。服を着たり、家に住んだり、また種子や道具を買ったりする金は、何ものこらない。

こうした貧困化の進行は、おみごとな植民地農業が、この国のただなかにガンのように巣くい、すべてをむしばんでいることにもっぱらその原因があるのだ。
(三) 土地所有の集中化は、とうぜん農業の機械化をみちびきだす。植民者にトラクターを売りつけられるので、本国は大喜びである。悪い土地に押しこめられたイスラム教徒の生産性は五分の一、減退しているのに、他方、植民者の生産性は、彼らだけに利益をもたらして、日々に増大しているのである。一ヘクタールから三ヘクタールまでのブドウ畑では、耕作の近代化は不可能ではないまでも、むずかしい。そこでは、ヘクタール当たり四千四百リットルの収穫をあげている。百ヘクタール以上のブドウ畑では、ヘクタール当たり六千リットルをあげているのだ。

ところで、機械化がすすめば、テクノロジーに由来する失業が生まれる。機械が農業労働者にとって代わるのだ。これはたしかに重大問題だろうが、しかしもしアルジェリアに工業があれば、あるていどの災いですむ。ところが、植民地体制はアルジェリアに工業を禁止しているのだ。失業者たちは町に流れこみ、そこで何日か都市整備の仕事にありつく。それからはもう、どこへ行っていいのか分からないので、そこでじっとしている。こうした絶望せる下層プロレタリアートは日々にその数を増している。四日に一日働くとして、年に九十日以上働いた者を公式に給料生活者として登録したばあい、一九五三年の数字ではわずか十四万三千人の給料生活者しかいないのである。植民地体制のつのりゆく苛酷さを、これほどよく示すものはない。すなわち、まずはじめに国を占領し、ついで土地を取りあげ、そしてかつての土地所有者をしぼりあげて飢餓線上の賃金にまで追いやるのだ。それだけではなく、機械化とともに、この安い労働力でさえ、なお高いということになる。ひとはついに、土着民から労働の権利をもうばうにいたる。アルジェリア人は、自分の国にいながら、富みさかえる国にいながら、飢え死にするしかしかたないのである。

アルジェリア人がフランス人労働者の仕事を横取りしに来ているといって文句をいう本国の人びとは、アルジェリア労働者の八十パーセントが給料の半分を家族に送っているという事実、テント部落にのこされた百五十万の人びとは、この四十万の自発的亡命者からの送金だけを頼りに生きているという事実を知っているのだろうか。で、これまた、体制の残酷な帰結なのであるが、フランスがアルジェリアでは閉めだしている仕事を、アルジェリア人はフランスに余儀なく求めに来ているのである。

植民地的搾取は、系統的かつ苛酷であり、アルジェリア人の九十パーセントまでがその被害者である。

彼らは、土地からはじきだされ、非生産的な土地にとじこめられ、むちゃな賃金で働かされ、こうして失業の恐怖は彼らの反抗の意志をもくじいている。同盟罷業者たちは、失業者を使っての《スト破り》をされるのではないかと恐れているのだ。こうなっては、植民者は王である。フランスの資本家なら大衆の圧力によって譲歩するようなことの一切を、彼はゆずらないのである。賃金のスライド制もなく、団体協約もなく、家族手当もなく、食堂もなく、労働者住宅もない。泥を乾かした四壁、パン、いちじくの実、十時間労働。ここでの給料は、正真正銘、労働力回復のための必要最少限なのである。

ざっと以上が見取り図だ。ヨーロッパの略奪者たちが系統的につくりだしたこの貧窮の埋めあわせとして、あの直接可測しえない福祉とやらいうもの、都市整備や公共事業での雇傭、衛生、教育などを、ともかくにも挙げることができようか。もしもそんな慰めがあるのなら、あるいはいくらか希望ももてよう。あるいは正しい判断の上にたった改良をも……。いや、断じて否、である。体制に情け容赦はないのである。そもそものはじまりから、フランスはアルジェリア人の所有権をうばい、追いはらってきたのであるから、フランス人は彼らを同化しえないブロックとして扱ってきたのであるから、アルジェリアでの一切のフランスの事業は、植民者の利益のために遂行されてきたのである。

飛行場や港のことは言うにも及ばない。そんなものは、アラブの農民にとって、貧窮と寒さで死ぬためにパリの場末へ行くとき以外に、何の役にたとうか。

道路はどうか。それは大都会とヨーロッパ人の所有地、軍事地区とを結びつける。だが、アルジェリア人が自分の家へ行くために作られた道路ではない。

その証拠は？

一九五四年九月八日夜から九日にかけて、地震がおこり、オルレアンヴィルと下シェリフ地方が破壊された。

新聞報道によれば、ヨーロッパ人の死者三十九名、フランス国籍イスラム教徒の死者千三百七十名。ところで、この死者のうち四百名は、大地震のおきてから三日のちにやっと発見されたのである。テント部落のなかには、六日もたたなければ救援のこなかったところもある。救援隊は、フランスの道路事業に責任を押しつけている。「だって仕方ないじゃないか！　あそこは道路から遠すぎるんだ」。

せめて衛生は？　保健行政は？

オルレアンヴィルの地震の結果、当局は、アラブ部族の状況調査を決意した。無作為にえらばれたいくつかの部族は、町から三十ないし四十キロもはなれており、医療施設の担当医師は年に二回しかそこを訪れていなかったのであった。

例のフランス文化についていえば、アルジェリア人がそれを身につけたがっているかどうか、誰が知ろう。ただ確実なことは、われわれが文化を彼らに与えることを拒んだということである。アメリカ南部のある州では、十九世紀のはじめまで、黒人奴隷に読み書きを教えれば罰金刑に処せられた。そこまでわれわれが破廉恥だったとはいうまい。だが、わが《同胞イスラム教徒たち》を無学文盲の民たらしめようとしたことに変わりはないのだ。こんにちでもなお、アルジェリアでは文盲率は八十パーセントを数える。われわれの禁じたのがフランス語の使用だけなら何も言うことはない。しかし、植民地主義の体制からして必然的に、植民地従属民が自国の歴史を知る道を閉ざそうという試みがでてくるのである。ヨーロッパでも、国家の領土回復要求はつねに自国語の統一に支えられていた。だから、イスラム教徒たちが彼ら自身の言語を使うことを、ひとは禁じたのである。一八三〇年以来、アラブ語はアルジェリアでは外国語と見なされている。会話では話されているが、事実上もはや書き言葉ではない。それればかりか、アラブ人を分散状態にとどめておくため、フランス政府は彼らの宗教を取りあげた。イスラム教の司祭たちをお傭いとして登録したのである。政府は、世にも低劣な迷信はそのままにしておく。なぜなら、迷信は人びとを分裂させるからだ。教会と国家との分離、それは共和政の特権であり、本国にとっては好ましい贅沢である。アルジェリアでは、フランス共和国は共和的であることを自分に許しえないのである。フランスは非文化と封建的諸信仰は維持する。ただし、こんにちにのこる封建制のなかには、とにもかくにも人間らしい社会をつくりうるような社会構造と社会習慣があるのだが、その構造と習慣とを、フランスは禁圧するのである。アルジェリア社会集団の骨組とバネとをとりこわすために、個人主義的、自由主義的規範《コード》を押しつける。だが、フランス共和国は小国王をそのまま維持する。小国王たちの権力は、フランス共和国に依存しており、彼らの統治はフランスのためなのである。一言でいえば、フランス共和国はつぎの二重の運動によって《土着民》をつくりだす。一方では、彼らを復古的な集合性から切りはなす。他方では、自由主義的個人主義の孤独のうちに、復古主義的心性を彼らに与え、あるいは保持させる。その心性は、社会の復古主義との関連においてのみ、永続化しうるのである。フランスは大衆を創出する。しかし、彼らが意識せるプロレタリアートとなるのを防ぐため、フランス共和政のイデオロギーを戯画化し、彼らを瞞着しようとするのである。

ここで冒頭の質問者のところに立ちもどろう。心やさしいわれわれのリアリストは、大衆《マス》的な改良を提案してこういう。「まず経済を!」 答えて、わたしはいう。そうだ、アラブの農民は飢えで死んでゆく。そうだ、彼には、土地も、仕事も、教育も何もない。そうだ、病いのために彼は打ちひしがれている。そうだ、アルジェリアの現状は極東の最悪の貧窮に比すべきものである。しかしながら、経済的変化から事をはじめるのは不可能である。なぜなら、アルジェリア人の貧窮と絶望とは、植民地主義の直接の、必然的な帰結であり、この主義のつづくかぎり、それらを絶滅はできないからである。これは、意識せるアルジェリア人のすべてが知っていることだ。すべての人が、あるイスラム教徒のつぎの言葉に同意している。「一歩前進、二歩後退。これが植民地の改革だ」。

それというのも、体制があらゆる整備の試みを、独りで楽々と無にしてしまうからである。日々に苛烈、日々に非人間的となることによってのみ、体制は維持されうるのである。

かりに、本国が改良を提案したとしよう。三つのケースが考えられる。

(一) 改良は自動的に植民者の、そして植民者のみの利益となる。

土地の生産高をあげるべく、ダムが作られ、灌漑設備一切が作られた。しかし、ご承知のように、水が土地を肥やすのは流域地方にかぎるのである。ところで、こういう土地はアルジェリアの最良の土地だったし、ヨーロッパ人がそれを独占したのである。マルタン法は、その前文において、灌漑された土地の四分の三は植民者の所有たるべきことを認めている。ではどうぞ、サハラ砂漠に近い南部を灌漑したまえ!

(二) 改良が無効となるように変質させられる。

アルジェリアの地位は、それ自体、醜悪なものである。フランス政府は、二つの選挙団体にあの領域議会をさずけることで、イスラム教徒大衆を瞞着しようと思っていたのか。たしかなことは、議会には瞞着をさいごまでやりとおす余裕ものこされていなかったということだ。瞞着される機会を土着民に与えることすら、植民者は拒んだのである。彼らには、議会がすでに余計なものであった。彼らは、選挙を公然とごまかすほうがかんたんだと思ったのである。そして、彼らの見方からすれば、彼らの言い分は完全に正しいのであった。人を暗殺しようとするときには、まず、さるぐつわをかませるがいいのである。新植民地主義の危険な帰結を封ずるべく、植民者の姿をかりて、新植民地主義に反逆しているのは、植民地主義そのものなのだ。

（三）　行政当局の共犯によって、改良は眠らされる。

灌漑によって得た土地の値上り益の代わりとして、植民者は国家に土地を少しゆずるであろう。マルタン法はそう予想していた。国家はそのわずかの土地をアルジェリア人に売り、アルジェリア人は二十五年でその負債を返却する許可をうる。ごらんのとおり、改良はおだやかなものだった。改良といっても、少数のえらばれた土着民に、彼らの父祖から盗んだ土地をわずかばかり、もう一度売りつける、というにすぎない。植民者は一スーたりとも損をするわけではない。

　ところが、植民者には、損をしないというのは問題ではない。たえず、もっともうけねばいけないのだ。百年来、本国が自分らのために払ってくれた《犠牲》に慣れているものだから、土着民を利するために犠牲が払われることは、どうにも我慢できなかったのであろう。すなわち、マルタン法は眠らされてしまったのである。

　「イスラム教徒農民の技術教育のための農業事務局」が、彼らのためにどんな運命をもたらしたか。それを思いめぐらせば、植民地主義者の態度が理解されよう。パリの机上でつくられたこの制度は、アラブ農民の生産性をほんの少しひきあげるという以外、何の目的ももたなかったのだ。飢え死にしないていどにひきあげる、それだけのことだ。本国の新植民地主義者は、これがやがて体制と正面衝突するだろうとは分かっていなかったのである。つまり、アルジェリアの労働力が豊かに存在するためには、アラブ農民は依然として少ししか生産せず、高い価格で生産をつづける必要があったのだ。もし、技術教育がひろがれば、農業労働者はさらに減少しないだろうか。さらに厚かましくなりはしないか。イスラム教徒の土地所有者は、恐るべき競争相手となりはしないか。さらに、とりわけ教育は、たとえそれがどんなものであれ、どこから由来したものであれ、解放の武器となる。フランスでも、政府が右翼のときには、それをよく知っていたので、自分らの農民を教育することを拒んだのである。ましていわんや、土着民に技術知識を普及するとは！　いたるところで憎まれ、攻撃され――アルジェリアでは陰険に、モロッコでは手荒く――この職務は不随のままである。

さて、こうなると、あらゆる改良は無効なのである。とくに、改良には高い金が要る。本国にとってはあまりに荷が重く、アルジェリアの植民者には、それに出資する手だても意志もない。完全義務教育――しばしば提案された改革だが――には、旧フランで五千億フランかかる（生徒一人当たり年間経費を三万二千フランと見積もって）。ところで、アルジェリアの総収入は三千億フランなのだ。教育改革は、アルジェリアが工業化し、その収入が少なくとも三倍にならなければ、実現しえない。しかし、植民地体制は、すでに見たように、工業化に反対している。フランスが大工事をおこし、何億という金をつかおうと、その結果は、明らかに何一つのこらないだろう。

そして、われわれが《植民地体制》というとき、承知しておかねばならぬのは、それは抽象的機構のことではないということだ。体制は実在し、機能している。植民地主義の悪循環は一つの現実なのである。ただし、この現実は、百万の植民者、植民者の息子や孫の肉体に宿っている。植民地主義の作りあげたこの連中は、植民地体制の諸原理そのものにのっとって、考え、語り、行動しているのである。

なぜなら、植民者は土着民と同じく作りあげられたものだからだ。植民者は、その職分と利害によって作りあげられている。

植民者は、植民協約によって本国とむすばれている。彼がやって来たのは、巨大な利益と交換に、植民地国の産物を本国に商うためである。彼は、土着民の要求よりも本国のそれをはるかによく反映する新文化を創造しさえした。したがって彼は二重の、矛盾せる存在なのだ。彼は《祖国》フランスをもち、《国》としてアルジェリアをもっている。アルジェリアでは、彼はフランスを代表し、フランスとしかつながりをもとうとしない。しかし、彼の経済的利害は、祖国の政治的諸制度に反対せざるをえなくさせるのだ。フランスの諸制度は、自由主義的資本主義に基礎を置くブルジョワ民主主義のそれである。それには当然、投票権、結社の権利、出版の自由がともなうのである。

しかし、植民者は、アルジェリア人とは正反対の利害をもち、またその過剰搾取を紛うかたない弾圧の上に基礎づけている以上、そうした権利はみとめえないのである。彼がそれをみとめるのは、自分にたいしてのみ、またフランス人仲間で、フランスでそれを享受するときのみである。事これに関するかぎり、彼は本国の諸制度の——少なくとも法文上の——普遍性に憎悪をもって反対する。それらがすべての人に適用されるというまさにその理由を楯にとって、アルジェリア人がそれを要求するかもしれないのだ。人種的差別の役割の一つは、ブルジョワ自由主義に潜在するこの普遍主義を補正することにある。というのは、すべての人間が同じ権利をもつ以上、アルジェリア人は人間以下ということになるのだ。そして、祖国の同胞がこれらの制度を《自分の》国にまで拡大しようとすると、すべての植民者はこれを拒み、分離主義的傾向をおびる。数ヵ月前、アルジェリアの市長会議長はこういったではないか。「もしフランスが弱っているなら、われわれがフランスの後継者となろう」。

しかし、ヨーロッパ人はイスラム教徒のただなかで孤立している、その軍事力の比は九対一である、こう植民者がいうとき、矛盾ははっきりとしてくる。彼らが孤立しているからこそ、多数者に権力を与えかねない規程は一切拒否しているのである。で、同じ理由から彼らは力で自分を支えるしか術を知らぬのである。

だが、まさに同じ理由で——そして軍事力の比からゆくと自分に不利にしかならぬので——本国の力、すなわちフランス軍の助けを求めるのである。したがって、この分離主義者たちは、同時に超愛国者でもある。フランスでは共和主義者であり——彼らが本国内で一つの政治勢力を形成することを、われわれの制度がゆるすかぎりのことだが——、アルジェリアでは、共和政体を忌み嫌い、共和国軍隊を熱愛するファシストなのだ。

彼らは他の何者かになりうるだろうか。否、である。彼らが植民者であるかぎり、それは不可能である。征服者たちがその国に住みつき、原住民と混血して、ついには一民族を形成したという例もある。そのときには、共通の国民的利害——少なくともいくつかの階級にとっての——が生まれるだろう。しかし、植民者は、植民契約によって被征服者と完全に切りはなされた征服者なのである。われわれがアルジェリアを占領して以来一世紀、混血結婚やフランス人・イスラム教徒の友愛の例をほとんど知らないのである。植民者として、彼らの関心は、フランスの利益のためにアルジェリアを滅亡させるにある。アルジェリア人の方の義務は、何としてでも、また彼ら自身の利害のためにも、この国の経済発展——したがって文化的発展に関わりをもつことである。

とかくするうちに、本国の方は植民地主義の罠にかかってしまった。アルジェリアでの主権を確認しているかぎり、この体制に、つまりは本国の諸制度を否定する植民者にまきこまれているのだ。植民地主義は、民主主義のフランス人を死地に送りこむよう本国に求めている。その目的は、反民主主義の植民者がアルジェリアにたいし暴政をしくのを擁護することにある。だが、ここでまた、仕掛がはたらき、矛盾の輪がせばめられる。彼らの利益のために弾圧はしているが、そのため日々に、彼らが厭わしくなってくるのだ。われわれの軍隊が彼らを守れば守るほど、軍隊のおかす危険は増大し、そのことがまた、軍の存在をいよいよ不可欠のものとするのである。もし戦いが今年中つづけば、その費用は三千億フランにのぼろう。これはアルジェリアの総収入に匹敵する。

体制が自滅せざるをえない地点にまで、われわれは来ているのである。つまり、植民地があげる利益以上のものが、出費として要るのだ。

イスラム教徒の共同体を破壊し、イスラム教徒の同化を拒んだが、植民者はそうすることによって自分自身の論理に忠実だったのである。アルジェリア人にすべての基本的権利を保証し、安全と福祉とのわれわれの諸制度の恩恵を彼らにも与え、本国の議会にアルジェリアの百人の代議士に席を与え、農地改革を行ない、この国を工業化することでフランス人の生活水準にひとしいものをイスラム教徒のために確保する。こういうことが、同化の前提としてはあるのだ。同化を徹底して行なえば、それはもう植民地主義の廃絶にほかならない。植民地主義そのものからどうしてそんなことが望めようか。植民者は、植民地従属民にたいし貧窮以外の何ものも与えない。彼らは、従属民を彼らから遠ざけ、同化できないブロックとする。極度に否定的なこういう態度は、したがって、必然的にこれと対応する、大衆の自覚をひきおこさずにいないのだ。封建的社会構造を一掃したことは、一旦アラブの抵抗を弱めはしたが、結果として、この集団的自覚を容易ならしめたのである。つまり、新しい社会構造が生まれてくるのだ。隔離にたいする反動として、また日常闘争のうちに、アルジェリアの人格が発見され、また鍛えられたのだ。アルジェリアのナショナリズムは、旧き伝統、旧き愛着のたんなる復活ではない。これは、搾取をやめさせるために、アルジェリア人の手にした独自の戦術なのだ。すでに見たように、ジュール・フェリは下院でこう宣言した。「政治的優越のあるところ、そこには経済的優越があり……」。アルジェリア人は、われわれの経済的優越のゆえに死ぬ。しかし、彼らはこの教訓を有益に使う。経済的優越をやめさせるため、彼らの心に決めた攻撃目標は、われわれの政治的優越なのである。こうして、植民者はみずからその仇敵をつくったのだ。彼らは、武力による解決以外に何の解決もありえないことを、煮え切らぬ人びとに教えたのである。

植民地主義のただ一つの善行、それは存続するためには頑固でなければならぬということであり、その頑固さによってみずからの滅亡を準備するということである。

われわれ本国のフランス人としては、これらの事実からひきだすべき教訓はただ一つである。すなわち、植民地主義は自己破壊の道をあゆみつつあるということだ。しかし、それはなお、あたりに臭気を放っている。それはわれわれの汚辱である。それは、われわれの法を愚弄し、法を戯画化している。先日のモンペリエの例が証明したごとく、それは人種的差別の毒をわれわれにばらまいている。それは、十年前われわれの戦ったナチスの原理のために、（ナチスを）嫌がる青年たちを死に追いやっている。わがフランス国内にまでファシズムの波をたてることで、それはみずからを守ろうとしている。われわれの役割は、植民地主義の死を助けることである。アルジェリアだけではない、それの存在するところ、どこにおいてもである。アルジェリア放棄をうんぬんする人びとは馬鹿である。一度も所有したことのないものを、放棄しようがない。そうではない、逆に、問題は、自由なフランスと自由になったアルジェリアとのあいだに、新しい関係を、アルジェリア人と一しょに築きあげることだ。だが、とりわけ心しなくてはいけないのは、改良主義者にたぶらかされて、われわれのつとめから遠ざかることである。新植民地主義は、植民地体制を整備しうるとなお信じているおろか者である——それとも、改良が無効なのを知るゆえに改良をとなえる悪賢い奴である。そうした改良は、いつか時がくればなされるであろう。つまり、改良を行なうのは、アルジェリア人民なのだ。われわれとしてなしうる、またなさねばならぬ唯一の企て——だが、これがこんにち大切なことだ——それはアルジェリア人民の側にたって、植民地の暴政からアルジェリア人とフランス人とを同時に解放すべく戦うことである。

「レ・タン・モデルヌ」一二三号、一九五六年三月—四月。「アルジェリアの平和のために」集会での発言。

『植民者の肖像と被植民者の肖像』

アルベール・メンミ

奴隷制について語る権限をもっているのは〔アメリカの〕南部の人だけである。かれらは黒人を知っているからだし、北部の人は抽象的なピューリタンで、抽象的実体《アンティテ》としての〈人間〉しか知らないからだ。ヒューストンやニュー・オーリンズ(1)の新聞で、それから、本国人は誰にとっても北部派に当たるわけだから《フランスの》アルジェリアでも、このご立派な理屈はなお幅をきかせている。アルジェリアの新聞はわれわれにくりかえしいっている、植民地について語る資格があるのは入植者《コロン》だけだと。われわれ本国人にはかれらのような体験がないし、われわれはかれらの目を通して擾乱のアフリカを見たり、そこに戦火だけしか見ないだろう。

この恐喝におじけづく人たちは、『植民者《コロニザトゥール》の肖像と被植民者《コロニゼ》の肖像』(2)を読むといい。これは体験に抗する体験の書である。著者はチュニジア人で、『塩の柱』(3)においてその苦々しい青春を物語った。正確にいってかれは何者なのか。植民者なのか、被植民者なのか。かれはどちらでもないというだろうし、諸君は両者だというかもしれない。しかし、それはつまり同じことなのだ。かれは土着民だが、イスラム教徒ではない人々のグループの一つに属している(4)。それらのグループは、「被植民大衆に比べると、多少とも有利な立場に立つが、植民者集団には拒まれている。」しかし植民者集団は、ヨーロッパ社会に統合されたいというそれらグループの努力には「かならずしも水をさしはしない。」それらグループの成員は、事実上の連帯によって下層プロレタリアートに結ばれながら、みみっちいものだが特権によってかれらから距てられており、たえず居心地の悪い暮しをしている。メンミはこうした二重の連帯と二重の拒否を経験した。つまり、入植者を被植民者に対立させる動きと、「拒否する入植者」を「受諾する入植者」に対立させる動きがそれである。かれはその動きをとてもよく理解している。というのは、それをまずかれは自分自身の矛盾として感じているからだ。かれは、それらの魂の裂傷、社会的軋轢の純粋な内面化がただちに行動につながるものではないことを、その書物において十分に説明している。しかし、そうした傷に苦しむ者は、もしかれが自分を意識し、自分の共犯と誘惑と追放とを知るならば、自分自身について語りながら他人を啓蒙することができるのだ。すなわち、この容疑者は「対決する力としてはとるに足りない」し、誰をも代表してはいないが、同時にみんなであるので、最良の証人となるだろう。

しかし、メンミの書物は物語らない。それは思い出で培われてはいるが、それらの思い出をすべて同化している。それは体験に形を与えたもので、入植者の人種主義的簒奪と、被植民者が将来打ち建て、そこには「自分の場所はないだろうと自ら予測する」未来の国家との間でメンミは、自分の特殊性を普遍性に向かって超えながら生きようとしているのだ。まだ実在しない〈人間〉に向かってではなくて、すべての人に課せられている、きびしい〈理性〉に向かって超えようとしているのだ。この著作は地味だが明快で、《情熱的な幾何学書》のうちに数えあげられるだろう。その冷静な客観性は、苦しみと怒りを超えたところに由来している。

観念論の見かけをこの書物に非難しうるのはきっとこのためだろう。なるほど、すべてのことがいわれている。だが、採用された論旨のたて方については、いささかいいがかりがつけられよう。植民地主義者《コロニアリスト》犠牲者もともども植民地という装置によって締めつけられていたことを示した方がよかったかもしれない。その重い機械は、第二帝政末、第三共和制下に建造されて、はじめは植民者をすっかり満足させたが、やがてかれらに背き、かれらを危く粉砕しかけている。実際、植民地体制《システム》には人種主義《ラシスム》が刻印されていて、植民地は食料品や非加工品を安く売り、加工品を本国からたいへん高い値で買っている。この奇妙な取引が、本国にとっても植民地にとってもともに利益になるのは、土着民が無償ないしはほとんど無償で働くからこそなのだ。下層農業プロレタリアートは、どんなに恵まれないヨーロッパ人との同盟さえも当てにはできない。《小入植者》も含めてすべてがかれらを食いものにして生きている。小入植者は大所有者に搾取されてはいるが、アルジェリア人にくらべればなお特権者だし、アルジェリアのフランス人の平均収入はイスラム教徒のそれよりも十倍も高い。緊張はそこから生まれる。賃銀と生活費ができるかぎり低くて済むためには、土着民労働者の間にはげしい競争がなくてはならない。したがって出生率が増大しなくてはならない。しかし、国の資源は植民地の簒奪によって制限されているから、賃銀は同じでも、イスラム教徒の生活水準は下がる一方で、住民はたえず栄養失調の状態で生きている。征服は暴力で行なわれたし、過度の搾取と抑圧は、たとえば軍隊の立ち合いといったような暴力の保持を要求している。もしテロが地球上いたるところで荒れ狂っているのなら、そこに矛盾はないかもしれぬ。けれども入植者は本国で民主的権利を享受し、植民地体制がそれを被植民者には拒んでいるのだ。実際に、人口の増加を奨励して手間賃を下げようとしているのはこの体制であり、また土着民の〔植民者への〕同化を禁じているのもそれである。土着民が投票権を持てば、数的優勢によって、すべてがたちどころに木端微塵になってしまうからだ。植民地主義は、それが暴力で従属させた人々に人権を拒み、かれらを力ずくで貧困と無知、マルクスにいわせれば《人間以下》の状態に引きとめている。事実そのもの、制度、交換と生産の性質のうちに人種主義は刻印されており、政治的地位と社会的地位が相互に補強しあっている。土着民は人間以下の人間だから〈人権宣言〉はかれらには関係がないし、逆に、かれらには権利がないから、自然の非人間的な諸力、経済の《鉄の法則》に、何の保護もなく委ねられているというわけだ。人種主義は、植民地主義的実践によってもたらされ、植民地という装置によってたえまなく生み出され、次のような二種の個人を定義する生産関係に支えられてすでにそこにある。すなわち、ある者にとっては特権と人間性とは不可分な一つをなし、権利の自由な行使によって人間になっているが、他の者にとっては権利の欠如が貧困や慢性的飢餓や無知、つまり人間以下の状態を裏づけているのだ。思想というものは事物のうちに描かれており、すでに人間のうちにあるもので、人間がそれらを目覚めさせ、それらを表明して、自分の立場を納得するものだと、つねづね私は考えてきた。入植者の《保守主義》、その《人種主義》、本国とのあいまいな関係、すべてはまず与えられていて、その後で入植者は《暴君ネロのコンプレックス》のうちにそれらを蘇らせるのだ。

メンミは、自分のいったのもそのことにほかならぬと答えるにちがいないし、なるほどそうだろう。[1]それにかれの言い分はもっともかもしれない。かれは、その思想を発見したままに、すなわち自分が体験した人間的意図やかかわりあいから述べて、自分の体験の真正さを保証しているからだ。かれはまず他人との関係、自分自身との関係で苦しみ、自分を引き裂く矛盾を掘り下げて客観的な構造に出会ったのだ。そしてかれは、それらの構造を、まだすっかり主観に浸された、ありのままの、生《なま》なかたちでわれわれに委ねている。

しかし、そういった揚げ足取りはこれでやめにしよう。この著作には、いくつかの力強い真実がはっきりと述べられている。第一は、良い入植者、悪い入植者がいるのではなくて、いるのは植民地主義者だということだ。かれらのうち、ある者はかれらの客観的事実を拒んでいるが、かれらにしても植民地という装置に引きずられて、夢では断罪していることを日々実際にはやっているのであり、かれらの行為はどれも抑圧の維持に貢献している。かれらは何も変えはしないし、誰の役にも立たなくて、精神的慰安を不快感のうちに見出すことになる。それだけのことなのだ。

他の者——これが大多数なのだが——は、はじめから受け入れるか、ついには受け入れることになる。

かれらを《自己赦免》に導く歩みのあとをメンミは見事に描いている。保守主義によって、凡庸な人たちの選り抜きが行なわれる。自分たちの凡庸さを自覚しているそうした簒奪者の選良がどうして、その特権を打ち建てることができるのか。手段はただ一つで、それは被植民者を貶しめ、自分を偉く見せ、土着民に人間の資格を拒み、かれらを単なる欠乏として定義することにほかならぬ。それはむずかしくはないだろう。まさしく体制がかれらから一切を奪っているからだ。植民地主義的実践が事物そのもののうちに植民地思想を彫りこんでおり、事物の動きそのものが入植者と被植民者とを同時に指名している。こうして抑圧はおのずと正当化される。つまり、抑圧者は禍いをつくり出し、力ずくでそれを維持するが、それらの禍いが、いよいよ被抑圧者を、その運命に値すべきものとして、抑圧者の目にうつらせるのだ。入植者が自らを赦免しうるのは、被植民者の《非人間化》を組織的に押し進める、いいかえると植民地という装置に毎日少しずつよけいに自らを一致させることによってでしかない。テロと搾取とが非人間化を行ない、搾取者はその非人間化を楯にさらにいっそう搾取を行なう。機械は順調に動いている。実践の思想と客観的必然の思想とを区別することはできない。植民地主義のこれらのモメントはお互いに条件づけあったり、混じりあったりしている。抑圧とは、何よりも被抑圧者に対する抑圧者の憎悪である。この撲滅企図にブレーキをかけるものはただ一つ、植民地主義そのものにほかならない。ここではじめて、入植者は自分自身の矛盾に出会う。被植民者といっしょに、植民者も含めて植民地化が消えてなくなってしまうからである。もはや下層プロレタリアートはいなくなり、過度の搾取はできなくなる。結局は資本主義的搾取の一般形態にはまりこんで、賃銀と物価は本国のそれ並みとなるだろう。それは破滅だ。体制は犠牲者の死と同時に増殖を望むことになり、どんな改変も体制には役立つまい。すなわち、植民者が土着民を同化しようと、みな殺しにしようと、手間賃はきっとたえず上昇するだろう。植民地という重い機械は、否応なしにそれを運転している人たちを生と死の間に——いや、つねに生よりも死に近く——支えており、硬直したイデオロギーが、人間を口をきく家畜とみなそうと努めている。しかし、それは無駄な骨折りで、どんなに苛酷で侮辱的なものであろうと、かれらに命令を下すにはまず、かれらを認めてかからなければならないし、たえずかれらを監視するわけにはいかないから、かれらを信用する気にならなければならない。たとえまず初めには人間を人間とみなさないとしても、誰も人間を《犬》扱いすることはできないのだ。被抑圧者の非人間化が不可能なので、その事態は転じて抑圧者の疎外となる。抑圧者自身が、どんな些細なものであっても身振りの一つ一つによって、破壊しようとする人間性を蘇らせ、抑圧者は自分たち以外には人間性を否認するから、敵対する力として人間性をいたるところに見出すというわけだ。その敵対する力を逃れるために抑圧者は鉱物化し、不透明な固さと岩石の不浸透性をわがものとする。つまり今度は自分で自分を《非人間化》しなければならなくなるのだ。

　容赦のない相互性によって植民者は、被植民者と、その生産物および運命に結びつけられている。その事情をメンミは力をこめて記している。植民地体制が前世紀の中葉に生まれ、おのずと自らを破壊するにいたる動態であることをわれわれはメンミとともに発見するだろう。すでに久しい以前からその動態が本国人にとって実入りよりも出費の多いものとなっているのはそのためだ。フランスはアルジェリアの重みで押し潰されており、やがて戦費を支払えないほど貧乏になれば勝利も敗北もない戦争をやめるだろうことを今われわれは知っている。だが、何よりもまず、装置の調子を狂わせつつあるのは、装置の機械的硬直さなのである。すなわち、古い社会機構は粉砕され、土着民は「分裂させられて」植民地社会は、自己崩壊せずにはかれらを併合することはできない。したがって、かれらは植民地社会に抗してその統一を見出すにちがいない。それらの排除された者たちは国民という人格の名において、かれらの排除の復権を要求するだろう。植民地主義が被植民者の愛国心をつくり出すのだ。家畜並みの抑圧体制に支えられてかれらには何の権利も、生きる権利さえも与えられていないし、かれらの生活条件は日に日に悪くなっている。このように民族が死というジャンルを選ぶしか手がなく、抑圧者から絶望という贈物しか受けとらないとき、かれらにはいったい失うべき何が残っているというのか。かれらの不幸は勇気となるだろうし、植民地化がかれらに差し向ける永遠の拒否を、かれらは植民地化の絶対的拒否とするだろう。プロレタリアートの秘密は、それがブルジョワ社会の消滅を内在していることだと、いつかマルクスはいっていた。被植民者もまたその秘密をもっていて、われわれは植民地主義の恐ろしい死の苦しみに立ち合っているのだということをわれわれに思い起こさせてくれたメンミに感謝しなければならない。

「レ・タン・モデルヌ」一三七—一三八号、一九五七年七—八月合併号。

『地に呪われたる者[1]』

最近まで、地球上に住む二十億の人びとは、五億の人間と十五億の原住民から成っていた。前者は〈言《ヴェ》霊《ルブ》〉を自由に駆使し、後者はそれを借りていた。そして両者の間には、身売りした小君主や封建領主、でっち上げられたにせのブルジョワジーがいて、仲介者の役割を果たしていた。植民地では真実はつねに赤裸々な姿を現わしていた。だが《本国》はこの真実を被い隠しておきたがった。原住民は《本国》を愛せよと教えられた。あたかも母親を愛するように。ヨーロッパのエリートたちは、原住民のエリートを作りあげようと企んだ。若者が選抜され、その額にはやきごてで西欧文化の諸原理が印づけられ、口には音の出る轡《くつわ》が、つまりべとべとと歯にくっつく大げさな言葉が押しこまれた。若者たちは本国における短期間の滞在の後、変造されて送り返された。生きた欺瞞そのものである彼らは、もはや同胞に語るべき何ごとも持っておらず、ただこだまのように反響するだけであった。パリから、ロンドンから、アムステルダムから、われわれヨーロッパ人が「パルテノン！　フラテルニテ（友愛）[2]！」などという言葉を投げかけると、アフリカやアジアのどこかで、唇が自ずと開いて叫ぶのであった。「……テノン！　……ニテ！」と。それはまさに黄金時代であった。

黄金時代は終わりを告げた。唇だけが勝手に開いた。黄色人種や黒人の声は、依然としてわれわれのヒューマニズムについて語っていたが、それは他ならぬわれわれの非人間性《イニュマニテ》を告発するためであった。われわれは不快を覚えることもなく、慇懃に表現されたその苦悩の声に耳をかしていた。最初のうち、それはわれわれの間に誇らしい驚嘆を惹き起こした。「何だって？ やつらがひとりでしゃべっている？ だが見たまえ、おれたちのおかげでやつらがどんなに成長したことか！」。われわれのことを自分の理想に忠実でないといって彼らが非難している以上、彼らがその理想を受け入れていることは疑いもなかった。今度ばかりはヨーロッパは自己の使命を信じこんだ。ヨーロッパはアジア人を西欧化し、この新しいギリシア・ラテン的ニグロという種族を創り出したではないか。おまけに——とわれわれは声をひそめてつけ加えた——やつらはなかなか重宝だよ。まあ当分はやつらをわめかせておこうじゃないか。わめけば気が楽になるさ。吠える犬は嚙みつかないものだよ。

ところが別の世代が現われて問題を変えてしまった。この世代の作家や詩人たちは、途轍《とてつ》もない忍耐強さで、ヨーロッパ人の信奉する諸価値が彼らの生活の真実にあわないこと、これらの諸価値を放棄することはできないが、自分たちのものにすることもできないことを、われわれに説得しようと試みた。ざっとこんな意味のことを言ったのだ。「君たちは僕らを怪物に仕立て上げた。君たちのヒューマニズムによれば僕らも普遍的な人間だそうだが、君たちの人種差別のおかげで僕らは特殊化されているではないか」。われわれはしごくのんびりこの声を聞いていた。植民地の行政官はヘーゲルを読むために給料をもらっているわけではない、それに彼らはヘーゲルなどほとんど読んでいないのだ。だが不幸な意識(3)が矛盾で身動きできなくなっていることを知るためには、わざわざこの哲学者のものを読む必要もない。要するにそれを知ったところで効果はゼロだ。いっそ、やつらの不幸を長引かせよう、この不幸から大したものが出てくるわけでもあるまい。また専門家《エキスパート》はわれわれに次のように語った。やつらの呻きのなかにおぼろげな要求があるとしても、それはせいぜい完全統合(4)の要求ぐらいだろう。むろん完全統合を認めるなんて問題じゃない。そんなことをすれば、知ってのとおり、超搾取にあぐらをかいている体制そのものが崩壊してしまうだろう。むしろ彼らの目の前に〔統合という〕この人参をぶらさげておけばいいんだ。そうすれば彼らは馬みたいにギャロップで走り出すだろう。暴動の危惧については、われわれは落ちつきはらったものだった。いったい自覚した原住民といっても、どこのどいつが、ただ同じようにヨーロッパ人になりたいという目的だけでヨーロッパの立派な若者たちを虐殺しに行くというのか？　要するにわれわれはうつ病患者たちを激励していたのだ。そして一度くらいは黒人(5)にゴンクール賞をやるのも悪くはあるまいと考えていた。だがこんなことはすべて一九三九年以前の話である。

一九六一年の今日はどうか？　聴きたまえ。「無益な祈りやヘドの出るような猿真似に空しく時を費やすまい。ヨーロッパのあらゆる街角で、世界のいたるところで、人間に出会うごとにヨーロッパは人間を殺戮しながら、しかも人間について語ることをやめようとしていない。このヨーロッパに訣別しよう。数世紀来、いわゆる《精神の冒険《アヴァンチュール》》の名において、ヨーロッパは人類の大半を窒息させてきたのだ」。このような声はかつてなかったものだ。誰が大胆にもこんな声で語るのか？　一人のアフリカ人、〈第三世界〉の人間、かつての植民地原住民である。彼はさらにつけ加える。「ヨーロッパは、気違いじみた滅茶滅茶なスピードを獲得した結果……今や奈落に向かって進んでいる。遠ざかるほうが賢明だ」。言いかえればヨーロッパはだめになったということだ。これはなかなか口に出せない一つの真実である。だが——同じヨーロッパ大陸の親愛なる諸君よ——われわれ誰しもが秘かにこの真実を認めているのではあるまいか？

ここで一つおことわりしておかねばなるまい。例えばあるフランス人が他のフランス人に対して「われわれはだめになった！」と言うとき――私の知るところでは、一九三〇年以来ほとんど毎日誰かがこの言葉を口にしているのだが――、それは怒りと愛に燃えた情熱の言葉である。語り手は他のすべての同国人と同じく危い船に乗り合わせているのだ。それに、大てい彼はこう言いそえる、「ただ唯一の救いは……」と。何を言おうとしているかは分かっている。もはやどんな過ちも犯してはならない。もし私の勧告に文字どおり従わないならば、そのときに、ただそのときにのみ、国は崩壊するだろう、というのだ。要するにこれは忠告を伴った脅迫であるが、これらの言葉は同じフランス人同士の間からとび出すものであるだけに、大して耳ざわりとはならないのである。これに反して、これから私が紹介するアルジェリアのフランツ・ファノンが、ヨーロッパは自らの墓穴を掘っていると言うとき、彼は警告の叫びを発しているのではない。診断を下しているだけなのだ。この医者はヨーロッパに救いのない宣告を下しているのではない――これまでそのような宣告のたびごとに、ヨーロッパが奇蹟的に蘇生するのを人は見てきた。また治療の方法を教えようとしているのでもない。彼はただヨーロッパが瀕死の状態にあることを確認するだけだ。ヨーロッパの外側から、自分で収集し得た徴候に基づいてこのことを確認しているのだ。手当てなどは顧《かえり》みようともしない。頭は別のことでいっぱいである。ヨーロッパがくたばろうと、生きながらえようと、彼にはどうでもいいことだ。だからこそ彼の書物はスキャンダルをまき起こすのである。そしてもし君たちが、さもおどけて困ったように、「ひでえパンチをくわせやがる！」と呟くならば、君たちはこのスキャンダルの真の性格に気づいていないことになる。なぜならファノンは、君たちにいささかも「パンチをくわせ」ようとしてはいないからだ。彼の書物――他の人びとにとっては燃えるように熱いこの書物――も、君たちに対しては冷えきっている。作者はしばしば君たちについて語っているが、決して君たちに語りかけようとはしていないのだ。黒人のゴンクール賞や黄色人のノーベル賞はもうおしまいである。原住民から受賞者が出る時代は二度と帰ってこないだろう。《フランス語圏の》一人の元原住民が、フランス語を新たな必要に従わせ、これを用いてただ植民地原住民にのみ呼びかけているのだ、「あらゆる後進国の原住民よ、団結せよ！」と。なんとわれわれの権威は失墜してしまったことであろう。父親の世代にとっては、われわれが唯一の話し相手であった。息子たちはもはやわれわれを語るに足るとさえ見なしていない。われわれは話題を提供するだけである。もちろんファノンは話のついでに、われわれの悪名高い犯罪に、セティフ、ハノイ、マダガスカル[6]に言及している。だが、彼はこれをわざわざ弾劾しようとも思わない。これを利用するだけだ。ファノンが植民地主義の策略を解き明かし、植民者《コロン》と《本国人》とを結びつけたり対立させたりするさまざまな関係の複雑なからくりを分解してみせたとしても、それは彼の同胞のためなのである。この男の目的は、われわれの裏をかく方法を彼らに教えることにある。

ひと口に言えば、この声によって〈第三世界〉は自己を発見し、自己に語っている。周知のとおり、この世界は等質な世界ではない。いまだに隷従民族もあれば、うわべだけの独立を得た民族もある。主権をかち取るために闘いつつある民族もあれば、やっと完全な自由を獲得しながら、帝国主義の侵略の脅威に絶えずさらされている民族もある。この相違は、植民地の歴史、すなわち抑圧の歴史から生み出されたものだ。〈本国〉は、ここではいくたりかの封建領主に金を握らすだけで満足し、あそこでは分割統治を行ないながら原住民のブルジョワ階級をでっちあげた。また他の場所では一石二鳥をやってのけた。すなわち搾取のためであると同時に、移民のための植民地でもあるものを作りあげたのだ。こうしてヨーロッパは多くの分裂と対立を生み出し、階級を、そして時には人種主義をこしらえ、あらゆる手段をもちいて原住民の社会の上下分割を促し、それを拡大しようと努めてきたのである。ファノンは何一つ隠そうとしない。旧植民地はわれわれと闘うために自分自身と闘わねばならぬ、と彼は言う。いやむしろ、この二つの闘いは切っても切り離せないものだ。闘いの砲火のなかで、原住民の内部を分裂させる一切の障壁は瓦解しなければならない。死の商人をかねた政治家や植民地貿易の仲買人から成る無能なブルジョワジーも、植民地ではつねに特権的な地位にある都市のプロレタリアートも、スラム街に住むルンペン・プロレタリアートも、すべての者が農民大衆の陣営に勢ぞろいせねばならない。農民大衆だけが、民族的かつ革命的な軍隊の真の貯蔵庫なのである。植民地主義によって故意に発展を阻まれた国にあっては、立ち上がった農民階級がいち早くラディカルな階級として登場する。彼らはむき出しの抑圧を知っており、都会の労働者よりもはるかにこれに苦しんでいる。農民が飢死するのを防ぐには、社会の構造全体を粉砕する以外に方法はない。農民階級が勝利を占めるなら、〈民族革命〉は社会主義的になるであろう。もしその衝動《エラン》が抑えられ、原住民のブルジョワジーが権力を握るなら、新国家は形式上の主権にもかかわらず、帝国主義者の手中にとどまることになる。カタンガ(7)の例は、この事実をかなり明白に示している。このように、〈第三世界〉の統一はまだ果たされていない。それは進行中の事業であり、独立しているといないとにかかわらず、あらゆる国で、農民階級の指揮下におかれたすべての原住民の団結によって果たされる。ファノンがアフリカ、アジア、ラテン・アメリカの兄弟たちに説いているのは、以上のことだ。われわれは、同時に、地上いたるところで革命的社会主義を実現しよう。さもなければ、次々に以前の圧制者に打ち破られてしまうだろう、と彼は言っているのだ。ファノンは何ごとも隠さない。弱点も、内部の反目も、瞞着も。運動は、ここではスタートでつまずいた。あそこでは目覚ましい成功をおさめながらも足ぶみ状態だ。またこちらでは停止してしまった。もし運動を立て直そうとすれば、農民はブルジョワジーを海に抛りこんでしまわねばならぬ。指導者に対する個人崇拝、西欧文化、さらには遠い過去の遺物となったアフリカ文化の復帰、こうした疎外の危険を最も強くはらんだものに対して、読者はきびしい警告をうける。

真の文化とは〈革命〉に他ならない。すなわち、文化は〔革命の情熱の〕熱いうちに鍛えられると、ファノンは声を高くして語っている。われわれヨーロッパ人も彼の声を聞くことができる。その証拠に、諸君はこの本を手にしておられるではないか。だがいったい彼は、自分の率直さが植民地の権力機関に利用されはしまいかと恐れることはないのだろうか？

否、彼は何ものも恐れていない。われわれヨーロッパ人のやり方は時代おくれだ。時として解放をおくらせることはあり得るが、これを阻止することはできないだろう。方法を改めることはできる、などと想像することはやめにしよう。新植民地主義という〈本国人〉の怠惰な夢は空気のように空しい。《第三勢力[8]》は存在しない。存在したにしても、それはあらかじめ植民地主義によって権力の座につけられたインチキ・ブルジョワジーのことだ。次々とわれわれの欺瞞をあばいてきたこの目覚めた世界に対して、われわれのマキャヴェリズムはほとんどなんの支配力も持っていない。コロンの手段はただ一つ、力だ——ただしコロンにまだ力が残っている場合の話である——。原住民の選択はただ一つ、隷属か独立かだ。君たちがファノンの書物を読もうが読むまいが、それが彼になんのかかわりがあろう？　ファノンはわれわれが代わりの策を持ちあわせていないことを知りぬいたうえで、われわれの古くさい狡智を摘発してゆくが、それを彼の同胞たちに向かって訴えるのである。彼が次のように語るのも、彼らに対してなのだ。ヨーロッパはわれわれの大陸に足を踏み入れた。その足を引っ込ませるまで切りつけねばならぬ。時はわれわれに幸いしている。ビゼルトで、エリザベートヴィル[9]で、アルジェリアの奥地でことがおこれば、たちまち全世界に知れわたるだろう。東西両ブロックはそれぞれ異なる方針をとり、互いに牽制し合っている。この麻痺状態を利用しよう。〈歴史〉のなかに入りこもう。〈歴史〉になだれこみ、〈歴史〉をこれまでにない普遍的なものにせねばならぬ。戦おう。他に武器がないならば、辛抱強く匕首をふるって戦っても十分間に合うだろう。

ヨーロッパの人びとよ、この本を開きたまえ。そのなかに入ってゆきたまえ。暗闇を数歩あゆめば、見知らぬ人びとが火を囲んで集うさまが見えるだろう。近づいて耳を傾けたまえ。彼らは、君たちの商社を、商社を護る傭兵を、どう処分すべきかと議論している。多分、彼らは君たちの姿を眼に止めよう。だが声を低めもせずに、彼ら同士の話をつづけるだろう。この無関心さが心に突きささる。彼らの父親たちは、影の人間であり、君たちの被造物であり、生気のない魂だった。君たちは光を分け与えてやった。彼らは君たちに向かってしか語らなかった。そして君たちは、こんな生ける屍《ゾンビ》に答えもしなかった。だが息子たちは君らの存在を無視している。一つの火が彼らを照らし出し、彼らの身体を温めている。が、それは君たちの火ではない。君たちは少し離れたところから、自分が人目を忍ぶ夜の人間で、凍えた身体をしていることを感ずるだろう。銘々の順番がある。別の曙光が今や現われんとするこの暗闇では、生ける屍《ゾンビ》とは君たちのことだ。

君たちは言うかもしれない。「そんならこの本は窓からおっぽり出しちまおう。何だってこんなもの読む必要があるんだ？　おれたちのために書かれた本じゃないのに」。二つの理由があるのだ。その第一は、ファノンが自分の同胞に君らのことを説明し、ヨーロッパ人の疎外のメカニズムを彼らのために分解してみせているからだ。この機会を利用したまえ。自分の姿を、その客体としての真実のなかで、君たちの自身の前に発《あば》き出すために。われわれの犠牲者は、その傷と鉄鎖を通じてわれわれを識る。だから彼らの証言には反駁の余地もない。われわれが彼らをどんな風にしたか、それを示されただけで、われわれが自分自身に対して行なったことを知るには十分だ。これは有用なことか？　然り。なぜならヨーロッパは今や瀕死の状態にあるからだ。君たちはなおも言うだろう。「だが、おれたちは〈本国〉にいるんだ、行き過ぎを非難してるんだ」。そのとおりだ。君たちはコロンではない。だが似たり寄ったりだ。彼らは君たちの先駆者《パイオニア》なのだ。君たちはコロンを海外に送り出し、コロンは君たちを金持にした。もっとも君たちは彼らに予め警告していた。「あんまり血を流すと、お前らを否認せざるをえなくなるぞ」。これと同様に、国家は——どんな国家であれ——外国に煽動者・挑発者・スパイどもをかかえており、その連中がつかまると彼らを否認してしまう。かくも自由主義的で人間的な君たち、文化への愛を気取り《プレシオジテ》にまで押し進めている君たちは、ご自分が植民地を持っており、そこでは君たちの名で虐殺の行なわれていることを忘れた振りをしている。ところがファノンはその同志たちに——なかんずく少々西欧化されすぎている連中に——《本国人》と植民地にいるその手先の連帯を発《あば》いて見せる。勇気を出してファノンの著書を読みたまえ。なぜならこの本は君たちを恥じ入らせるだろうし、恥はマルクスが言ったように革命的な感情だからだ。見られるとおり私も主観的感情を棄てきれない。私もまたこう言っているわけだ。「いっさいはだめになった。ただ唯一の救いは……」。ヨーロッパ人である私が敵の著書を盗み出し、それでヨーロッパを癒やそうというのだ。さあこれを利用したまえ。

第二の理由に移ろう。それは、ソレル(10)のファシスト的饒舌を除けば、君たちには、ファノンこそエンゲルス以来初めて、何が歴史の産婆役をつとめるのかを明らかにした人間であることがお分かりになるだろうということだ。だが、ファノンがあまりに血の気が多すぎるために、あるいは幼年時代に経験した不幸な出来事のために、暴力に対する何やら特殊な嗜好を与えられたなどと考えてはならない。彼は状況を解釈しているのであり、それ以外のものではない。しかしながら、自由主義の偽善によって君たちの眼には隠されている弁証法、ファノンを生み出すとともに、われわれヨーロッパ人をも生みだしたこの弁証法を一段一段と組み立てていくには、それで十分なのである。

　前世紀のブルジョワジーは、労働者を露骨な欲望のために錯乱した嫉妬深い人間と見なしたが、ちゃんと気を配ってこの怖るべき兇暴なやつらをも人類の一員に含めていた。人間でなく、かつ自由でないならば、どうして労働力を自由に売ることができようか？　フランスやイギリスでは、ヒューマニズムは普遍的であると主張していたのだ。

　だが強制労働が行なわれるとともに、事態は正反対になる。契約は一切ない。そのうえ、おどしつけねばならない。そこで圧制が姿を現わす。われわれの兵士たちは海外植民地で、本国の普遍主義を拒絶し、限られた者のみに人類の名を与える。何ぴとといえども、罪を犯すことなく同類の皮を剝ぎ、奴隷にし、あるいはこれを殺すことはできないから、彼らは、植民地原住民は人間の同類にあらずという原則を打ちたてる。わが核部隊はこの抽象的な信念を現実のものとする使命を与えられている。併合地域の住民を家畜のように取り扱う権利を正当化するために、彼らを高等な猿の水準にまで引きさげようという命令が下される。植民地の暴力は、単にこれら奴隷と化した人間を威圧するという目的を与えられているばかりか、すすんで彼らを非人間化しようと努めるのである。情け容赦もなく彼らの伝統を清算し、彼らの言語にかえてヨーロッパの言語を押しつけ、われわれの文化を与えもせずに彼らの文化を破壊してしまう。彼らをへとへとになるまでこき使う。食物を奪われ病いにとりつかれた植民地原住民がそれでもなお反抗するならば、恐怖が仕事（*job*）の仕上げをするだろう。農民に統が向けられる。やがて本国の民間人がやって来て、農民たちの土地に腰を据え、鞭をふるって農民を強制し、自分らのために土地を耕作させる。反抗すれば兵士が発砲する。人間が死ぬ。もし屈服するならそれは堕落で、もはや人間ではなくなる。恥辱と恐怖とが次第に農民の性格をかさかさにし、人格を崩壊させてゆく。エキスパートの手でことはじゃんじゃん運ばれる。《心理作戦科》ができたのは何も昨日や今日のことではない。洗脳にしてもそうだ。しかしながら、こうした大いなる努力にもかかわらず、どこでも目的は達せられない。ニグロの手を切り落とす風習のあったコンゴでも、つい最近まで不平分子の唇に孔をあけ、そこに南京錠を通していたアンゴラでも、ことは同様である。私は人間を動物に変えることが不可能であると主張しているのではない。ただ、うんと弱らせてしまわなければ成功しないだろうと言っているのだ。ぶんなぐるだけでは決して十分でない。栄養失調でひょろひょろにして事を進めなければならない。だから奴隷は厄介だ。人間を家畜化しようとすれば、生産も必然的に減少するからだ。おまけに、どんなに僅かなものしか与えないにしても、家畜化された人間は結局その働きよりも高くつく。こういうわけで、コロンは人間を動物に仕立てあげるという試みを途中で中止せざるを得ない。その結果、人間でも動物でもない原住民というものができあがる。原住民は、ぶたれ、栄養不良におちいり、病気で怯えている――だがそれもある程度までだ。黄色人種だろうと、黒人ないし白人だろうと、原住民はつねに同一の特徴を有している。食うや食わずで、ただ暴力しか知らず、怠け者の腹黒い盗っ人、これがそうだ。

哀れなコロンよ。以上に述べたことがコロンのむき出しにされた矛盾である。まるで悪魔のように、コロンは略奪の対象である当の原住民を殺してしまわねばなるまい。ところがそれは不可能だ。やはり搾取をつづける必要があるではないか。コロンは殺人を集団虐殺にまですすめることもかなわず、奴隷を本物の家畜のようにしてしまうこともできず、自分でも何をしているのか訳が分からなくなる。かくて運動の方向は逆転する。仮借なき論理に導かれて、それは非植民地化へと向かうことになるであろう。

だが、すぐそうなるわけではない。まずヨーロッパ人が君臨している。勝負はすでに彼の負けだが、彼はまだそのことに気づいていない。さらにまた、原住民とは実はにせの原住民に他ならないのだが、そのこともまだヨーロッパ人は知らない。ヨーロッパ人の言うところを聞けばこうである。原住民に痛い思いをさせるのは、彼らの内部にある悪を滅ぼすため、あるいはそれを追い払うためである。三世代もたてば、彼らの邪悪な本能も二度と蘇ることはないだろう。ではいったい如何なる本能を指して言っているのか？奴隷たちをかり立てて主人を虐殺させる本能のことであろうか？　実は自分の残虐さが自分に跳ね返ってくるのだということを、どうしてヨーロッパ人は認めようとしないのか？　圧迫された農民たちの残忍さのうちに、どうしてコロンとしての自己の残忍さを見ようとはしないのか？　農民はこのコロンの残忍性を毛孔という毛孔から吸収して、いまだに回復していないのである。理由は単純だ。この傲慢不遜なヨーロッパ人は、自分の偉大な権力と、この権力を失いはしまいかという恐れに逆上して、自分が以前に人間であったこともうろ覚えになっているのである。彼は自分を一本の鞭、一丁の鉄砲とみなしている。《劣等人種》を家畜のように手なずけるには、彼らの反射的な反応を型にはめてしまわねばならないと信じきっているのである。彼は、人間の記憶力、消し去ることのできない記憶の存在を不問に付す。そのうえ何よりも、彼がおそらくこれまで一度も理解できなかった次のことがある。それは、われわれが他人によって或るものに作り上げられたとき、それを自己の内部で徹底的に否定することによってのみ、われわれはわれわれ自身になる、ということだ。三世代、と私は言った。第二の世代以後になると、息子たちはやっと目のあいた赤ん坊のころから、父親が鞭うたれている光景を見せつけられてきた。精神科医の言葉を借りるなら、彼らはまさに《精神的外傷》を与えられたのである。一生つづく外傷だ。ところで、休む間もなく繰り返されたこの攻撃は、原住民を屈服させるどころか、耐えがたい矛盾、ヨーロッパ人が早晩その代償を支払うことになる矛盾のなかへ投げこんだ。こうなっては、いまさら彼らを訓練しようと、恥辱や苦悩や飢餓を教えこもうと、その試みはまったく空しい。彼らの肉体の内部に惹き起こすことができるのは、加えられた圧迫の力に匹敵する爆発的な激昂だけであろう。彼らは暴力しか知らないと君たちは言った。当たり前だ。初めはコロンの暴力のみしか、やがて次には自分の暴力のみしか彼らには分からない。それは同じ暴力に他ならず、ちょうどわれわれの姿が鏡の奥から跳ね返ってくるように、われわれの暴力が自分自身の上に奔流となって返ってくるのである。見かけにごまかされてはいけない。この気違いじみた怨み、この激怒、この憎悪、われわれヨーロッパ人の絶滅を願うこの不断の欲望、たえず緊張していて、弛緩を恐れている力強い筋肉、これらによって原住民は人間となるのだ。彼らに重労働を課そうとするコロンのおかげで、しかしそのコロンに反抗して、彼らは人間となるのだ。憎悪はまだ盲目的で抽象的だが、その憎悪こそ彼らの唯一の宝である。〈主人〉は彼らを動物にしようとするが故にこの憎悪を誘発し、自分の利害によって企てを中途で停止するが故に憎悪を打ち砕くのに失敗する。こうしてにせの原住民は再び人間となる。圧制者の力と無力さとが、彼らの心のなかで家畜の条件の断乎たる拒否に形を変えるのだ。残りの点についてはもうお分かりのはずだ。彼らが怠け者だって？　そうだとも。それはサボタージュなのだ。腹黒い盗っ人だって？　そのとおり。彼らのけちな盗みは、まだ組織されていない抵抗の端緒を示しているのだ。だがそれだけではない。素手のまま小銃に飛びかかって行って、自己の存在を主張する者もある。これは彼らの英雄である。他の者はヨーロッパ人を暗殺することにより人間となる。われわれは彼らをたたき殺す。彼らは悪党にして殉教者だ。彼らの責苦は恐怖に戦《おのの》く大衆をふるい立たせるのである。

　大衆は、まさに恐怖に戦いている。この新たな段階では、植民地的圧迫は原住民のうちに〈恐怖〉という形をとって内面化する。この言葉で私が言いたいのは、単に、われわれの用いる無尽蔵の抑圧手段を前にして彼らが感ずる恐れのみではない。彼ら自身の激昂がその内心に惹き起こす恐れのことでもある。彼らは自分らの上に向けられたわれわれの武器と、身の戦くようなあの衝動、心の奥底から湧き昇る、だが自分でも必ずしもよくは分からぬあの殺害の欲望の間で、身動きがとれなくなっている。それは初めから彼らの暴力だったのではない、われわれヨーロッパ人の暴力が、増大し、彼らの心を引き裂きながらわれわれのほうへ向きを変えたのである。そしてこれら被抑圧者の最初の行動は、彼らの道徳とわれわれの道徳とがともに非難してやまぬあの怒り、にもかかわらず彼らの人間性の最後の砦そのものでもあるあの口にできない怒りを、心中深く埋蔵することなのである。ファノンを読みたまえ。植民地原住民が無力な時代にも、殺人への狂熱は彼らの集団的無意識であることが分かるだろう。

自制されたこの狂暴な怒りは、爆発しないままに空しく円を描き、やがては被抑圧者自身を食い荒す。そこから逃れようとして、彼らはついに彼ら同士で殺し合うまでになる。真の敵に堂々と闘いを挑むことができぬために、部族同士が闘いを交える——しかも君たちヨーロッパ人は植民地政策を当てにして、彼らの対立関係を維持することもできるのだ。同胞が、互いに刀を振りかざして立ち向かうとき、彼らは今度という今度こそ、自分たちに共通の忌むべき堕落のイメージを破壊するのだと思いこんでいる。しかしこれら贖罪の犠牲者も、彼らの血の渇きを癒やしはしない。われわれの共犯者とならぬ限り、彼らはやはりいずれ機関統に向かって前進することになるだろう。彼らはこのような非人間化を拒絶しようとしていたが、今度はすすんでその進行を早めさえするだろう。面白がっているコロンの眼の前で、彼らは超自然の障壁を築いて自分自身の残忍さにひきずられまいと備えを固めるだろう。あるときは昔の怖ろしい神話を甦らせ、またあるときは些細なことまで細かく規定された儀式でわれとわが身を束縛する。こうして取り憑かれた人間は、たえず自ら熱狂に身を任せて、心の底から発する要求を逃れようとする。彼らは踊り狂う。それが彼らを夢中にさせるからだ。また苦しく緊張した筋肉をほぐすからでもある。そのうえ、踊りはしばしば彼ら自身も気がつかぬうちに、言葉に出すことのできない〈否《ノン》〉を、決行することのできない殺害を、秘かに演じているからでもある。地方によっては、彼らは最後の手段にたよる。ポセシオン〔憑依〕である。かつては単純な形の宗教的行為であり、信徒と聖なるものとを結ぶ一種のコミュニケーションであったものを、彼らは絶望と屈辱とをのりこえる武器とする。ツァール(11)や、ロア(12)や、〈聖域〉の〈聖者〉たちが彼らにのりうつり、彼らの暴力を支配して、失神状態でこれを濫費し使い果たす。同時にこれらの高貴な存在は、彼らを保護してもいるのである。すなわち、原住民は宗教的錯乱《アリエナシオン》を促進させることにより植民地的疎外《アリエナシオン》に抵抗する。そこから生ずる唯一の結果は、彼らが二つの疎外―錯乱《アリエナシオン》を合わせ持ち、その一方は他方によっていっそう烈しくなる、ということだ。ある種の精神病においては、くる日もくる日も他人に罵倒されていると思いこんでうんざりした幻覚者が、とつぜんある朝、天使の声が自分をほめたたえているのに気づくことがある。それでも冷笑は相変わらず後を断たないが、これ以後は賞讃の声と代わる代わるにやってくることになる。これは一つの自己防禦であり、同時に彼らの冒険《アヴァンチュール》の終末でもある。人格は解体し、患者は発狂への道をたどることになるのだ。原住民のなかから厳選された不幸な者たちのためには、私が先にふれたもう一つのポセシオン〔憑依〕、すなわち西欧文化のことを付け加えたほうがよいだろう。君たちは言うにちがいない。私が彼らだったなら、アクロポリスよりも自分のツァールのほうがはるかに好ましいだろう、と。よろしい。お分かりになったようだ。だが完全にではない。君たちは、彼らの身にはなれないからである。理解はまだ十分でない。もし完全に理解したなら、彼らは選ぶことができないのだということもお分かりになるだろう。彼らは二つのものをかねているのだ。二つの世界は二つのポセシオン〔憑依〕を作り出す。一晩踊り狂ったあげく、明け方になると彼らはミサに列するために教会へ急ぐのである。日一日と分裂は増大する。こうして、われらヨーロッパの敵はその同胞を裏切り、われわれの共犯となる。彼の同胞もまた同じことをする。原住民であるとは、コロンによって原住民のうちに導入され維持された神経症が、原住民自身の同意を得ている状態だ。

人間の条件を要求すると同時にこれを否認する。従ってこの矛盾は爆発的である。事実、矛盾は爆発する。そのことについては、君たちは私と同様によくご存じだ。こうして、われわれは突如として燃えあがる暴力の時代に生きているのである。出生率の上昇が食糧不足を助長するにせよ、新しくやってきた者が死ぬことよりもむしろ生きることを恐れねばならぬにせよ、暴力の怒濤はおかまいなしに一切の障壁を運び去る。アルジェリアでアンゴラで、ヨーロッパ人はたちまち殺害される。ブーメランの時代、暴力の第三の時期が来たのだ。暴力はわれわれの上に跳ね返り、われわれを襲う。ところがわれわれは依然としてそれが自分自身の暴力にすぎぬことを理解しないのだ。《自由主義者》たちは呆然としている。たしかにわれわれが原住民に対してあまり紳士的でなかったこと、できる限り彼らに或る種の権利を与えるほうが正しくもあれば賢明でもあったことを、自由主義者は認めている。われわれ人間どもの作っているこのひどく閉鎖的なクラブに、原住民も一括して紹介者もなしに入会させればいちばんよろしい、そう彼らは考えていたのだ。ところが今、野蛮人の狂気のような怒りの爆発は、悪質なコロンと同じく自由主義者をも容赦しないのである。本国の〈左翼〉は困惑している。左翼は原住民のおかれた真の運命、原住民を対象とする仮借ない圧迫を知っている。あらゆる手段でわれわれが原住民の反乱を誘発したのだと承知しているので、左翼はこの反乱を責めようとはしない。だがそれにしても（と彼らは考える）、限界があるはずだ、あのゲリラどもは騎士道的な態度を示すように心がけるべきだろう、それこそ彼らが人間であることを証明する最善の方法ではないか。時としては、彼らをきびしく叱りつける。「君たちのやり方はひどすぎる。われわれはもう支持できなくなるだろう」。原住民にとってそんなことは糞くらえだ。左翼の支持だって？　そんなものを左翼はうっちゃらかしておけばよいのに。戦争が始まるや否や、植民地原住民は紛れもない次の真実に気がついた。ヨーロッパ人である限りみんな同じことだ、みんなおれたちを利用してきたのだ、おれたちは何も証明するものを持っていない、だから誰にも特別待遇をしないだろう、おれたちの唯一の義務、唯一の目標、それはあらゆる手段をあげて植民地主義を追い払うことだ、という真実である。ヨーロッパ人のもっとも分別のある者は、最悪の場合にはこれをうけ入れるだけの覚悟があるだろう。しかし彼らもこの力と力の対決を考えると、半人間が人間として認められようとして、いささか非人間的な手段に頼ったと思わずにはいられないのである。大急ぎで彼らに人間の資格を与えよう、そして、おだやかにそれに値するよう努力してもらおう。これが自由主義者の言い分である。つまり、わが美しき魂の持ち主たちは人種差別主義者なのである。

ファノンを読めば、彼らはきっと得るものがあるはずだ。ファノンが見事に証明しているとおり、この抑制できない暴力は訳も分からぬ熱情の狂奔ではないし、野蛮の本能の復活でもなく、怨みの結果でさえもない。それは自らを再び人間として作りあげつつある者の姿なのである。われわれはかつて次のような真理を学んだように思うのだが、今ではすっかり忘れてしまっている。すなわち暴力の痕跡は、どんな甘言を弄してもこれを消し去ることはない。暴力だけが暴力の痕跡を消滅させ得る、という真理である(13)。植民地原住民はコロンを武力で追い払うことにより、自らの手で植民地特有の神経症を癒すのだ。怒りが爆発するときに、彼は自分の失われていた意識の透明《トランスパランス》をとり戻す。自己を作るその程度に従って自分を知ってゆくのである。われわれは植民地原住民の戦争を遠くから眺めて、野蛮が勝ち誇っていると考える。だが戦争それ自体が少しずつ戦士の解放を果たしているのだ。戦争は戦士の内に外に、植民地の暗黒状態をしだいに清算してゆく。いったん始まった戦争は情け容赦もしない。いつまでも恐怖におびえるか、あるいは恐怖を与えるものとなるか、二つに一つだ。でっち上げられた分裂の生命に身を委ねるか、生まれながらの統一された生命をかち取るかだ。農民が銃に手をふれるとき、古い神話は色あせ、禁令も一つ一つ打ち破られる。戦士の武器とは他でもない、彼の人間性そのものである。反乱の初期においては相手を殺さねばならないが、一人のヨーロッパ人をほうむることは一石二鳥であり、圧迫者と被圧迫者とを同時に抹殺することであるからだ。こうして一人の人間が死に、自由な一人の人間が生まれることになる。そして生き残ったこの人間は自分の足下に初めて民族の大地を感ずる。この瞬間、民族は彼から離れたところにあるわけではない。どこに行き、どこにいようと、彼はその場に民族を見出す。民族は彼の自由と一体をなしているのである。しかし驚愕がすぎると、植民地の軍隊が反撃に転ずる。原住民は団結するか、惨殺されるかだ。部族間の反目は緩和され、消滅の方向に向かう。まず第一にそれが〈革命〉を危険にさらすからであり、そのうえ何よりも、暴力をにせの敵のほうにそらすだけの役しか持っていないからだ。反目が——コンゴにおけるように——依然として残るのは、それは植民地主義の手先によって維持されているからだ。民族は進撃を開始する。一人一人の原住民にとって、民族は同胞が闘っているあらゆる場所に存在する。彼らの同胞愛は、彼らが君たちヨーロッパ人にいだいている憎しみと表裏一体である。彼らの誰もが敵を殺したし、いつ何時でも敵を殺していたかもしれない。そのことによって、彼らは兄弟なのだ。ファノンは彼の読者に《自然発生》の限界と、《組織化》の必要ならびに危険を指摘している。だが、測り知れぬほどの努力を必要としようとも、ことが進展するにしたがって革命意識は深まってゆく。最後に残ったコンプレックスも吹き飛ばされる。ＡＬＮ〔アルジェリア解放軍〕の兵士のうちに少しでも《依存コンプレックス》がひそんでいるというなら、それを指摘してみたまえ。目隠しをとりのぞかれた農民は、自己の欲求を意識する。この欲求故に彼はこれまで死ぬ思いをしてきたが、あえてそれを無視しようと努めてきたのであった。今や彼は、これを限りない要求として把握する。そして五年間、いやアルジェリア人がしてきたように八年間も持ちこたえ得るようなあの民衆の暴力のうちには、軍事的、社会的・政治的に必要なものが区別できぬほどにからみあっている。戦争は——たとえ指揮と種々の責任のみを問題にしても——新しい社会の構造を創り出すのだ(14)。その構造こそ平和の基本的な諸制度となるものであろう。見るも悲惨な現在の状況は、やがて新しい伝統を作り出すだろう。その伝統のなかにまでどっかと根をおろした人間が今や誕生する、日々戦場では新しい法が生まれ、その法によって正当化された人間が誕生する。最後のコロンが殺されるか、船に積みこまれるか、あるいは原住民に同化するか、いずれにせよこの最後のコロンとともに少数種族は姿を消し、社会主義的な同胞愛にその席を譲る。だがまだそれだけでは十分でない。この戦士は先を急いでいる。彼が生命を賭けるのは、ご賢察のとおり、年老いた《本国》の人間と同じ水準に戻るためではない。彼のしぶとさを見たまえ。たしかにこの男も、時には新たなディエン－ビエン－フーを夢見るかもしれない。がしかし、心底からそれを当てにしていると考えてはなるまい。彼は貧困のどん底で、強力に武装した金持を相手に戦う乞食の戦士なのだ。決定的な勝利を期待しながら、また多くの場合は何一つ期待もせずに、うんざりするほどに敵に攻撃をかける。もとより手ひどい損失を蒙るのは覚悟のうえだ。植民地の軍隊は兇暴になる。区画割り哨戒、掃討、強制収容、報復攻撃。女も子供も殺される。だが戦士はそれも承知だ。この新しい人間は、自分の人間としての一生を終わりから始めようとしている。彼は自分を潜在的な死者と見なしている。いずれは殺されるだろう。といってもこれは、彼が単に死の危険を受け入れていることを意味するだけではない。必ず殺されると信じている、ということなのだ。この潜在的な死者は妻と息子たちを失った。彼はあまりにも多くの苦悶を目にしてきたので、生き残るよりはむしろ敵を粉砕することのほうを望んでいる。勝利の恩恵に浴するのは、他の者たちであって彼ではない。この男はあまりにも疲れすぎている。だが、この疲れきった心が信じがたいほどの勇気を生む。われわれが人間性を見出すのは、死と絶望の手前だ。この男は拷問と死の向こう側に人間性を見出す。われわれはただ風を蒔いただけであった。それを嵐に変えたのは彼である。[15] 暴力の息子であるこの男は、一瞬ごとに暴力のなかから彼の人間性を汲みとってくる。われわれは彼を犠牲にして人間となった。彼はわれわれの犠牲において人間となる。新たな人間、われわれより上等の人間である。

ファノンはここで筆をおいている。彼は辿るべき道を示した。戦士たちのスポークスマンとして、ファノンは一切の反目、一切の部族主義に反対し、アフリカ大陸の団結と統一とを主張した。彼の目的は達せられた。もし植民地解放という歴史的事実を完全に描き出そうとすれば、ファノンはわれわれのことも語る必要があったろう。だがむろん彼の意図はそこにはなかったのだ。しかしわれわれがこの本を読み終えたときにも、著者の意に反してこれはわれわれの内部でつづいているのである。われわれは革命下にある民族の力をひしひしと感じており、しかもそれに力で対抗しているからだ。つまり暴力の新たな時期《モメント》が始まったのであり、今度はわれわれ自身が迷いからさめなければならない。にせの原住民が暴力をとおして自己を変えてゆくに従い、暴力はわれわれをもまた変えているからだ。各人が思い思いに反省しなければならない。ただ次のことは考えておく必要がある。衝撃を受けて呆然自失している今日のヨーロッパでは、フランス、ベルギー、イギリスでは、少しでも気をそらせるとたちまち植民地主義の罪深い共犯になってしまう、ということだ。この書物は序文などいささかも必要としていない。われわれに語りかけてさえいないのだから。それでも私がこの序文を書いたのは、弁証法を窮極にまで押しすすめるためである。それは、われわれヨーロッパの人間もまた非植民地化されつつある、ということであり、言いかえれば、彼らが血まみれの手術でわれわれ各人のうちに宿るコロンをえぐりとろうとしている、ということだ。もしわれわれにその勇気があるならば、自分の姿を眺めてみようではないか。そしてわれわれがどうなるかを考えようではないか。

まず思いもかけぬ見世物《ショウ》を直視せねばならない。それはわれらのヒューマニズムのストリップという代物だ。今やヒューマニズムは素っ裸だ。おまけにちっとも美しくない。それは欺瞞のイデオロギー、まことに見事な強奪の正当化に他ならなかった。ヒューマニズムがふりまく愛情と気取り《プレシオジテ》とが、われわれの侵略を保証していたのだ。非暴力主義者[16]たちは、つやつやした顔色をしている。犠牲者でもなければ死刑執行人でもないというのだ。とんでもない。かりに犠牲者ではないとしよう。その場合、君たちが人民投票で支持した政府、君たちの年若い兄弟が兵役に服している軍隊、それらがためらいもせず、また悔いもせずに《集団虐殺《ジェノサイド》》を企てた以上、君たちは疑いもなく死刑執行人なのだ。またもし逆に犠牲者となることを選び、あえて一日か二日の禁錮をくらう危険を冒したにしても、それはただ窮地をうまくきり抜けようとしているだけなのだ。そうは問屋がおろさない。きり抜けられはしないのである。要するに次のことを理解してくれたまえ――もし暴力が今夜初めて開始されたもので、かつて地上には搾取も圧制も存在しなかったというのならば、あるいは非暴力の看板をかかげて紛争を鎮めることができるかもしれない。ところがもし体制全体が、そして君たちの非暴力思想までが、一千年にわたる圧制によって規定されているならば、受身の態度は君らを圧迫者の側につけるだけなのである。

君たちは、ヨーロッパ人が搾取者であることをよく知っている。君たちはまた、われわれが《新大陸[17]》の黄金や金属資源を、それから次に石油を強奪し、年老いた本国に持ち帰ってきたことをよく知っている。成果はなかなかどうして大したものだった。宮殿や大寺院や工業都市などがそれである。そのうえ、恐慌におびやかされたときにも、植民地の市場があったために恐慌の勢いを弱め、それを他所へそらすことができた。富をたらふく詰めこまれたヨーロッパは、ヨーロッパの全住民に対して人間となる権利を認めた。ところがヨーロッパの人間であるということは、われわれすべてが植民地の搾取から利益を得てきた以上、植民地主義との共犯を意味する。ぶくぶく肥って顔色の悪いこのヨーロッパ大陸は、ファノンが適切にも《ナルシシズム》と名づけているもののなかに、ついにはまりこんで行く。ジャン・コクトーは、「四六時中自分自身について語る町」パリに神経を苛立たせていたものだ。そしてヨーロッパは、このほかに何をしているというのか？　また超ヨーロッパ的なあの怪物、北アメリカは？　何という饒舌だろう――自由、平等、友愛、愛情、名誉、祖国、その他なにやかやだ。だがそれも、われわれが同時に、黒んぼめ、ユダヤ人め、アルジェリアのねずみめ[18]、と人種差別的な言辞を弄するのを妨げはしなかった。リベラルで親切な良識ある人びと――要するに新植民地主義者――は、こうした矛盾にショックを受けたと公言していた。だがこんな言葉は、錯誤でなければ自己欺瞞である。われわれヨーロッパ人にとって、人種差別的ヒューマニズム以上に筋道の通った話はない。なぜならヨーロッパ人は、奴隷と怪物を拵えあげることによってしか、自己を人間にすることができなかったからだ。原住民なるものが存在する限り、この偽善は仮面をかぶっていた。われわれは人類という名で抽象的な普遍性を主張したのだが、この主張は現実的な人種差別を覆いかくすのに役立っていた。つまり海の向こうには半人間の種族がいて、われわれのおかげで、多分千年もたてば人間になるだろう、というのである。ひと口に言えば、人類とエリートとを混同していたのだ。今日、原住民は自己の真実をあらわにする。とたちまち、あれほど閉鎖的だったわれわれヨーロッパ人の人間クラブが、その弱点をさらけ出す。このクラブはなんと少数派に他ならなかったのだ。それだけではない。他の者が、われわれに反抗して人間になってゆくのだから、われわれは人類の敵ということになる。エリートはその本性を現わす。つまりギャングだったのだ。われわれの貴重な諸価値はその翼を失う。よくよくこれを眺めてみれば、血にまみれていない価値など一つもないことが分かるだろう。もし何か例が必要なら、「フランスは何と寛大であることか」という大げさな言葉を思い出してみたまえ。われわれが寛大だって？　それならセティフは？[19]　百万人以上のアルジェリア人の命を奪ったこの八年間の兇悪な戦争は？　それに電流拷問機もある。だがよく理解したまえ。われわれは何かの使命を裏切ったといって非難されているのではないのだ。そもそも使命など何一つ持ちあわせてはいなかったのだから。問題になっているのは寛大《ジェネロジテ》そのものなのである。この歌うような美しい言葉は、たった一つの意味しか持っていない。つまり押しつけステータスだ。[20]われわれと向かいあっている新しい、解放を成しとげた人間は、誰ひとり他人に何かを与えるという力や特権を持ちあわせていない。むしろ各人が、あらゆる権利をあらゆる人に対して持っているのである。われわれ人類というものが、いつか自己を実現したとすれば、そのときには、人類は地球上の住民の総和としてでなく、彼らの相互作用の無限の統一として定義されるだろう。私はここでペンをおこう。あとの仕事は君たちが難なく仕上げてくれるだろう。それにはわれわれの貴族的美徳を、たった一度だけ直視すれば十分である。その美徳はくたばりつつある。それを生みだした半人間の貴族階級がいなくなってしまえば、どうして生き残ることができようか？　数年前、あるブルジョワの――そして植民地主義的な――注釈者は、西欧を擁護しようとして、やっと次の文句を見出した。「われわれは天使ではない。だが少なくとも、良心の呵責は感じている」。まったくなんという告白であろう！　以前、われわれの大陸は、これとは別の目印を持っていた。古代の神殿パルテノン、中世の大伽藍シャルトル、近世の〈人権宣言〉、そして昨日のナチのハーケンクロイツ等々。それらの値打ちも今では周知のとおりだ。あまつさえ、われわれヨーロッパ人の罪というひどくキリスト教的な感情に頼らなくては、もはやわれわれを難破から救うことができないというのである。ごらんのとおり、何もかもおしまいだ。ヨーロッパは四方八方水びたしだ。いったい何が起こったのか？　簡単明瞭だ。以前、われわれは〈歴史〉の主体であったが、今はその客体になったのである。力関係は逆転した。非植民地化は進行している。われわれの傭兵が試み得ることといえば、ただ非植民地化の完成を遅らせることだけだ。

それでも、よぼよぼの《本国》は、そこにすべてを賭けねばならない。前もって敗北と分かっている戦争に、全兵力を投入せねばならない。ビュジョー流のいかがわしい栄光を作りあげた例の古くさい植民地の兇暴さが、この冒険《アヴァンチュール》の終わりに再び現われるが、それは以前の十倍も激しくなっているにもかかわらず、まだ不十分である。徴集兵がアルジェリアに送りこまれる。彼らは、七年間、何の成果もなしに留まっているだけだ。暴力は方角を変えてしまった。かつて勝利者として暴力を行使していたときは、それがわれわれを変質させるなどとは思えなかった。暴力はわれわれヨーロッパ人以外の者を解体させたが、われわれ人間の、われわれのヒューマニズムは、無疵のままであった。互いの利益で一致団結した本国人は、自分たちの犯罪によって構成される共同体を、同胞愛とか愛情とかいう名で呼んでいた。今日、その同じ暴力はいたるところで遮られ、われわれの兵士たちによって逆に本国人の上に跳ね返り、内面化され、そしてわれわれに取り憑くのである。退化現象が始まる。植民地原住民は自らを人間に作りあげてゆくが、われわれは、極右も自由主義者も、コロンも《本国人》も、みな解体してゆく。すでに激怒と恐怖とがむき出しにされた。それはアルジェの《ねずみ狩り》(22)に露骨に示されている。現在、残忍な者はいったいだれか？　野蛮はどこにあるのか？　一切がそろっている。タムタムの音さえも欠けてはいない。ヨーロッパ人がイスラム教徒を焼き殺している最中に、自動車の警笛が《フランスのアルジェリア》の声にあわせて鳴らされるのである(23)。ファノンが指摘していることだが、少し前まで精神科医たちは学会で、原住民の犯罪性に頭を悩ませていた。この連中は殺し合いをする、と彼らは言うのだった。これは正常なことではない。アルジェリア人の大脳皮質は発達がおくれているにちがいない。中央アフリカでは他の精神科医が「アフリカ人はほとんど前頭葉を使っていない」ことを明らかにしている。今日これらの学者がヨーロッパで、とくにフランス人について調査を行なったならば面白かろうに。なぜならば、われわれも数年来、前頭葉の機能低下に見舞われているに相違ないからだ。〈愛国者〉たちは、同国人さえも少しばかり暗殺している。本人が留守の際には、門番や彼らの家をぶっとばす。だがこれは手始めにすぎない。内戦は今年の秋か来春と予想されている。[24]にもかかわらず、われわれの前頭葉は完全な状態にあるらしい。いやむしろ原住民を潰滅させることができないので、暴力がおのれに立ち戻り、われわれの奥深く蓄積されて出口を求めている、といったところではなかろうか？　アルジェリア人民の団結は、フランス人民の分裂をひき起こす。〈元本国〉のあらゆる土地で、部族民が踊りをおどりながら戦闘に備えているのだ。恐怖はアフリカを去ってヨーロッパに腰を据えた。ただ怒り狂って、原住民に打ちのめされた屈辱感をわれわれの血で贖わせようと望んでいる連中がおり、また他の連中が、他のすべての連中がいる。後者も前者と同じくらい罪が深い――ビゼルト紛争の後で、九月のリンチ事件[25]の後で、誰がいったい街頭に出て「もうたくさんだ」と叫んだろう？――。そのくせもっと落ち着いている。これが自由主義者や、ふやけきった〈左翼〉の硬派中の硬派なのだ。この連中もどうやら興奮し始めた。おまけにだいぶ機嫌も悪い。だがなんというこわがりようだ！　彼らは神話により、複雑な儀式により、自らの激昂を被い隠して見まいとする。最後の決算を、真理が姿を現わす時をおくらせようとして、彼らはわれわれの頭の上に〈大魔術師〉ド・ゴールをのっけたが、この男の務めは何がなんでもわれわれを闇のなかに閉じこめておくことにある。手のほどこしようもない。暴力は、一方で公然と宣言され、他方では抑制されて、空しく円を描いている。ある日メッスで暴力が炸裂する。次の日はボルドーだ。[26]ここを通りすぎた、次はあそこだろう――これではまるで環まわし《フュレ》だ。[27] 今度はわれわれが、一歩一歩と原住民になる道を歩んでいる。もっとも完全に原住民になりきるためには、われわれの土地がもとの植民地原住民に占領され、われわれが飢えてくたばることが必要だろう。しかしそういうことは起こるまい。われわれにとり憑いているのは、権威を失墜した植民地主義である。老いぼれてなお堂々たるこの植民地主義は、やがてわれわれの上に馬のりになるであろう。これこそわれわれにとり憑くツァールであり、ロアなのである。[28] そして君たちは、ファノンの最後の章を読めば、以前のコロンのままでいるよりも、たとえ悲惨のどん底に落ちようとも原住民であるほうがまさっていることを納得するだろう。警察の役人が日に十時間も拷問にたずさわらねばならないのは好ましからぬことだ。死刑執行人自身のために超過勤務を禁止しないと、このままでゆけば彼の神経がだめになってしまうだろう。厳正な法の適用によって、国民と軍隊の士気を保護しようというときに、[29] 軍隊が組織的に国民の士気を沮喪させるのは好ましからぬことだ。共和主義の伝統をもつ国が、数十万人の青年を反乱軍の将校に委ねておくのも同様によろしくない。わが同国人よ、君たちはフランスの名において犯された罪悪のすべてを知っている。君たちが自分で自分を裁かねばならぬことを恐れて、これについて誰にも、君たち自身の魂にさえも、ただのひと言も囁かないとすれば、これは由々しきことだ、まったく由々しきことだ。初め君たちは知らなかったのだろう――私はそう思いたい――。次には半信半疑だった。今ではもう知っている、にもかかわらずやはり口をつぐんでいる。八年間の沈黙――こいつは人間を堕落させる。無益に堕落させる。ところが今日、目のくらむような拷問の太陽は真上から、国全体をくまなく照らし出している。この光に照らされては、笑い声をたててみてもみな調子はずれだ。顔という顔が厚くぬりたくられて、怒りと恐怖を被い隠しており、あらゆる行為は、われわれが嫌悪の気持を抱きながらもやはり共犯であることを示している。今日では、二人のフランス人が出会うだけで、もう彼らは共謀してどこかに死体を一つ隠しているのだ。私は「死体を一つ」と言ったが、しかしたちまち……。フランスはかつては国の名であった。用心しよう、一九六一年には、それが神経症の名前かもしれないのだ。

　われわれは回復するだろうか？　勿論だ。アキレウスの槍[30]のように、暴力は自分が作り出した傷口を癒着させることができる。今日われわれは、身動きもできず、屈辱にうちひしがれ、恐怖の病人になっている。最低だ。幸いにも植民地の貴族たちにとっては、これだけでもまだ十分でない。彼らがアルジェリアにおいて解放阻止の使命を全うするためには、まずわれわれフランス人を植民地化してしまわねばならない。乱闘を前にして、われわれは日々尻ごみをしている。だが安心したまえ、決して乱闘を避けはしないだろう。殺し屋どもがそれを必要としているからだ。やつらはわれわれに飛びかかり、盲滅法になぐりつけるだろう。魔術師と物神の時代は、かくて終わりを告げるだろう。君たちは闘わねばならぬ。さもなければ収容所で朽ち果てるだろう。これは弁証法の最後の契機《モメント》である。君たちはこの戦争を非難してはいるが、アルジェリアの兵士との連帯を表明しようとはしない。よろしい、それなら恐れてはいけない。お好きなようにコロンや傭兵を信頼したまえ。彼らが君たちに最後の決断をさせるだろう。おそらくそのとき君たちは、絶体絶命の窮地に立って、新しい暴力を解き放つだろう。昔からたえずくり返されてきた大きな罪が、今こそ君たちの内にこの新しい暴力を作り出しているのである。人びとがよく言うように、「これは別の話《イストワール》」だ。つまり別の歴史《イストワール》、真の人間の歴史が始まるのだ。その時は近づいた。私は確信を持っている。われわれが歴史を作る人びとに合流する時は近づいたのである。一九六一年九月。

　フランツ・ファノン著『地に呪われたる者』序文、パリ、マスペロ社刊、一九六一年。

パトリス・ルムンバの政治思想(1)

1　企図

ルムンバとファノン。(2)この二人の偉大な死者はアフリカを代表する。それぞれの国家のみならず、アフリカ全大陸を代表する。だが彼らの書いたものを読み、彼らの生涯を解読するとき、人はこの二人を憎悪に燃えた敵同士とも思いかねまい。ファノンはマルチニックの生まれで、奴隷を曾祖父に持っていた。そのファノンが国を離れた当時、マルチニックは未だに西インド諸島独自の性格も、その要求も自覚してはいなかった。彼はアルジェリアの反乱に投じ、白いイスラム教徒の間の一黒人として闘った。彼はイスラム教徒たちと共に、残忍な、だが必然的な一つの戦争にひきこまれ、新たな兄弟たちの過激さ《ラディカリスム》を身につけ、革命的暴力の理論家となり、その数冊の著書のなかでアフリカの社会主義的使命を強調した。農業改革と植民地企業の国有化とが果たされなければ、独立は空言にすぎぬというのであった。ルムンバは、エリートがなければ面倒もないと考えるベルギーの温情主義《パテルナリスム》(3)の犠牲者で、そのゆたかな知性にもかかわらず、ファノンほどの教養は持ち合わせていなかった。だが一見ファノンに比して、有色の兄弟と祖国解放のために自分自身の生まれ故郷で働くという利点を有していたかに思われる。彼は政党を組織して、万人に認められるその指導者になったが、この政党は非暴力的なものだと口が酸っぱくなるほどくり返した。挑発やそれに類した局部的な試みが多少はあったけれども、彼は絶対にこれを肯定せず、MNC[4]〔コンゴ民族運動〕は非暴力を押し通した。社会構造の問題については、「プレザンス・アフリケーヌ」[5]の会議の際に彼は自己の立場を明確にしている、「われわれは経済的方針を持っているわけではない」と。その意味は、政治的問題——独立と中央集権——こそが第一のものであり、経済的社会的な非植民地化の手段を作りあげるには、まず政治的非植民地化に成功せねばならぬというのであった。

ところでこの両者は、矛を交えるどころか、互いに知り合い愛し合っていた。ファノンはしばしば私にルムンバのことを語った。アフリカの一政党〔コンゴ民族運動〕が社会構造の変革に曖昧な態度を示し、あるいは黙して語らぬときに、ファノンは早くも目覚めていたのだが、それでも彼はけっしてコンゴの友人に対し、知らず知らず新植民地主義の傀儡と化しているなどという非難を加えはしなかった。それどころか彼はルムンバを、偽装した帝国主義の復活のあらゆる試みに対する一徹な敵対者と見なしていた。彼が非難するのは——しかも何と深い愛情に発する非難であろうか——ただ単に、ルムンバの失脚と偉大さとを形作ったあの人間への変わらぬ信頼のみだった。ファノンは私に言ったことがある、「ルムンバの閣僚の一人が、彼を裏切っているという証拠が示される。するとルムンバはこの男に会いに行き、資料や報告を示して相手にこう言うんだ、《君は裏切者かい。おれの目を見たまえ、そして答えてくれたまえ》。もしも相手が目をそらさずにそれを否定すると、ルムンバはこう結論を下すんだ、《結構だ、君を信頼しよう》」。ヨーロッパ人がお人好しと呼んだこの大いなる善意を、ファノンはこの場合、はなはだ危険なものと考えていた。だがそれ自体としては、彼は友人の善良さが得意であり、これこそアフリカ人の基本的な特徴と見なしていた。暴力の人ファノンは何度となく私に言うのだった、「おれたち黒人は善良なんだ。残酷なことに出会うとぞっとする。おれはいつだってアフリカ人同士が闘うことはあるまいと信じていた。不幸にして、今は黒人の血が流れている。黒人自らの手で血が流されている。そしてまだまだこれは流されつづけるだろう。白人は去ってゆくけれども、やつらによって武装された共犯者どもがおれたちの間に混じっているんだ。植民者《コロン》に対する植民地原住民の最後の戦闘は、きっと原住民同士の戦いになるだろう」。私には分かっている。彼のうちなる激烈な理論家は、暴力のなかに自己を解放しつつある一世界の不可避な宿命を見ていた。だが心の奥底で、人間ファノンは暴力を憎んでいたのだ。ルムンバとファノンの間にある相違と友情は、アフリカに荒れ狂う矛盾を示すと同時に、この矛盾をパン・アフリカの統一のなかに超出せんとする共通の欲求を表わしている。彼らは銘々己れのうちに、この心を引き裂く問題とその解決の意志を見出していたのだ。

ファノンについては、一切がこれから問題にされねばならない。だがファノンより人に知られたルムンバも、やはり多くの未知の部分を持っている。誰一人、本気になって彼の挫折の原因を明らかにしようとはしなかったし[1]、彼が絶えず投下資本に手をつけぬと言明し、また新たな投資をくり返し要請していたのに、どうして大資本と銀行は躍起となって彼を首長とする政府に反対したのか、その原因を探ろうと試みた者もいなかった。読者がこれから読まれる数々の演説は[6]、この解明に役立つだろう。コンゴ民族運動の指導者の経済的なプログラム[7]が穏健なものであるにもかかわらず、なぜ彼が革命家ファノンから戦友と見なされ、ソシエテ・ジェネラルからは宿敵と見なされたか、その理由をこれら演説が明らかにしてくれるだろう。

彼は二枚舌、三枚舌の非難を受けた。コンゴ人のみから成る聴衆の前では、彼は堰を切ったように怒りを爆発させ、白人が混じっていると見るやたちまち穏やかになり、巧妙に黒と言ったかと思うと白と主張してみせ、ブリュッセルでベルギー人の聴衆を前にすると、すっかり慎重な、人を魅惑する男と化し、何を措いても聴衆に安堵を与えようと気を配った。これはけっして嘘ではない。だが似たようなことは、すべての大雄弁家についても言い得るだろう。雄弁家はひと目で聴衆を判断し、どこまで喋ることができるかを見抜くものだ。それに本書の読者は、一つ一つの演説の形式こそ異なれ、内容に変化はないことに気づかれるだろう。なるほどルムンバの意見は少しずつ変わった。一九五六年に書かれた「未来の地コンゴは脅威を受けているか」の筆者の政治的見解は、若くして成熟したコンゴ民族運動の創始者の見解とは異なっている。たしかにある時期、彼はベルギー・コンゴ共同体を夢見たこともあった——その理由については後にふれよう——。だが一九五八年十月十日以後、彼の意見は確定し、公けに宣言された。爾来、彼はもはや二度と意見を変えはしないだろう。すなわち独立こそが唯一無二の目標となったのだ。

　聴衆次第で最も変わったのは、ベルギーによる植民地政策の評価である。しばしば彼はその積極面を強調する——それも時にはひどく愛想のよい調子なので、植民者《コロン》が喋るのにそっくりだ。たとえば土地と地下資源の開発、布教団《ミッション》の教育事業、医療措置、衛生、等々。一度などは、レオポルド二世[8]の兵士たちが、黒人の奴隷売買を行なっていた《アラブの野蛮人ども》からコンゴ人を救ってくれたことに感謝を捧げたほどだった。このようなとき彼は、超搾取、強制労働、土地収奪、強制的な農耕、文盲状態の計画的維持、血なまぐさい抑圧、植民者《コロン》による人種差別などに、立ち入って言及しなかった。ただ一部の行政官やつまらぬ白人たちの行き過ぎに不満を示すのみだった。だが別のときには口調は一転する。一九五九年十月二十八日の演説のように、またとりわけ一九六〇年六月三十日〔コンゴ独立〕の有名なボードワン国王への返答[9]のように。「八十年間の植民地体制におけるわれわれの運命、それを記憶から追放するには、われわれの傷は今なおあまりに生ま生ましく、あまりに苦痛を与えているのであります……」。喋っているのは同一人物か？　勿論だ。では彼は嘘をついているのか？　けっしてそうではあるまい。ベルギーによる《文明化》の事業のこの相反する二つの概念、彼は時にはその一方を、時には他方を、われわれの前に発いて見せるが、それは両者が彼のうちに共存し、まさに彼の階級と呼ばれるべきものの深い矛盾を示しているということだ。植民地的搾取はその意に反してコンゴに新たな社会構造を与えた。一般に認められた用語を用いるなら、一九五〇年代には七十八パーセントの部族地帯住民（coutumiers）、すなわち首長制度と部族抗争に支配された農民に対し、部族地帯外住民（extra-coutumiers）は二十二パーセントに達し、その大部分は都市に居住していた[10]。ベルギー行政府が民衆に事実を知らせまいと懸命になっても無駄である。農村人口の大量流出、都市人口の増加を阻止することは不可能であり、プロレタリア化も、また植民地経済の必要から生じた部族地帯外住民の間の一種の階級分離も、これを制止することはできない。今やサラリーマン、官吏、商人など、コンゴ人のプチ・ブルジョワが形成されてゆく。この僅かな《エリート》たち――千四百万人中の十五万――は、対立抗争と因習とにしがみつく地方民衆、行政府に身を売った《首長》たちに支配される地方民衆と対立する。また労働者たち、時には暴力的になることもありはするが、真の革命的組織がないためにまだ階級意識の萌芽を持つにすぎない労働者たちとも対立する。黒人の《プチ・ブルジョワ》の立場は、当初はなはだ曖昧だ。なぜなら、彼らは植民地支配の恩恵を受けていると信じているが、この利益が体制の不正を彼らに知らしめてもいるからだ。《中産階級》自体が植民地の変化に基づく最近の産物であるから、そのメンバーの大部分は非常に若く、彼らは実のところみな大会社とベルギー行政府に徴募されてしまう。三十歳で生まれながらのプチ・ブルなどという者は、一人もいない状態だ。ルムンバの父親はカトリックの農民である。六歳のときから彼は父親につれられて畑に行く。この少年を学校に行かせたのは受難会の神父たちだった(11)。後に彼が十三歳のとき、プロテスタントの宣教師が少年を彼らの手から横取りしてしまう。いつの場合も父親と息子の演ずる役割は零に等しい。父のエミール・ルムンバは、息子が十三歳でスウェーデンのミッション・スクールに移ったときこれに反対した。だが彼に何ができたろう？　すべては彼らの外側で決定されたのだ。《神父さんがた《モンペー》》は彼を伝道師にしようとした。より実際的なスウェーデン人たちは、彼が農業を離れて俸給生活に入れるよう、また自分の土地で、つまり白人たちが作りあげた密集地帯の一つで植民者《コロン》の補佐役として生活できるよう、彼に職を与えることを考えた。パトリスはその幼年期を未開墾地で送った。黒人農夫の恐るべき貧困はよく知られている。もし宗教団体が彼を引きとってくれなかったら、この貧困こそ彼の宿命に、彼の唯一の地平になったことだろう。彼は、布教団《ミッション》が植民地の徴集官であることを直ちに理解したろうか？　おそらく理解はしなかった。農村の生活条件が、直接的であれ間接的であれ、植民地搾取によって産み出されたものであることを見てとったろうか？　これも分かりはしなかった。彼が生まれた頃から、行政府は、あまり目につき易い圧迫や強制労働は不利と判断したからだ。彼らはむしろ農民の生産意欲をかき立てようと、自作農を奨励していた。だからパトリスは、荒涼たるコンゴの風景のなかに悲惨な独立を与えられた父親の状態を、自然の姿と見なしたのだ。白人たちはその状態の責任者であるどころか、彼をそこから引っ張り出してくれるご親切な旦那たちだった。おそらくこの頃、彼は自分のおかれた状況に奇妙な説明を与えられたにちがいない。つまりキリスト教の信仰は、読み書きを教えてくれる教会に若いコンゴ人たちの支払う月謝だというわけだ。神父たちは、自分の悲惨を根源に溯って知りたいという抑えられぬ野心を与えると同時に、諦めの気持をも与えたのであった。この矛盾を、後に彼は一篇の詩に書き留めている。

人間だってことを忘れるために
神さまを讃える歌をお前は教わった
あの数々の讃美歌は、お前の苦難に律動を与え
ましな世界が来はしないかと希望を抱かせた
だが人間である以上、お前が心に願ったのは
生きる権利と幸福の分け前だけなんだ。

宗教は人を拝跪させると同時に解放する。おまけにそれは救済を提供する。よりよい世界とはアリバイにすぎないが、そこに入るのは皮膚の色のためではなく個人の価値《メリット》のためであるということを教えないわけにはゆかない。神父たちが寄ってたかってそれを隠そうと懸命になっても、福音書の平等主義は植民地を崩壊させる力を保っている。それは公教要理を学ぶ者に作用するばかりか、時には宣教師自身にも作用する。それは本国の社会党大会に先んずるためか、或いは信念からか、或いは二つの理由が一緒になっていたのか、ともかくシュートの宣教師たちは、一九五六年に、コンゴの独立——長期的漸進的な——を要求する三十七歳の開化民イレオ[12]の宣言に賛成したのであった。十八歳のパトリスが未開墾地を離れてキンドに赴き、そこでシマフ社に《帳簿係》という肩書で採用されたのは、農村人口の流出というきわめて一般的な出来事であると同時に、《自覚》の重要なステップでもあった。ルソーを読みヴィクトル・ユゴーを読んだ若い農夫が、とつぜん町に出会ったのだ。彼の生活水準は根底から変貌する。以前、彼は腰巻《パーニュ》で学校に通った。今や彼はきちんとした背広で仕事に行く。以前は見すぼらしい小屋に寝起きした。今は一軒の家を持ち、ムテテラ族の許婚者ポーリーヌを手に入れ、これを妻として呼び寄せられるだけの金をか

せいでいる。彼は狂ったように仕事に励む。白人たちは、彼の熱心さに一驚したと主張する。彼らによれば、コンゴ人は一般に怠け者なのだ。頭の鈍いこの植民者《コロン》たちは、植民地という植民地で神話化されている例の《現地人の怠惰》なるものが、実はサボタージュの一形態であり、農夫やこっぴどく搾取されている下働きの人夫の消極的な抵抗であることを理解していないのだ。逆にパトリスの熱狂的な仕事ぶりは一時彼を、後に自ら《協力者《コラボ》》と名づけた連中のカテゴリーに入れてしまう。この農夫の息子は、今や《開化民》(évolué)である。彼は《登録証》[13]を申請する。そして白人たちの口ききで、やっとのことでそれを手に入れる――全領土で、登録民は僅か百五十人しかいないのだ――。それはつまり、彼が白人たちに賭けたことを意味する。彼は自分自身の、また至るところに形成されつつある若き《エリート》の、重要性を自覚する。《開化民》の形成する社会層は少しずつ厚みを増し、大会社と行政府の不可欠の援軍を形成している。黒人パトリス・ルムンバは、彼の職務、彼の受けた教育、彼の読破した書物の数々、白人が彼に寄せるどこか敬意のこもった警戒心に大得意である。後に植民地体制の賜物について述べるとき、彼が思い浮かべるのはこの異常でしかも一般的な変身なのだ。

だが彼の自覚は二重であり矛盾していた。地位は上り、上役たちのおぼえはめでたかったが、それでも彼は二十歳のとき、すでに自分が絶頂に上りつめたことを知っていた。彼はあらゆる黒人の上に、だがいつまでもあらゆる白人の下位に留まりつづけるだろう。無論、彼はもっと金を稼ぐことができる。見習期間を終えて、スタンレーヴィルの三等郵便局員になることもできる。だがそれがいったい何だろう? 彼と同程度のベルギー人は、同一の仕事をしながら二倍の給料を得るだろう。それはかりではない。出だしは目覚ましくとも、兎が突如として亀に変わったことをルムンバはよく承知している。一等郵便局員になるには二十四年かかり、あとは停年までそのままだろう。ところがヨーロッパ人は一足とびにこの下級職につき、やがて最高の地位に上ることも望み得る。公安軍(14)でも同様だ。《ニグロ》はせいぜい軍曹止まりである。私企業部門も同じことだ。白人たちは、勝手な地位まで彼を引き上げ、あとはそこにいつまでも留めおく。彼の運命は他人の手に握られている。彼は己れのおかれた条件を、倨傲と疎外感のなかに体得する。自分の個人的状況の彼方に、彼はむき出しの階級闘争を垣間見る。三十一歳のとき、彼は書くだろう、「給料をめぐって使用者側と従業員の間には文字通りの決闘がある」と。だが開化民のサラリーマンはプロレタリアではない。ルムンバの要求は、前世紀末のヨーロッパのアナルコ・サンディカリストの要求のように、彼の職業的能力意識に根拠をおいているのであり、貧困——プロレタリアや下層プロレタリアの要求に常に根拠を与えるあの貧困——に基づくものではない。同じ頃、彼は——とりわけレオポルドヴィルで——ぺてんにかけられたことを悟る。つまり、彼がやっとのことで手に入れた《登録証》は、彼を黒人から引き離しはするが、白人に同化するものでないことを知るのである。非開化民と同様に、登録民も仕事のときを除いてヨーロッパ人街に入りこむことは許されない。また登録民も夜間外出を禁止されている。買物をすれば、黒人専用の窓口でばったり非開化民と鉢合わせをする。あらゆるとき、あらゆる場所で、登録民も非開化民と同様に人種隔離の犠牲者だ。ところで忘れてならないのは、この人種主義と人種隔離がルムンバにとって新しい経験であったということだ。未開墾地において、人は不幸と栄養不良とを体験する、あらゆる植民地の真実である超搾取を見抜くこともできる。しかし黒人と白人の接触がないために、人種差別はほとんど現われることがない。だからこそ宣教師の猫なで式温情主義《パテルナリスム》が、ルムンバに幻想を与えることもできたのだ。だが町に行けば、実際の差別が露わにされ、差別こそ原住民の日々の生活を形作るものとなる。だが誤解があってはならない。過労にあえぐ低賃金の労働者は、まず第一に超搾取に苦しむのであって、その結果である人種差別に苦しんでいるのではない。だから一九六〇年六月三十日にルムンバが、「飢えを満たすことも、衣類を買うことも、まっとうな家に住むことも、子供たちを養うこともできないほどの給料と引きかえに要求される苛酷な労働」を告発したとき、彼はすべての人の名において語っていたのだ。しかし「われわれは知ったのだ、町には白人のための豪華な家があり、黒人には崩れ落ちそうな藁葺小屋があることを。黒人は、ヨーロッパ人用と言われる映画館にも、レストランにも、商店にも入れぬことを。船で旅行する黒人は、特等船室にいる白人の足下に、船底にじかに入れられることを」、こう彼がつけ加えるとき、その声に表現されるのは開化民の階級だ。また、「登録は統合《アンテグラシオン》の最終段階と見なされるべきであった」と彼が一九五六年に書くとき、彼はひと握りの者の利益を擁護しているのであり、そのことによって、このひと握りの者を大衆から切り離すのに貢献しているのである。実際一から十までベルギー人によって作られたこのエリートの利益は、日々ますます同化を押し進めることを、つまり労働市場における白人と黒人の平等、必要な能力を有する限りアフリカ原住民をあらゆるポストにつけることを要求していた。見られる通り、ルムンバの要求は指導者のアフリカ化ではなくして、半アフリカ化である。この場合、高い地位を与えられた黒人が、植民地的抑圧の共犯者、ないしは少なくとも人質になることをこそ怖れるべきではなかろうか。だがルムンバはまだこの問題を意識していなかった。実際イレオがその宣言で期限つき独立を要求した年に、パトリスは未だに《ベルギー＝コンゴ共同体》案を描く程度なのだ。この共同体内部において、彼は市民の平等を要求していた。だがこの平等から利益を受けるのは、当分のあいだ開化民だけであろう。「われわれは信じている、近い将来、政府の制定するある種の基準に従って、コンゴ原住民エリートとコンゴ在住ベルギー人とに、政治的権利を与えることが可能になるであろうと」。

だが当時すでにルムンバは、後に彼が名づけて言う《協力者《コラボ》》とは正反対であった。それは彼が自己の階級の矛盾をとことんまで体験したからだ。一から十まで植民地政策の必要故に形成されたこの階級は、ベルギー資本主義の企業によって大衆から切り離され、ただ植民地体制の内部においてのみ未来を持つものであることを、彼はよく承知していた。だが同時に、彼は都会での体験からこの未来が植民者《コロン》と行政府によって、決定的に拒否されているとも考えた。《ベルギー＝コンゴ共同体》を提案したその瞬間に、彼はもはやこの共同体を信じてはいなかった。彼を煽動し、よりいっそう彼を搾取する峻厳な植民地体制、それを漸くにして彼は見出したのである。植民地主義は力で維持されており、譲歩を行なえば必ず消滅する。ただそれだけの理由で、ここにはいかなる改革を考えることも不可能だ。かくて唯一の解決は革命的なものとなるだろう。決裂と独立になるであろう。

先に見たごとく、イレオは彼より先に独立を要求していた。また、強力なアバコ党[15]の党首カサヴブ[16]もそうだった。独立はルムンバの《発明》ではない。他の人びとが独立の必要性を彼に知らしめたのだ。にもかかわらず、彼が独立の推進者となりまた殉教者となったのは、彼が完全無欠の独立を欲したためであり、しかも事情がその実現を許さなかったからだ。実のところ、大部分の民族政党は必然的に、地域的な範囲内で形成されていた。ＰＳＡ〔アフリカ連帯党〕[17]はクワンゴ、クウィル地方に、ＣＥＲＥＡ〔アフリカ人再編センター〕[18]はキヴ州に樹立された。これらは、異部族[19]の協和に——どうにかこうにか——成功するが、そのために、それぞれの州を越えて広がることは困難となる。彼らの民族主義が存在する場合も、実際上それは連邦主義にすぎない。つまり中央権力をできるだけ制限し、その主たる機能を単に自治諸州の統合のみに抑えようと夢見ているのである。レオポルドヴィルでは事態はいっそう先まで進んでいる。バコンゴ族が数的に優勢であるために、アバコ党は地方政党であると同時に部族政党でもあるからだ。この例のみを考えても、二重の結果がそこに生ずる。すなわちアバコ党は強力な政治運動だが、はなはだ古風な運動でもあった。秘密結社であると同時に大衆政党でもあり、その主要な指導者たちは開化民であるが、民衆から浮きあがってはいなかった。彼らがバコンゴの即時独立という民衆の要求をとりあげたからだ。指導者中の第一人者であるカサヴブは曖昧な訳の分からぬ人物で、行政府に徴募されたとはいえ、その部族的基盤に直接の接触を保ち得たとも言えれば、また自己の階級の明確な意識に到達する手段も、機会も、意志も、持ち合わせていなかったとも言い得るだろう。信仰なき神学生、ついで小学校教師となったこの男は、曖昧なメシア的な絆でバコンゴ族に結びついている。彼らの宗教的首長であり、王であり、彼らが選ばれた民であることの生きた証拠でもある。独立コンゴの大統領に選ばれた彼は、たちまちにしてこのうえない矛盾を生きることになるだろう。彼の職務は国家の統一維持を——とりわけコンゴの破滅を招きかねないカタンガ分離に反対すべきことを——命じている。ところが民衆は、彼自身が分離主義者となり、フランス領コンゴから多少の土地を奪い返して、古代コンゴ王国を再建せよと要求しているのだ。この状況を支配する力もなく、彼は軍の力に頼りながら無政府的連邦主義から独裁的中央集権主義へと揺れ動くであろう。とりわけ彼は、帝国主義と利害を共にすることになるだろう、最初は無意識的に、ついで非常に意識的に。問題はもはや人間の心理ではなく、客観的に決定される。本質において分離主義であるアバコ党は、独立後には外国の利益に奉仕して民族主義者の仕事を崩壊させることにならざるを得なかった。それに反してルムンバが民族意識に目覚めたとき、すなわち独立以前には、反啓蒙的であると同時に革命的でもある混沌たるこのアバコ党が、コンゴ解放のために他のいかなる政党にもまさる働きをしていたのだ。すでに一九五六年には、イレオの宣言、ルムンバの《共同体》構想に答えて、アバコ党はコンゴの即時独立と大企業の国有化を要求していた。アバコ党は革命的で社会主義的なプログラムを持っている、或いは少なくとも、下部の要求が上部に達している、と思われかねなかった。ところが大違いだ。事態の推移はそれを証明した。ただ値をせりあげておく必要があっただけだ。つまりアバコ党を最もラディカルな党に見せねばならなかったのである。ところで実際にアバコ党はラディカルだった。その意味は、レオポルドヴィルにおいて、バコンゴ族は黒人人口の五十パーセントを占めており、町の非熟練労働者を提供していた、ということだ。統制がゆき届いていたから、秘密の指令でいつ何時でも彼らを動員することができる。ストライキをやり、不服従のキャンペーンを展開するのは彼らだ。指導者たちが投票を禁じたならば、誰一人として投票箱に近寄りはしない。一九五九年一月の暴動[20]を行なったのも彼らである――それは明確な指令に基づいて行なわれたのか、それともきびしい制止を押し切って敢行されたのか、この問いに対する答えは未だに与えられていない――。開化民はバコンゴ地方を除いて、大衆に何の力も持っていなかった。開化民の数、その生活様式の故に、直接行動に移ることは不可能にされていたのだ。一九五九年の一月の事件においても、彼らの比重のごく少なかったことは認めなければならない。実のところ、本国政府をして突如コンゴに独立を与える決心をさせたもの、すなわち――大企業の同意を得て――植民地体制を新植民地主義に乗り換えさせたもの、それは経済危機であり、本国に手痛くひびいた植民地の不況《リセッション》であり、生活水準の著しく悪化した、プロレタリア化した大衆の騒乱であった。それに行政府の失策が結びついていたのである。

コンゴ革命を行なったのはルムンバではない。都市プロレタリアートとも、またそれ以上に地方とも切り離された彼の開化民としての状況は、暴力に訴えることを彼に禁じていた。《非暴力的》であろうとする彼の決意――死ぬまで守り抜いた決意――のもとにあるのは、原則や性格という以上に自分の力の明晰な認識だった。一九五六年以来、彼はスタンレーヴィルにおいて民衆の偶像だった。だが一個の偶像というだけでは、彼の尊敬するエンクルマ[21]のごとき指導者にも、いわんや彼に不安を与えるカサヴブのごとき魔法使いにもなれるものではない。彼はそれを承知していた。彼には、どこにいようと、相手が誰であろうと構わずに口をきく弁説の才能があり、ベルギー人から受けた教養、ベルギー人にはね返ってゆく教養が備わっており、それ故に彼は聴衆を説得し得るということを自分でも知っていた。だが、人びとを素手で機関銃に立ち向かわせるには、ことば以上の才能が必要だ。とは言え、進行中の革命をとらえ、それに自分の印を押し、それに方向を与えたのは彼なのだ。なぜか？　同化された原住民という彼の条件、彼の仕事の性格が、彼を普遍性にまで高め得たからだ。彼は未開墾地を知っていた。町に散在する密集地帯を、地方大都会を、首都を知っていた。こうして十八歳のとき以来、彼は地方性を免れていたのだ。彼の読書とキリスト教の教育は、人間について未だに抽象的ではあれ人種差別から解放されたイメージを彼に与えた。演説のなかでコンゴの状況を説明するのに、彼が絶えずフランス革命を、またスペイン人に対するオランダの闘争を引き合いに出すのは、はなはだ印象的である。そして無論これらの暗示には、対人論法[22]といったものがあったのだ。「白人たちよ、ご自分でなさったことをどうして黒人に禁ずることがおできになるのです？」。だがこのような論争の意図のみでなくそれを越えて、彼は開化民のイデオロギーとならざるを得ない原則的なヒューマニズムに訴えてもいた。事実、開化民が労働市場におけるベルギー人とコンゴ人の平等を要求するのは、工作人[23]（homo faber）の名においてである。この普遍的概念は、ルムンバを一挙に部族と部族主義のうえに位置させる。この放浪者をして、旅を利用し、普遍的なるものとの関係で地方的問題を解読することを可能ならしめる。このような視点で、彼は——習慣の相違、反目、葛藤を越えて——同一の欲求、利害、苦悩をとらえるであろう。行政府は彼を一般水準のうえに引き上げた。疑いもなくそれは彼を孤立させることになる。だがまた彼をして、コンゴ人の全般的状況を理解することも可能ならしめる。爾来、相手がいかなる聴衆であろうと、彼は祖国の統一を主張してやまなかった。

「われわれを分裂させるものは何か。それは行政府が念入りに残してきた植民地化以前の過去の遺物である。今日われわれを否定的に統一するものは何か。それはある共通の不幸だ。この不幸は伝統や習慣よりも根強い。なぜなら、剰余労働により、食糧の欠如により、それは生活の根源においてわれわれに襲いかかるものだから。ひと口に言うなら、ベルギーによる植民地化こそ、絶えざる遍在的な攻撃によってコンゴ国家を作りあげるものだ」。

これは本当だ、だがこれは嘘だ。植民地化は統一にも働くが、また少なくとも同じ程度に分割もするものだ。それも単に計算とマキャヴェリズムによってではなく——そんなものは無に等しかろう——、植民地化のもたらす分業と、それが作り出しかつ積み重ねる社会階層によって。たしかに都会においては、社会的職業的な絆が部族的絆以上の力を発揮する傾向にある。だがよく眺めると、黒人街の内部においては、職業、生活水準、教育による分割が、部族的分割に付加されているのだ。そのうえに、都市化の早い者と遅い者との対立を作る葛藤をつけ加えねばならない。労働者収容所(24)のプロレタリアは都市プロレタリアではなく、またとくに、保守的でしばしばヨーロッパ人に身売りした首長の支配下にある《部族地帯住民》は、都市開化民の視界に入らないのだ。だが生まれたばかりのプチット・ブルジョワジーは、必然的にフランス革命当時のブルジョワジーの過ちを犯すことになる。すなわち混沌とした要求を抱く未組織のプロレタリアートに対し、また己れの母体であり、その願望を知悉していると思いこんでいる農民階級を前にして、自己を普遍的階級と見なすのである。考慮の対象にしようとする唯一の差異は、経済外の問題だ。つまり開化民は植民地行政府の望む通り、教育程度に従って自己を定義するのである。彼らの受けた教養は、彼らの誇りであり、切っても切れぬ実体である。その教養が自分たちに、労働者収容所や未開墾地の文盲の兄弟たちを自治と独立に導くというきびしい義務を課しているのだ、と最良の者たちは考える。私はこの幻想が不可避のものであると言いたい。ルムンバ——かつては腰巻をまとって《神父さんがた《モンペー》》の学校に通い、生涯農民への愛着を持ちつづけることになるルムンバ——彼がどうして自分を単に新しい階級のみの代表と見なすことができようか？　より良い暮らしをしているのは、ただ単におれの価値のためだと彼は考える。開化民という卑しむべき言葉、はなはだ巧妙に選ばれた言葉が、真実を覆い隠してしまう。小人数の特権者の階層は自己を植民地原住民のなかの進んだ階層と見なすに至るからだ。一切が共謀してルムンバを欺く。一九五六年八月、ＡＰＩＣ[2]の総会席上で開化民の要求は代議員により全会一致で支持された。ルムンバは大衆とエリートとのこの一致のなかに、コンゴ人の深い統一のしるしを見た。事態の光に照らしてみれば、われわれには今日、これが抽象的な諒解にすぎなかったことが分かる。原住民の民衆は、機会さえ与えられれば黒人も白人と肩を並べ、ないしは白人を追い越すこともできることを皆に代わって証明するものとして、彼らのなかの《開化民》を誇りに思っていた。彼らは特権的エリートの要求を支持する——なかんずく言葉と拍手によって支持する——。なぜなら、そこに使用主に対する被搾取者のラディカルな態度表明を見るからだ。これは一つの手本であり、一つの象徴《シンボル》である。ここを出発点として、代議員たちは、労働階級の要求の徹底《ラディカリザシオン》化をはかることも可能だろう。ところが状況がその徹底化を産み出すや否や、それは大衆とプチ・ブルジョワの同盟を破壊する結果になるだろう。

　ルムンバはこの点を見誤っていた。だがこの避けられない誤解は、ポジティヴな結果をもたらした。言ってみれば、彼は誤謬を犯すことによって歴史的に正しかったのだ。この誤謬故に、彼はあれほどの力をこめて、ただ統一のみがコンゴに独立を獲得させると主張し得たのである。尤も彼がしばしばくり返したこの言葉は、その統一の動きが下部から到来して国中を怒濤のように覆い尽くすという条件つきでなら、全く正しかった。ただコンゴにとって不幸なことに、社会的分割、おずおずとした要求、民衆の間から生まれ民衆によってコントロールされる革命的機関の欠如などが、この波濤を不可能にしてきたし、今なお不可能にしているのである。それは今後十年間の課題だろう。ルムンバは至るところで熱狂的な聴衆に迎えられたために、民衆がとことんまで開化民に従って来ると勘違いしたのかも知れない。この統一、すでに実現されていると同時に一切が今後の仕事であり、半ば方法であると共に半ば最終目的でもあると彼の見なしたこの統一、それこそ彼には国家そのものと映ったのである。国家、すなわち独立を目指して遂行される闘いによって統一されるコンゴ。だが未来のコンゴ首相は、この結合が自然発生的に行なわれると信ずるほどおめでたくはない。彼はただ単に、次の否定的原則を提起する。すなわち行政府が分割支配を行なっている以上、行政府の力を壊滅させる唯一の方法は、彼らの作り出した分裂をあらゆるところで廃棄することだ。部族主義、地方主義、行政府が人工的に維持している葛藤と区分、これらに結着をつけねばならない。デモクラシーか、しかり。だがイレオのように、デモクラシーと連邦主義を混同してはならはない。その意図が何であれ、またどんな僅かな自治であれ、一政党が要求する地方自治は果実に巣くう虫ないのだ。全体をだめにしてしまうだろう。帝国主義は得たりやおうとこれを利用するだろう。ルムンバ理解している、アバコ党は当分の間、植民地主義をくつがえすための見事な道具であるだろうが、後になれば植民地主義復活のためのまたとない用具になるということを。郵便局員としての仕事は、彼を植民地行政府に編入し、その主要な性格を発見させる。すなわち中央集権化。たまたま彼自身が、中央に集中されたれたコミュニケーションの機構の一歯車であったために、この発見はいっそう容易なものとなる。郵便局はあらゆる地方に、未開墾地にさえ、その網の目をはりめぐらしている。それによって政府の命令が、地方の憲兵隊や公安軍に伝えられる。コンゴの国家がいつの日か成立するならば、それを結びつける力はかかる中央集権でなければなるまい。パトリスは、結合を果たす綜合権力を夢見る。至るところに作用し、至るところに和解をもたらし、共通の行動を課し、遙か遠い村々の情報を受けとり、それを集め、それに基づいて政治の方針を樹て、同じ経路で、小部落に至るまで、洩れなく自己の代表者に情報と指令を送り返す綜合権力。政府は植民地原住民をばらばらに分解し、王の臣下としてこれを外側から統一している。この外部からの凝集力を内部からの全体化《トタリザシオン》に変えない限り、独立は空言にすぎない。ベルギー行政府にとって代わり得るものは、ただ大衆の政党のみであり、それも行政府のように遍在的で、かつまた民主的な党——つまり人民から生まれ、人民によってコントロールされる党のみである。だがまたこの党は、八十年にわたって実施された細分化《アトミザシオン》の悪質な残渣に対して、独力で国家を守らねばならぬだけに——少なくとも自由コンゴに自己の制度が確立されぬ限り——独裁的な党でもあるだろう。ルムンバは危険をはっきり自覚していたから、無益に多様化した民族主義運動にかえて、一党独裁を確立することを願ったのだ。この計画について、われわれには資料が乏しい。しかしながら、それがアフリカ様式の党であったということは知られている。ソ連共産党のように、党員が新党員を推薦する制限された機関ではなく、男も女も、各人が市民であると同時に活動家になるような、国民全体の党である。反対派が党外に残らねばならないとしたら、反対派は分離主義に走り、コンゴの死をもたらしはしないか。ルムンバはそれを怖れていた。反対派が内部に留まる限り、彼は反対派を拒否することはなかったであろう。党内では自由にフランクな議論がなされるだろうと、彼はしばしばくり返した。だが、彼の口からは聞かれなくとも、緊急の場合常として自明であったのは、いったん投票がなされれば少数派が多数派の見解を受け入れねばならないということだった。また反対派はその都度解消されて、別の時、別の問題にかんして復活すべきであること、要するに、反対派はその場その場の状況における各人の自由な判断行使を示すにすぎず、執念深く過去を記憶して党内野党を形成するような手段は与えられるべきでないことも当然だった。

彼は――少なくも独立の初期においては――経済的社会的プログラムを作りあげるよりも、植民地の古い爪牙に代わってコンゴを鷲づかみにするこの党という爪の主要な機能を重視していた。つまり何を措いても国の崩壊を妨げなければならない。しかしこの心遣いすら、実は経済的動機に基づいていたのだ。彼はコナカット党[25]の策略をすべて承知していたし、カタンガ分離が招来するものについては何の疑いも抱いていなかった。このようにこの政治的ジャコバン主義は、根底において、コンゴの現実の実際的知識から着想を得たものであった。つづいて起こった一切をルムンバが予見していたことは、彼の行なった演説が証明する。彼の犯した唯一の過失は、しかるべきときに占領者の強圧的な力にとって代わる近代的な大政党を作りあげれば、災害を払いのけ得ると信じたことであった。

　周知のごとく本国は、まったく心ならずもさまざまな部族のコンゴ人たちの出会いの場所となった。それは万国博覧会のときだった〔一九五八年夏〕。ブリュッセルの町で孤立していた黒人たちは、自分らの白い抑圧者たちの団結を目のあたりに見て、否定的に、分割よりもさらに力強い、と彼らに思われる、被抑圧者の統一を発見した。実際ベルギーにおいて、コンゴ人たちは、彼らを互いに近づけるものしか意識しない。そして帰国後も、彼らはどこの出身であれ、植民地原住民を一人残らず超部族的な一政党に融合させようという抽象的な希望を抱きつづける。このような政党は、ルムンバだけが創設できる。それがMNC〔コンゴ民族運動〕であった。だがこの運動の構成は、いずれその性格を暴露する。これは部族や国境をこえた普遍主義的《ユニヴェルサリスト》な運動だ。なぜならその活動家《ミリタン》が普遍化された人たちだからだ。一言に尽くすなら、これは開化民の政党だ。至るところで――少なくも都市においては――たいした苦労もなしに活動家《ミリタン》を見つけることができよう。なぜなら、行政府と大会社が、自分らの作りあげた官吏と社員を至るところに配置しているからだ。だが大衆政党樹立の夢は崩壊する。これはせいぜい幹部と煽動者の党にすぎない。誰が悪いのでもない。これ以外に仕方なかったのだ。コンゴ民族運動とは、自己の階級的イデオロギーを見出しつつあるコンゴのプチ・ブル階級に他ならなかった。

ルムンバは最も過激だった。すなわち明晰であると同時に盲目的だった。たとえ社会的条件と、自ら主張する中央集権主義の現時点における実現不可能性とに気づかなかったとしても、彼は逆にコンゴの問題がアフリカ全土の問題であることを十分に理解していた。いや、それ以上だ。独立後のコンゴが生き延びてゆく力は、ただ自由アフリカの内部においてのみ見出されるであろうことを承知していたのだ。彼はコンゴ民族運動の代表としてアクラ会議(26)に出席する。その席上で発言する。そして、大陸のあちこちに生まれ出したあのアフリカ統一の欲求、アクラ会議がその直接の結果である統一の欲求を、次のような言葉で説明している。

「この会議は……われわれに一つのことを示しています。すなわち、たとえ国境によって隔てられていようと、たとえ人種種族が異なろうと、われらは同じ意識を持ち、夜となく昼となく苦悩の底に浸された同じ魂を持っており、また、このアフリカ大陸を自由で幸福な大陸に、不安や恐怖やどんな植民地支配からも解放された大陸にしようという同じ願いを持っているのです」。アフリカという語の代わりにコンゴを、大陸の代わりに国家という語を置いてみれば、これは来る日も来る日も、自国のあらゆる地方で彼のくり返す言葉であることに読者は気づかれるだろう。つまり彼には、コンゴがアフリカの分割を永続化させるあらゆる対立の縮図と思われたのだ。コンゴには州の国境がある、種族的宗教的紛争がある、また経済的格差は垂直的(社会層)であると共に水平的(資源の地理的分布)である。それ故、彼にはたった一つの努力しかあり得ないと思わた。すなわち独立のために闘うとは、国家的統一のために闘うことだった。だがまた同時に、それは自由アフリカのために闘うことだ。逆に言えば――後に彼はこれを明確にするのだが——多様な国家を統合して単一の〔アフリカ〕連邦形成を促すすべてのものは、最後に残った植民地原住民が最後に残る植民者《コロン》を追い払う時期を早めることになる。事態の推移が示すごとく、この点にかんする彼の思想は実際的ではなはだ明確だ。独立を達成した国家は、未だに奴隷状態にある国が一切の保護支配を廃棄するよう、あらゆる方法を用いて援助せねばならぬ、というのだ。周知のようにそれから二年半経って、脆弱なコンゴ共和国が解体の危機にあるのを感じたとき、ルムンバはガーナ軍隊の援助を要請することとなる。もしコンゴが勝ちを収めれば、疑いもなくアンゴラに、またすべての隣国に援助の手をさしのべたことだろう。かくて公けに宣告されたルムンバのパン・アフリカニズムは、ローデシアと南ア連邦の白人たちや、またさらに陰険な形でイギリスの保守党員など、彼に怖るべき敵どもを作ることとなった。パン・アフリカ的なコンゴができあがれば、それは未だに隷属を強いられているすべての人の心のなかで、まず第一に一つの手本となり酵母となったことだろう。だがとりわけこの偉大な国は、隣接する国々の革命的組織に、無数の仕方でこのうえなく有効な支持を与えたことだろう。単に友愛のためではなく、それが唯一の必要なアフリカ的政策だからでもある。それというのも、解放されたコンゴは宿敵どもにとりまかれていたからだ。ローデシアで、アンゴラで、黒人は鉄鎖を打ち破る必要があった、ユールー(27)の新植民地主義的政府を覆す必要があった——さもなければ、コンゴの黒人はふたたび奴隷状態に陥ることになる。ルムンバの口からそれとなく洩れてくるもの——だが彼がそれを立ちどころに理解していたことをわれわれは知っている——、それはコンゴの独立が一つの結末ではなく、国家主権を獲得するための死を賭した恐るべき闘いの発端であるということだ。ベルギー人たちに出て行ってもらうこと、それは内部の組織で獲得できよう。だがやつらが去ったときに残る危険を払いのけるものは、対外政策のみであろう。自己の自由を行使する手段もまだ見出さぬうちに、その主人たちを失ったこの若い国家は、年長の国家、すでに主権を得た国家に頼ることを余儀なくされるだろう、また周囲の植民地の民族運動に支援を与えねばならないだろう。この理由でルムンバは、アクラでの発言において、会議が最後に引き出した二つの目標、だが彼の頭のなかでは正当にも一つのものとしか見えぬ二つの目標の、相互調整を強調したのである。すなわち「われわれ各自の国の解放とアフリカ統一、これらの障碍を形作る国内並びに国外の諸要因との闘争」を強調したのである。にもかかわらず、彼はあまりに〔コンゴ〕解放の政治闘争に深入りしていたから、パン・アフリカニズムの根本的な様相《アスペクト》、つまりアフリカは自身のためにアフリカ共同市場を作り出さぬ限り形成され得ないということを強く主張はできなかった。黒い大陸という規模での共同市場の組織は、他の問題、他の闘争を含んでいる。コンゴ民族運動にとっては、まだそれを検討する時期ではなかった。また多くの国――たとえばフランス領コンゴ――における独立という魅惑的な言葉が、内に瞞着《ミスティフィカシオン》をひそめていることを発き出し、これを明らかにする時期でもなかった。同年ド・ゴールがブラザヴィルにおいてこの独立という語を口にしたために(28)、たちまちベルギー領コンゴに文字通りの熱狂を惹き起こし、最も日和見的な分子をも一挙に最大限の要求に加担せしめたくらいであったのだから。それはともかくルムンバに欠けていたのは、新興国家とその下部構造にかんする深い認識であった。それを欠いていた故に、彼はもはや手遅れになった頃に初めて、ある種の黒人国家がその体質上、コンゴ独立の不倶戴天の敵であることを知るようになる。とりわけ、このうえもなく苛酷な抑圧と忌わしい人種隔離によって形成されたルムンバは、年老いた植民地主義、すなわちあまりに硬直しているので人を押し潰すのでなければ壊れてしまうほかはないこの古びた機械以外に敵を考えることができなかった。彼が闘争を準備したのはこの植民地主義に対してである。事実、植民地主義は目の前にあり、けちな植民者《コロン》たちと行政府に代表されている。だが黒人指導者ルムンバには思いもよらぬことだが、未だに生きがよく悪質なものに見えるこの人喰鬼は、実はすでに息絶えていた。植民地の危機に直面した帝国主義政府と大会社とが、前世紀に確立された古典的抑圧形態と、融通のきかぬ有害な機構とを、すでに清算する決意を固めていたのだ。今や旧本国は名前ばかりの権力を《現地人》に委ねたがり、《現地人》は多かれ少なかれ、意識的に植民地の利益通りに統治するだろう。また、共犯者や傀儡《かいらい》は予めヨーロッパ本国で指定されており、行政府によって徴募され形成された階級、社員や官吏から成るプチット・ブルジョワジー、つまり彼自身の階級に一人残らず属している。それが彼には分かっていなかった。この無知が彼の破滅を招くことになる。彼はたしかにエリートに属している。つまり、彼が代表していると見なされている大衆からは切り離されている。彼に従う活動家《ミリタン》はみなプチ・ブルジョワだ。もし彼が勝利を収めれば、このプチ・ブルジョワたちと共に最初の政府を組織するだろう。とはいえその知性とアフリカのための深い献身とによって、彼は黒いロベスピエールとなる。彼の企図《アントルプリーズ》は限定されている——まず何よりも政治的なものであり、他のことはしかるべき時に到来するだろう——と同時にそれは普遍的でもある。《神父さん《モンペール》がた》は、非開化民の部族世界から彼を引き離した。そして当初、彼は己れの若き博識に陶然とする始末で、エリートの代弁者におさまり、エリートのために完全統合を要求した。だが彼の内なる普遍主義が、やがて一切を支配するに至った。おそらく普遍主義は、彼の階級のイデオロギー的原理でもあろう。またすでに見たように一つの錯覚でもあったろう。だが、他の者であれば特殊な階級的利害を覆いかくすこのヒューマニズムを、彼は己れの個人的情熱としたのだ。彼はすべてをあげてそれに献身した。むろんこれは、植民地的超搾取の生み出した人間以下の人間に、生まれながらの人間性を返そうとした。全社会構造を改めぬ限り、要するに農業改革と国有化なしには、達成されるべくもない。ところがブルジョワ民主主義者として形成された彼には、この根源的な構造改革の必要性を見ぬくことができなかった。尤もこれはさほど重大なことではない。政治的諸要求をとりまとめ明らかにするプロレタリアの組織が不在であるときに、どうしてこのことを彼が発見し得たろうか。もし彼がなお権力を維持し得たなら、人びとは、また状況は、彼を追いつめ、新植民地主義かアフリカ的社会主義かの二者択一を迫ったであろう。そのとき彼がどちらを選ぶか、その選択については疑念をさしはさむまい。ただ不幸なことに、コンゴ民族運動を創始し、他の政党の指導者——すなわち彼と同じ開化民たち——と交渉を持ったとき、彼は一片の疑念もなく、自己の階級の最もアクティヴな人びとをポストにつけたのだ。つまりどいつもこいつも共通した特別な打算で以前からルムンバを裏切ろうとしていた人たちであり、一九六〇年七月初めには[29]、早くもルムンバに裏切られたと見なす連中だった。彼を、その閣僚や議会の少数派と対立させた紛争の原因は、実際これ以外にあり得ない。すなわちこれらプチ・ブルジョワたちは、プチット・ブルジョワジーを指導階級たらしめようとしたのであり、それは客観的に帝国主義勢力に接近することになったのだ。ルムンバは道案内であろうとした。自分はいかなる階級にも属さぬと信じこみ、中央集権化の熱意にかられて、出身階級の相違も部族間の分裂も、一笑に付した。単一政党ができれば、このような障壁も十把ひとからげに吹き飛ばされてしまい、一切の利害は調停されるはずだった。そのうえ、彼は多少なりとも明確に、段階的な経済再編策を持ち合わせていて、ただ慎重にその計画を公表しなかったのかも知れない。いずれにしても、彼にはその疑いがかけられていた。彼が突如として共産主義者のレッテルを貼られたのは、けっしてソ連飛行機事件[30]のせいだけではないのである。議員や閣僚のなかでも抜け目ない連中は明らかに、ルムンバの中央集権的なヒューマニズムのために彼のジャコバン主義が社会主義に変わるのを怖れていた。何にしても重大なのは、彼が自己の階級を権力につけながら、その階級に抗して統治しようとしたことだ。だが、これ以外の可能性があったろうか？　否、である。プロレタリアートは植民地時代の最後の数年間においても、これらプチ・

ブルに対して、ルムンバを堂々と交渉相手として認めさせるような行為は何一つしなかったのであるから。

2　挫折の原因

アクラから帰国したとき、未来の単一政党の指導者は、実のところ調停のための人物になっていた。彼の影響で、コンゴ民族運動は主な民族政党と同盟を結ぼうとした。彼の力で成立した共同戦線は、やがて一九六〇年の選挙に勝利を収めた。だがこのカルテルの合法一点張りの勝利の裏には、その脆弱さがちらついていた。問題が単なる共通のプロパガンダ、あの独立というたった一つのスローガンに限定されていた限りは、地方主義（particularisme）も一時棚上げにされた。だが、勝利者が統治を行なうとき——いったい勝利者以外の誰が統治するであろうか？——共同戦線はすでに指摘した二つの理由で空中分解するだろう。第一に同盟を結んだそれぞれの政党の真の基盤が地方的なものであるために——《コンゴ民族運動ルムンバ派》にしてからが、何よりもまずスタンレーヴィルの部族地帯外住民によって支持されていた——、次に指導者たちが文化的普遍主義の美名のもとに、己れの一派と共に新たな指導階級を構成しようという欲望をちらつかせていた故に。こうなると、ルムンバの純粋さ廉直さ自体が、彼を断罪する結果になる。歴史は彼によって、だが彼にそむいて作られた。押しも押されもせぬ中央集権主義の指導者ルムンバが、雄弁の力と巧妙な交渉者の手腕を発揮しはじめるや否や、彼の政敵もたちまち名乗りをあげる。まず手始めは、チョンベ[31]とコナカット党である。これらカタンガ人たちは、自分の州だけで全コンゴ人を養っていると主張する。もし恩知らずで貧困な他の地方との絆を絶ち切れば、カタンガ州だけで自己の富を享受し得るだろう。かくて中央集権党の分裂は不可避となる。カロンジ(32)は《コンゴ民族運動カロンジ派》を設立し、これは南カサイ州に根をおろす。他の集団で起こることとは反対に、ここでは政治的拮抗が部族的分離主義の決定因となる。そのうえアバコ党はてこでも動かない。ルムンバは何度もカサヴブに提案をくり返すが、梨のつぶてだ。遂に独立が獲得され、組閣の必要が起こっても、二大勢力は依然として対立したままである。相も変わらず強硬なアバコ党と、永続的な妥協を見出そうとする柔軟な民族主義者ブロック(コンゴ民族運動とその同盟政党)と。連邦主義を自称するコナカット党はまっさきに、条件づきで中央政府に参加することを受け入れる。これはしかし策略にすぎず、その意味はいずれ現われずにはいないだろう。この二つの動きにはさまれて、ベルギー政府の駐在大臣ガンショフ(33)は躊躇する。ルムンバは最近の暴動の際に秩序の維持に貢献した。彼の声明は穏健だ。経済的プログラムを持っていない。植民者《コロン》の所有権を保証すると何度もくり返した。そのうえ小さなことだが、彼のグループは選挙で過半数の票を得た。だが、彼の中央集権主義は怖ろしい。植民者《コロン》は彼に反対だ。カサヴブのほうはもっと危険かもしれぬ。これは暴力の頭《かしら》だ。だがまた葛藤の頭《かしら》でもある。彼の連邦主義は彼の部族の狂信的な分離主義を秘めている。ガンショフはまずルムンバに「コンゴ政府樹立のための調査の任務」を負わせる。この長ったらしく重たげな文句は、それを書いた者の当惑ぶりをかなりはっきりと暴露している。ルムンバはそれを次のように簡略化することによって、完璧な現実主義者であることを証明して見せる。すなわち「私は組閣を依頼されたのだ」。だが十七日〔六月〕になると、ガンショフは彼から調査の任務を剝奪してこれをカサヴブに委ねると言明する。新たな打診。だが無駄だ。二十一日に議会は執行部を指名する。過半数は民族主義ブロックの手中に落ちる。するとたちまち哀れなガンショフは、カサヴブから使命を剝ぎとってルムンバに返してしまう。交渉は再開される。だがカサヴブはいっこうにその強硬な態度を曲げはしない。

六月二十二日になっても、アバコ党は未だに「統一コンゴ連邦内において主権を有するバコンゴ自治州の設立」を要求してやまない。最後の妥協案は周知の通りだ。アバコ党は国家元首と数人の閣僚を出す。民族主義ブロックは、首相と残りの閣僚を提供する。ただしコナカット党のためのポストを除いて。この難産はきわめて重要な二つの事実を明るみに出す。第一に、交渉がバコンゴ蜂起の脅威下に行なわれたということ。ルムンバの勢力は議会勢力だった。カサヴブのそれは現実の巨大なものだった。ベルギーがコンゴに留まる限り、ガンショフは選挙された多数派を考慮しないわけにいかない。ベルギーは結局自己の旧植民地に、ブルジョワ・デモクラシーのカリカチュアを据える以外に仕方なかったのだ。ベルギー人が去った後には、票数は重要性を失った。ルムンバはただの一度も少数派に追い落とされることなしに、職を解かれ逮捕された。言葉をかえれば、デモクラシーがあっさりと抛棄されたのだ。デモクラシーの外観は保たれたが、政権は暴力に支えられていた。ルムンバの悲劇的な運命が予め決定されていたことを、これ以上明らかに示すものはない。首相である以上、彼は新国家の首都に身を置かねばならなかった。ところが、稀に見る不幸だが、首都は分離主義者のものだったのだ。レオポルドヴィルの大衆はただ一人の首長しか持っていない。カサヴブである。アバコ党の頭《かしら》として支配する国家元首と、分離以外を考えようとせぬ民衆とにはさまれて、中央集権主義の首相の演ずる役割はただ一つしかない。人質の役だ。彼はあらゆる地方に支持者を持っている。だが彼らと連絡をとるには、今なおコンゴに居残りながら頑として動こうとしないベルギー行政府と、反ルムンバが多数を占めるレオポルドヴィルの黒人官吏との手を通さねばならない。一九六〇年七月一日以降、中央集権主義は、いっさいの影響力を失った名誉ある一囚人の抽象的な夢になり終わる。解任されたルムンバが、九月後半、拡声器付きの車に乗り込んでレオポルドヴィルの町中をかけめぐるとき、人はこの事実に気づくことになる。彼の演説に説得される者は誰もいない。閉鎖的な顔、無関心な、または敵意を含んだ聴衆。レオポルドヴィルの人びとは、中央集権主義など糞くらえだ。これに反してカサヴブがひと言囁けば、町には幾千となく反ルムンバ派の暴徒が飛び出して来る。議員も徐々に不安を覚えはじめ、議会を見棄ててしまう。立法権は自分から不法行為に屈服する。議員にとっても、行政部の首長と同様、この分離主義者の首都は牢獄だ。あまりのことにルムンバは、やがて力尽き、レオポルドヴィルで一敗地に塗れたことを自ら認め、脱走し、今度は彼が分離主義者となって、彼の領地であるスタンレーヴィルに辿りつこうとする。つまり一時的な分離、否定の否定という意味だ。力を結集し、スタンレーヴィルから発して、平和的ないし暴力的なコンゴ再征服、コンゴ再統一を試みようと考えたのだ。だがたとえ彼が大部分の支持者に合流したとしても、易々とバコンゴ族の首都をふたたび手に入れることができただろうか？　いかなる力によってそれを行なうのか？　ルムンバは勝ちも負けもせずに結局スタンレーヴィルに留まり、また、このように中央集権主義がその起源に復帰したことを、カサヴブは手柄顔に地方分離と名づけるだろう。これが最もありそうなことだ。事実、客観的に見て、ルムンバの企図はそれを成就させるに十分な手段を欠いていた故に、コンゴ人同士の溝を深め、コンゴ分割を助長させたかもしれなかった。しかし次のことは認めなければならない。すなわち当時ルムンバには、連邦化とバコンゴの自治を受け入れるか、あるいはスタンレーヴィルに逃がれて再征服を準備するか、この二者択一しかなかったということを。だがいずれにしても勝つのは連邦主義だった。実のところ、勝負は予め決まっていたのである。政治において必要は必ずしも可能の意ではない。ヨーロッパの諸運動に象って考えられた近代的政党であるコンゴ民族運動、その強力な思想である統一《ユニテ》は、コンゴにとって必要なものだった。統一なしには独立は空文だった。だがコンゴの歴史のこの時点では、ヨーロッパ的発想はコンゴ人の欲求に的確に応えるものではなかった。より大ざっぱで堅牢な絆が、人びとを生まれた土地に、部族にと結びつけていた。中央集権化は、中央化された人びと、つまり開化民の階級意識を示すにすぎなかったのだ。

以上の考察は、コンゴ独立の第二の特徴へとわれわれを導く。それが与えられた独立であるということだ。実際もしコンゴ人が独立を獲ちとったのであれば、ベルギー人ガンショフが最も組閣に適した人物を勝手に選ぶなどということは考えられなかったであろう。ルムンバはそれを知っており、そのことに苦しんでいた。六月三十日以前に、何度も彼は本国の駐在大臣の退去を求めた。彼はあるとき記者会見で言明している、「世界中どこへ行っても、一国の独立を確立する選挙が、旧権力によって組織され指導されるなどという光景はあったためしがない。アフリカには前例のないことだ。ベルギーが一八三〇年に独立を獲得したときには、ベルギー人自身がまず臨時内閣を作ったのだ……」云々。

「獲得した」。この言葉に傍点を打ったのは私だ。なぜなら一切がここにあるからだ。これが、六月三十日に行なわれたボードワン国王の演説の、温情主義的な調子を説明する。さあ、綺麗な玩具をあげるよ、壊すんじゃないよ。またカサヴブの無気力さもこれで説明される。彼はこの演説を知るや、ただ自分の演説のなかのあまり卑屈な結論を削除するだけに止める。同じ理由で、怒り狂ったルムンバは、突然マイクを鷲づかみにする。若い国王の傲岸さに答えて彼が展開したすばらしい《辛辣な声明》は人の知るところだ。しかし本質的なのはそこではない。私の考えでは、その直前の次の数行にこそ本質があるのだ。

「たとえ今日、われわれが平等の立場で接する友邦国ベルギーとの相互理解のもとにコンゴ独立が宣言されようとも、コンゴ人たるの名にふさわしいコンゴ人は誰一人、絶対に忘れ得ないであろう、この独立がわれわれの闘争によって獲得されたものであることを。日々の闘争、理想を掲げた激しい闘争、われわれが力を惜しまず、欠乏も苦しみもものともせずに闘ったこの闘争によって、獲得されたものであることを」。

記録はここで「拍手」と記している。これは演説者が聴衆の敏感なところを巧みに衝いたことを明らかに証明している。儀式に参列していたコンゴ人は、何党に属する者であれ、贈物など欲していなかった。自由は与えられるものではない、かちとるものだ。逆に言えば、譲り受けられた自由とは整えられた隷属にすぎぬことに人は気づく。コンゴの人びとは一世紀近くもの間苦しんできた。彼らは何度も闘った。ストライキや暴動は、苛酷な弾圧にもめげず、近年いっそうその数を増していた。ごく最近も、一九五九年一月の事件〔前出。注20参照〕は、たとえそれがベルギー政府の植民地政策変更の原因ではないにしても、少なくもそのきっかけではあった。プロレタリアートや農民戦士の勇敢さ、植民地原住民の一人一人が、時には自分の心をまげてまで深い不屈の拒否を以て植民地搾取に対抗したこと、これらに異議を唱えることはできなかった。ただコンゴの状況が、組織された闘争に訴えることを許容しなかったし、またそれを促すこともなかっただけなのだ。ヴェトナムで、アンゴラで、アルジェリアで、武装組織が作られている。人民の戦いだ。ガーナではエンクルマが政治的手段で闘争すると主張した。だが実のところ、彼の組織したストライキは血を流さぬ暴力である。いずれにしても闘争は、熱い空気のなかで、秘かに組織される。戦士の団結は、行動の遠い目標であるより先に、あらゆる行動の直接の手段である。人びとが団結するのは攻撃を成功させるためだ。が、死の危険から免れるためでもある。植民者《コロン》の報復が〔被抑圧者の〕秘密条約を結ばせる。抑圧者の暴力が反対暴力を惹き起こす。それは敵に対して向けられると同時に、敵を利する地方主義にも向けられる。もし武装組織が作られれば、それは門や蝶番をふっ飛ばし、族長を、《首長制度》を、封建的特権を清算し、闘いを通じて至るところに、行政府の配置した役人に代えて自分たちの政治幹部をつけるだろう。それと同時に、人民の戦争とは軍と人民の団結を、すなわち人民自体の統一を含んでいる。部族主義は消滅せねばならぬ。さもなければ蜂起は血の海に挫折するだろう。過去の名残りの一掃は、説得により、政治教育により、必要とあればテロによって、熱い空気のなかで行なわれる。かくて闘争が国の端から端まで広がるにつれて、闘争自体が国家統一を追求してゆく。もしも最初に二つの反乱が共存していてその融合が行なわれぬ場合、両者とも確実に植民地軍によって蹂躙される。さもなければ一方が他方を絶滅させる。勝利を収めた指導者たちは、軍事的指導者であると共に政治家でもある。彼らは旧来の機構を破壊した、一切を作り直さねばならぬ、だが構うことはない。彼らは民衆的な下部構造を作るだろう。新たな制度は、ヨーロッパの制度の引き写しとはならないだろう。それは一時的な制度であり、伝統的自由を犠牲にして統一を強化することにより、若い国家を脅かす危険に備えようとするだろう。行政権力について言えば、これには何人も太刀打ちできない。それは抑圧者と闘って鍛えられた軍隊だからだ。このようなパースペクティヴにおいて、ヴェトナムやアルジェリアでは――現在がいかに困難をきわめていようとも――統一と中央集権化が独立に先行し、独立を保証していると言えよう。コンゴで起こったのはその逆だった。経済的不況《リセッション》、旧フランス領コンゴの変化(35)、アルジェリア戦争が、人びとの気持に変化を与え、さまざまの紛争を惹き起こしたのだ。だが、紛争はそれぞれ何らのつながりも持っていなかった。原因も理由も目的も異なっていた。それは、ベルギー政府にわざわざ警告の合図を発する結果になった。ベルギー政府は慧眼な幾人かの行政官によって情報を受けたのだ。今日では、まだテロリスムまではゆきますまい。だが本国が明確に政策を決定しないなら、明日はテロが起こるでしょう、と。この情報が届いたのは、帝国主義が、フランスを疲弊させた植民地戦争や、イギリスの欺瞞的な非植民地化の体験から、ちょうど教訓を引き出したときだった。ベルギーはコンゴを黒人のアルジェリアにしようとは思わなかったし、巨額の戦費と人命をコンゴに消費するのは御免であった。十万の白人では、この国を大量移民の植民地と見なすのは困難だ。引き揚げの必要が生じても、本国経済に支障はあるまい。大会社もこの試みに同意した。白人総督でもニグロの《協力者《コラボ》》でもいい、誰かに自分らを保護させれば権益が損われることもないだろう。いやむしろアフリカ新興国の発展をつぶさに観察すると、独立こそ最も有利な解決にさえ思われる。要するに、コンゴに独立を与えてやることにしようではないか。

人は今日、ベルギー政府が犯罪的なマキャヴェリズムを駆使したと言う。だが私には、むしろ彼らが犯罪的に愚鈍だったと思われる。フランス人は闘わずには何一つ手放さない。手をちょん切られるまでかじりつく。これは無意識に、敵の幹部を鍛えることになる。戦争が戦争のエリートを作りあげる。イギリス人は、計画的にインチキの非植民地化を行なう。幹部たちを早くから養成しておく。彼らは協力者《コラボ》になるだろう。だがそれは有能な協力者《コラボ》である。ベルギーは何もしなかった。植民地戦争も漸進的な移行も。実のところ一九五九年になっては、もはやコンゴ解放の準備には遅すぎたのだ。原住民は即時独立を要求していたのだから。だがベルギー政府の過ちは遙か昔に溯る。征服したこの国を、無知と文盲の状態に留めておこうと躍起になったのが間違いだ。封建制度を残そうと考えたのが間違いだ。八十年にわたって、ベルギーはコンゴをコンゴ化しようと夢中だった。そしてコンゴをばらばらにした後に、人材欠如と権力の細分化のために《伝統的な社会構造》を、部族慣習法を残そうとしたのが間違いだ。またあの部族抗争を、にこの国が確実に自分の言いなりになると信じて、突然ベルギーはコンゴを手放す決心をする。だからこそルムンバは、大衆に指名されると同時に、ベルギー王の名のもとにガンショフによって権力につけられることにもなったのだ。勝手の悪い状況だ。とりわけホー・チミンやベン・ベラが(36)、本国の意に反して、動かしがたい趨勢によって権力を奪い、また彼らの統治権《スヴレヌテ》──むろん、国家の主権《スヴレヌテ》と言っても同じことだ──がそこに発していることを思うならば。独立は──ヴェトナムやアルジェリアと違って──ずっと以前に開始されたプラクシス〔実践〕の一契機でもなく、また過去の行為が未来の仕事《アントルプリーズ》の踏台となるわけでもない。コンゴでは、独立は死点《デッド・ポイント》であり、コンゴの歴史のゼロ地点である。白人は支配を止めたが今なお管理をつづけ、黒人は政権についたがまだ支配していない時期である。ルムンバの人気がいかに高かろうと、この矛盾した瞬間において、彼は過去の武勲からその権威を引き出したのではなく、ヨーロッパ仕込みの合法性、そしてコンゴ人が——開化民を除いて——認めようとしない合法性に権威を負うていたのだ。たしかに、彼の勇気は人の嘆賞するところだった。彼が何度も逮捕され、殴打され、投獄されたことも知られていた。だがそれだけでは不十分だ。新国家の主権者たるには、押しも押されもしない解放軍の指導者として、抑圧時代にすでに主権者であることが必要だ。あるいは遙か以前から、カリスマ的な、宗教的な権力を備えていることが必要だ。不幸にも、レオポルドヴィルでこの権力を保持していたのはカサヴブだった。次のことを理解していただかねばならない。一九六〇年七月一日、多数派連合の指導者であり、政府首班であったルムンバは、孤立し、権力も持たず、すべての者に裏切られ、すでに破滅していたのだ。

　先に述べたごとく、民衆が力によって自己を解放するとき、彼らは旧指導者らを追放する、ないしは虐殺する。彼らにとって旧指導者どもは、最も顔の売れた抑圧者にすぎない。いそいで首をすげかえねばならぬ。しかも必要な資格を備えた者など一人もいない以上、能力よりも革命的熱意の如何を基準に選択が行なわれる。その結果、怖るべき混乱が、犯罪的な過ちが行なわれ、経済の幾つかの部門が全く危殆に瀕してしまう。だが、未だかつて勝利を収めた革命がエリートの欠如のために崩壊した例しはない。ソ連、中国、ヴェトナム、キューバにおいて、苦難に満ちた激動を代償に、新顔の者が命令をくだす地位につき、指導し、視察し、昼間は決定をくだし、夜は学習しかつ読書した。このように革命の進展に伴い、〔統治の」資格なき革命家が資格ある反動的な者たちにとって代わるのは、当たり前でポジティヴな事柄だ。たとえこの交替が力によってなされない場合でも、専門家《スペシャリスト》の大量移住によってそれは必要不可欠のこととされるのだ。

だがまた、この未知なるものへの飛躍は、熱の高いうちに行なわれなければならない。プラクシスの不可避的な一契機として課せられなければならない。革命の嵐のさなかでなければ、社会のあらゆる階層で、もれなく知を無知に代えるなどということを誰が敢えて考えよう。ルムンバは革命なき革命家だった。彼の不撓のジャコバン主義が、ベルギー政府の不器用に試みた偽善的な植民地主義整備に対して、彼を真向から対立させた。だがこの峻厳な立場も、まさにあの人民の戦争が行なわれなかった以上、理論的拒否にすぎなかった。ベルギー人が戦争を節約して、コンゴ人から人民の戦争を奪ってしまったのだ。従って、コンゴ民族運動の指導者は、いわば遂に蜂起しなかった蜂起の向こう側にいたのである。行動の真只中においてなら、幹部らを見る目も違ったろうが、彼にはそのように幹部らを直視することができなかった。開化民であり、白人によって形成され、白人の技術的優秀さを認める習慣のついていたルムンバは、すでに見たごとく、開化民の数の少ないことに、また大衆の無知に、不安を覚えていたのだ。

疑いもなく幹部たちをアフリカ化する必要があった。それは彼の絶えず望んでいたことだった。とりわけ現在では、行政府の悪意の故にしばしば身動きもとれぬと感ずるだけに、彼はいっそう強くそれを欲してもいた。鍵となるポストが白人の手に握られている限り、コンゴが完全な独立を享受することはあり得ないだろう。だが、直接火急の必要がなかったために、彼は漸進的改革を考えた。その演説において、彼が非常にしばしば高等教育について語りながら、初等教育にほとんど言及していないのは印象的である。そこに階級的偏見を見てはなるまい。ただ単に、彼は問題を鋭く意識していたにすぎないのだ。コンゴは、それが可能になり次第、直ちに学生をヨーロッパに送るだろう。彼らが帰国したら銘々が一人のベルギー人の地位にとって代わるだろう。学生が多ければ多いほど、コンゴの技術的、行政的、軍事的従属はそれだけ早く終了するだろう。見られる通り、いかにも尤もな解決だ。しかし、物の得失を考慮し、計算ずくでなければ危険を冒さぬ政治家が、冷静に思いつき得るくらいの改良主義的解決だ。

このときまさに大衆は、起こらなかった革命に革命的結論を与えていた。彼らは幹部のアフリカ化を引き受け、瞬く間にヨーロッパ人を追放した。それはまず公安軍から始まった。それまで将校と特務曹長は、ベルギーから来た連中だった。コンゴ人は、一生つとめても軍曹止まりだった。ところが独立の数カ月前に、彼らは白人のこの特権の撤廃要求を通告した。独立後は、黒人も能力次第で中尉や将軍になれるべきだというのだった。ルムンバは、事を一笑に付した。おそらく彼は、国家的有用性の観点から事態を見ていたのであろう。将校も徐々に養成されるだろうというわけだ。だが彼は間違っていた。これは、未来の兵士の条件にかんする一般的要求ではない。軍曹になりたいのは現在のこの兵士であり、大尉の位を熱望するのはこの軍曹であった。ひと口に言えば、要求は具体的かつ直接的であった。政治家だったら、この要求を第一日目から満足させたろうと思われる。自らヤンセンス[37]解任の荒療治を行ない、革命的な動きを捉え、これを手中にしてしまったことだろう。それは、権力なきこの行政部の自由になる唯一の手段——すなわち軍——を獲得することにもなったろう。とりわけ公安軍兵士の傾向は、当時不穏なものだった。ベルギー支配の時代、つまり六月三十日まで、彼らは植民地秩序を維持していた。このコンゴ人たちは、ひたすら同じコンゴ人を相手に戦っていた。暴動を弾圧し、村々を占領し、住民たちを食い物にしていた。客観的に彼らは植民地特権階級《カースト》の共犯者であり、将校たちの影響を強く受け、その置かれた状態から言って反革命的であるように思われた。そして疑いもなく、彼らは骨の髄まで反革命的だった——ただし一七八九年以前のフランス軍における平民のように、冷や飯を食わされたことへの激しい怒りは別である。この復権要求は、彼ら自身も気づかぬうちにコンゴの完全主権への憧憬を要約していた。なぜなら、これは主権者の決定なしには実現され得ないものだからだ。それと同時に人種抗争の背後から、階級抗争の姿が浮き出ていた。貧乏人は金持の贅沢にうんざりして、彼らにとって代わることを望んでいたのだ。もし政府がイニシアティーヴをとるならば、治安の軍隊を革命の共犯とさせることもできたろう。革命と連帯を結ばせることもできたろう。だがルムンバは躊躇した。黒人軍の圧力に押されて、時機尚早のうちにラディカリズムに追いやられはしないかと考えたのだ。ひょっとすると、彼は思わずも階級的反応を示したのかもしれない。彼は自問したのだ、いったい今日、誰がコンゴ軍を指揮できようか、と。彼はヤンセンスに姑息な手段を要求するという過ちを犯した。すべての黒人を直ぐ上の階級に、二等兵は一等兵に、軍曹は曹長に、進級させるよう求めたのだ。ヤンセンスは、とことんまで挑発者の役を演じた。彼は兵士たちに答えたのだ、「お前たちは何も獲られまい。今日もだめ、永遠にだめだ」と。結果は周知の通りだ。兵士の反乱、将校の追放。ヤンセンスは恐怖に青ざめてブラザヴィルに遁走する。この反乱はポジティヴなものであり得たかも知れない。だが結局のところ、これはネガティヴなものしかもたらさなかった。兵士はヤンセンスに反抗すると同時に、それまでヤンセンスを罷免しなかったルムンバに対しても反抗したのだ。つまり植民地的温情主義と同時に、コンゴの若きデモクラシーに対しても反抗したのだ。混乱に陥り、力によって秩序を押しつける習慣がつき、しかもベルギー軍人の特権に反発する彼らの大部分は、一種のボナパルティスムに落ちこみ、自分たちの新たなカーストを主張すると共に、自分たちを裏切った体制への蔑視を表明してやまなかった。

上級官吏のアフリカ化は、まずヨーロッパ人の潰走によって始まった。官吏たちは逃げ出した。私企業は店を閉ざした。ルムンバは彼らを引き止めるためにできるだけのことを行なった。だが同時に、空輪されたベルギー軍隊がコンゴに到着した。彼はベルギーと手を切らねばならず、それがついに白人住民を狂乱に追いこんだ。一方黒人の民衆は、ベルギー人の追放を願いながら、彼らのコンゴ放棄を非難していた。ルムンバはなす術を知らなかった。彼が運動の先頭に立たなかったという不満が浴びせられた。労働者は賃上げを要求していた。正当な要求だが、ジャコバン派のルムンバはこれを時期に非ずと判断した。ストライキが始まった。もはやベルギー人に対するものではなく、反ルムンバのストライキだ。彼はスト鎮圧を命じた。コンゴ経済を救い、生産の水準を維持せねばならなかったからだ。そのうえ混乱した散発的な騒ぎのなかで、徹底的に、だが破滅的な形で、幹部のアフリカ化が実現されたが、この騒ぎは彼にとって、自分の政治的プラクシスとも、彼自身の行なった革命とも、彼のスタッフとも、無縁のものに思われた。こいつらは今まで何もやったわけじゃない、と彼は考えた。そのくせ今、おれたちが勝利を収めたときになると、ベルギー人にも絶対に要求しないようなことをおれたちに要求しやがる。いったいおれたちと、どんな共通点を持っているんだ？　非暴力主義者ルムンバは暴力に断乎対抗した。開化民ルムンバは、非開化民と袂を分った、あらゆる開化民とも袂を分った。彼らが唯一の共通の利害さえ無視していたからだ。彼は、これら自然発生的な動きを鎮圧し、そのために不安定な彼の権力をこの統制なき革命で支える最後の機会《チャンス》を失った。それに、これが成功の覚束ない機会《チャンス》だったことも認めねばならない。組織もなく革命のプログラムもない以上、突然に過激化した独立のはけ口はどこにもなかった。デモは相変わらず継続され、以後は反政府デモとなった。統一国家と一体になるべく、ルムンバは自己の階級から離脱しようと試みていたが、無理矢理に元の階級に押し戻された。代議士連中は、お手盛で五十万フランの手当を決定したところであり、しかもそのときルムンバは賃上げストを切り崩そうとしていたのだ。部族地帯を離れた民衆は、そこに開化民の貪欲さと政府の弾圧とを同時に見出した。植民地化以前[38]には、《エリート》は下働きの人夫よりも遙かに多く稼いでいたが、それでもやはり搾取され、抑圧されていたことに変わりはない。同じ仕事に対して黒人官吏は、白人の半分の給料しか得ていなかった。この不平等が、ともかくプチ・ブルと民衆の接近に貢献した。黒人たちは、ベルギー人に対抗して、黒人の開化民を誇っていたのだ。ところが開化民たちは権力に就くや否や、莫大な俸給や手当を要求して、自分たちがれっきとした一階級であることを暴露した。民衆は新たな主人の姿を認めたように思った。彼らは——当然のことながら以前の植民地行政府と同様に——新行政部にも抑圧権力を見た。これは何もかも誤りだった。まず黒人のプチット・ブルジョワジーが自己の権力を打ち樹てるためには、コンゴを帝国主義に手放すよりほかに仕方なかったはずだ、帝国主義はその返礼にプチット・ブルジョワジーにコンゴ管理の職を与えることになるだろう。また他方、ルムンバは開化民の階級の利害を代表するどころか、開化民との対立故に、日々ますます己れの権力が縮小されるのを見ている有様だった。なるほど、彼は民衆の利害の名においてそうしたわけではない。それはジャコバン的普遍主義の名においてだった。それでも事はあっという間に人びとに伝染した。首相は独裁者の卵で、多くの特権者によって指名されたと言われたが、それはまさに彼が特権者の信頼を失いつつあったときなのだ。カサヴブ、アバコ党、ベルギーの挑発者どもは、七月早々この混乱をうまく利用してのけた。彼らはルムンバが専制君主であると信じこませたのだ。

これほど彼の性格からかけ離れたものはない。それに第一、権力濫用の非難を受けたとき、彼は他人を命令に従わせる可能性すらもはや持っていなかったのだ。しかし彼の敵どもが最初から感じていたのは、分裂した国における国家的統一は、絶えざる統一化のプラクシスに他ならないということだった。メルロー＝ポンチが言うように、反対派は、それが不和分割を助長するとき、容易に裏切りになり変わる[39]。つまり中央政府は、必要とあらば力に訴えてこれを抑えねばならない。この観点からすれば、都市でのストライキや暴動は、どんなにその要求が正当であろうとも、部族抗争と同じく怖るべきものだ。部族抗争は耕作を遅らせ、コンゴの土地を細分する。ストや暴動は生産を低下させる。あらゆる理由からして自由コンゴは、その幼年期の最初の数年間、母体であったベルギー領コンゴ時代の水準をあまり下まわらぬことが絶対に必要である。それ故、中央集権主義は己れのうちに峻厳な社会政策を含む。しかしまた、〈廉潔の士〉は——その名がロベスピエールであれルムンバであれ——その同じ瞬間に指導的階級——己れ自身の階級——にも攻撃を加え、これを普遍的階級の位置に保たねばならない。つまりこの階級が、その要求、風習、またあまり急速な富裕化によって、国の他の階層と対立するのを妨げねばならない。それはすなわち統一の名において、社会の各グループが共通の利益のために己れの利益を犠牲にするよう要求されている、という意味だ。これ以上の手段はあり得まい。ただし、共通の利益の存在することが条件である。カストロは、権力奪取につづく数カ月の混乱の後に、労働組合に向かってスト中止と、紛争解決のために調停に訴えることを命じた。だがそれが可能であったのは、カストロが封建領主の軍隊を打ち破り、領主たちを追放し、その資産を農地改革によって恵まれない階級に返還したからだ。すべての者の犠牲を要求することにより、彼は都市と農村の労働者に向かって、彼らの本当の統一、彼らの共通の利益、すなわちすべての者の手による、各人のための、キューバの島の自由な開発を認めるよう呼びかけた。言いかえれば中央集権主義は、それを生み出した革命が社会主義的なものでない限り、国家的統一と共通の利益とを同視できるわけがないのである。コンゴにおいて権力についた開化民と、下働きの人夫や農業労働者の間には、まだ完全な意味での階級闘争はなかったが、すでにコンゴ統一の仮面の下に利害の対立が隠されていた。それに気づくことのない中央集権主義は、抽象的な最小限の要求として国家統一を求めていた。こうしてできる新しい社会が、いずれはその構造や階層を作り出すはずである。しかし被搾取者も、将来の搾取者たちも、まだ予見できないこの未来のために自分たちの具体的要求を犠牲にしようなどとは思いもしない。すでに一方の存在が、他方の譲歩を不可能にしていた。プロレタリアは大臣の俸給を知っている。一方、大臣や開化民たちは、相手が誰であろうと絶対に譲歩する気はない。彼らには能力に基づく一種のモラルがあって、もしまず自分のために尽くさなければ、結局それは文盲の大衆、つまり非活動家《ノン・ミリタン》のために自分を犠牲にすることになると考えるのだ。

このように、大衆運動も、武装闘争も、社会主義的プログラムも欠いているために、中央集権主義は統一へのプラクシスとして、誰の目にもはなはだ勝手なものに見えてくる。それが確立しようとする統一を、誰しもが内容のない概念と見なしてしまい、各集団がこれに対して具体的な統一の考え方を提起する。だがそれは——現状況では——分裂の一要素となるにすぎない。皆が皆ルムンバの敵だ。地方政党、連邦主義政党、首都の人びと、プロレタリアート、彼が代表している、そして当然彼を支持すべきであるプチット・ブルジョワジーに至るまで。それればかりではない。農民は、自分らの《伝統的構造》を維持するという条件つきで独立を受け入れたのだ。部族地帯の首長たちがベルギー行政府《コロン》《現地人》代表であることを理解した者は、ごく稀にしかいなかった。ところでこれら小君主たちは、植民者の引き揚げですべてを失った。以前はベルギー人が彼らを買収し、彼らをその地位に維持していたのである。これはすなわち分割による中央集権化であった。だがコンゴ政府のこれからの政策は、分割の一掃を目指すものとなろう。黒人行政府を作り出し、レオポルドヴィルの官吏たちを教育し、彼らのみに権力の代理人たる資格を与えて各地方に送り出さねばならない。中央集権的なあらゆるナショナリズムに必然的に課せられるこれらの処置は、封建制度の弔鐘である。政府はその責任者を国中に網の目のように配置するだろう、責任者は首都からの命令に従って事を決定し、その権威によって地方領主の権威にとって代わるだろう。首長区のボスたちは不安を覚えはじめた。ヨーロッパ人の密使は、彼らの啓蒙こそ自分の義務だと心得た。こうして遂に多くの封建領主たち——独立を要求すべくコンゴ民族運動と手を結んでいた領主の一部さえも——が、いつの間にか熱烈な反ルムンバ派になりきっていた。一族郎党がこれに従った。カタンガにおけるルムンバの不倶戴天の敵、おそらくは自分の手でルムンバを虐殺した男ムノンゴも(40)、王の息子である。災厄の到来を早めたカタンガ分離は、地方の封建諸侯と、植民者《コロン》と、ユニオン・ミニエール(41)の間に交された契約の結果なのである。

かくも多くの敵に対して、何をなすべきか？　文字通り何一つできはしない。もし中央集権主義が堅牢な基盤を持ち、軍隊の支持を得ていれば、その緊急の度合に従って遅かれ早かれ、恐怖政治によって連邦主義と戦うだろう。ロベスピエールが一七九三年に行なったのもこれだった。だが長くはつづかない。民衆の暴動を打ち崩した後、もはや彼が誰の利益も代表していないことに人が気づいたとき、ロベスピエールもまた打倒された。だがルムンバの場合は！　独立宣言から一週間と経たぬうちに、七月の反乱で公安軍の支持は失われた。レオポルドヴィルでは日ならずして、アバコ党の示威運動から彼を——彼と議会を——護るのはただ警察だけであるのが明らかになった。分離主義的な諸地方に秩序を回復させるべく彼が軍隊を派遣したとき、軍隊は出発するにはしたが到着しなかった。道草を食うほうが、つまり農民を掠奪虐殺するほうがよいと考えたのだ。それでも、すべての者から孤立し、もはや見かけの権力しか持たぬこの男に、血腥《ちなまぐさ》い独裁政治の非難が浴びせられようとしていた。[3] まんざら理由がないわけではない。実際、当時の諸勢力と状況の奇妙な性格を考えれば、統一主義の指導者は、もしその手段さえあるならば、自己の目標を否認するか、または恐怖政治に走ることを余儀なくされただろう。コンゴの統一は独裁政治を要求していた。プロレタリアの代表者たちが啓蒙も教育も怠ったために、プロレタリア独裁は不可能だった。とするなら、あとは一人のプチ・ブルが、すべての者に対抗して権力を握らねばならなかったのだ。

七月反乱につづいてカタンガの分離独立があり、それに刺戟されて至るところに大小の分離主義的潮流が出現した。暴君ルムンバの活躍はめざましかった。混乱、不穏、或いは反抗が報ぜられるや否や、直ちにルムンバは、死のように黙りこくってどこにでもついて来るカサヴブを伴い、現地に飛ぶ。目的地に着陸し、機体から出るや否や、ところきらわず彼は集会を開く。熱のこもった声、誠実さ、オプティミズム――これをナイーヴなオプティミズムとも、神秘的なものとも、好きなように名づけたらよい――これが全聴衆の心をとらえ、しばしば彼らを納得させる。こうして彼が偏見を解き、疑いを鎮め、反論に答えて説明したときに、とりわけ自分の計画や理由を詳細に説明したときに、彼はひと晩だけ勝利を得るのだった。ひと晩だけ田舎町で、彼の行使した唯一の独裁、すなわち言葉による独裁が、数百人の者のジャコバン的統一を実現する――彼らだけが政治化された者だった――。喝采を受け、パトリスは飛行機に戻る、離陸する、そして考える、勝負は勝ちだ、と。彼のかたわらでカサヴブが考えている、負けだ、言葉にそんな力はありゃしない、と。事実は、言葉は力あるものだ――ただし何回となく、まず指導者によって、ついで積極的分子によって、ついで現地の活動家によってくり返し語られるという条件で。ところがルムンバは孤独だった。完全に孤独だった。飛行機が離陸するたびに、今彼が去った小さな町には沈黙がふたたび根をおろし、各人はそれぞれ目先の利益に、偏見に、部族ないしは社会的職業的集団にと引き返して行った。あとには何も残らなかった。一人の心のなかにも、ただ一つの種子さえも残らなかった。一方、暴君は空中をぐるぐるまわっていた。地上に降りようとすると、けちな白人どもが罵倒を浴びせかけた。ほとんど効果なかろうと思われるベルギー兵士たちの保護、すなわちその行動を彼が議会で告発し、国連にアフリカからの追放を要求した植民地軍隊による屈辱的な保護すら受け入れねばならなかった。彼は、機をカタンガにつけようとまで考える。飛行場管理のベルギー将校は、着陸したらすぐ逮捕すると通達する。ルムンバは強引にこれを無視しようとする。ベルギー人は灯火を一つ残らず消してしまい、管制装置を停止してしまう。真暗だ。自殺者同様、ぺしゃんこになるところだ。彼は危く引き戻される。彼も遂に諦め、機は高度を増す。彼はぐるぐるとまわっている。自由コンゴがまわっている。空中に囚われの身となり、まるで環まわし《フュレ》[42]の環のように、ここに寄り、あそこに寄りしながら。というのは、中央集権化され、独立によって統一されたコンゴは、今やたった一人のルムンバと一体になっているからだ。賭はすでになされている。国連提訴、青い鉄兜〔国連軍〕の派遣[43]、カサヴブのクーデタ〔ルムンバ解任〕[44]、モブツ、すなわちベルギー人の意のままになるいぬで、公安軍――言いえれば、俸給もなく、遂には通行人を脅して金品を奪うまでになった武装集団――の先頭に立つこのモブツの抗命宣言、ハマーショルドの卑劣な不公平さ[45]、フランス政府に操られたユールーの陰謀[46]、こういった周知のエピソードは、避けられないカルヴァリオの丘〔キリスト磔刑の地〕へと進む道程にすぎない。ベルギー人、フランス人、イギリス人、大会社、そしてH……氏[47]が、自分らの大胆不敵な手下たち、カサヴブ、モブツ、チョンベ、ムノンゴによってルムンバを殺害させ――そしてピューリタンの北アメリカは血を見まいと目をそらしていたのだ。いったいなぜまた彼らはこんなに熱を入れたのか？　世界中に轟いたこの殺害をおかしてまでコンゴに新植民地主義を据えることが、本当に必要だったのか？　この長身の、痩せた、神経質な黒人、疲れを知らぬ熱心な仕事家で、素晴しい弁舌の才能を持ったルムンバは、すでに彼の権力を失っていた。コンゴの細分化は現実の事態であり、八十年の《温情主義的》植民地主義と六カ月のマキャヴェリズムがもたらした異論の余地なき結果であるが、それが首相のジャコバン的な夢を徹底的に否認していた。彼は一切の権力を失った。

だが多分スタンレーヴィルは別だった。そこに彼は、同志というよりむしろ支持者を持っていた。だがたとえ彼がスタンレーヴィルに赴いたところで、ギゼンガ(48)以上のことができたろうか？ ギゼンガもいくばくもなく、幾つかの電撃的勝利の後に、彼の参謀長であったルムンバの伯父に裏切られるのだが、裏切った男は政治家どもの統一主義を棄てて、唯一の有効な力、すなわち統一を回復した黒人軍部を選んだのだ。むろん帝国主義は人命などを気にしない。だが帝国主義は勝利を握っていたのだから、スキャンダルを避けることができはしなかったか？ 実はできなかったのだ。それこそ、この忌まわしいからくりの持つ秘密だろう。ルムンバは権限移譲のための人物だった。移譲が完了するや否や、直ちに彼は姿を消さねばならなかったのだ。

その理由は、生きている限り、ルムンバは新植民地主義的解決の厳しい拒否を代表していたからだ。新植民地主義的解決とは、根底において、古典的植民地主義が族長、首長、魔法使いどもを買収したごとくに、新たな主人たち、つまり新国家のブルジョワたちを買収することにある。自分のおかれた不安定な状況を意識して、己れの階級的利害と西欧大会社のそれを結びつけようとする支配階級、帝国主義はこの階級を必要とする。この展望のもとに、ナイーヴな者には主権のシンボルとも見える一国の軍隊は、二重搾取の道具となる。すなわち《エリート》による労働階級搾取と、それを通じて西欧資本主義が行なう黒人搾取。投資・貸付けが行なわれる。独立国の政府が、こうして完全にヨーロッパとアメリカに従属する。一九〇〇年に、植民地戦争を勝ち抜いたキューバが陥ったのはこのような状態だった。このモデルは今日もなお通用する。日々このモデルが使用される。その目的は、黒い大陸にラテン・アメリカの運命をとっておくことにある。すなわち弱体な中央政府、ブルジョワ（ないしは今なお残る封建諸侯）と軍隊との同盟、政府のうえに立つトラストの支配。この計略のためには人間が必要だ。コンゴにおいて白羽の矢が立つのはカサヴブである。彼の野心と分離主義が――たとえ窮極において彼がごく緩やかな連邦制を受け容れるにしても――ベルギー行政府の維持した昔からの〔部族間の〕反目を温存する。しかも今回は白人が乗り出して来るのではないかと疑われるはずもない。イレオとアドゥラが[49]、彼を援助できるだろう。彼らの階級意識は、彼らの貪欲さに匹敵するものだからだ。公安軍に守られて、彼らが体制を仕上げ、新たなブルジョワジーを速やかに発展させるだろうと期待することもできる。これまでのところ開化民は給料生活者にすぎず、帝国主義によって徴募形成され、その主人たちの言葉にのせられて、自分たちの利害と資本の利害が一致すると信じこんできた。だが今やコンゴ経済を改変し、給料生活者の一部を小資本家に変え、農村の封建制を維持しつつ、地方においても中央集権化の勢力を作用させることが必要である。これがプログラムだ。これが一九六三年のコンゴなのだ。六〇年から六一年にかけて歴史の主体であったコンゴは、今や歴史の最も受動的な客体にすぎぬ。カタンガの運命は、ベルギー、イギリス、フランス、アメリカ、ローデシア、南ア連邦の白人の間で決定された。闘争、一揆、戦争、国連による突然の矛盾した決定、これらは、トラスト同士、政府同士の間で行なわれた闇取引の結果であり、そのしるしである。今日では一切の片がついたように見え、カタンガはコンゴに復帰しているが、それは――ローデシアや南ア連邦、イギリスやフランスの狙いとは反対に――アメリカとベルギーの意見が一致し、合弁会社を介してコンゴの資源を共同開発することとなったからだ。

　かくもデリケートな妥協をなし遂げるには、まずコンゴから論争を排除する必要があり、それはルムンバ抹殺を意味していた。孤独で裏切られたとは言え、ルムンバはやはり統一国家の抽象的シンボルだった。権力移譲の歴史的瞬間に、彼はコンゴであったのだ。彼以前には、てんでんばらばらの勢力より成る一個の植民地しか存在しなかった。彼以後に残るのは、一個の引き裂かれた国に他ならない、その国家的統一を見出すには十年以上かかるだろう。首相のルムンバは次々と支持者を失い、心ならずも事態に流されて中央集権化と呼ばれる新たな分離主義の手先となった。捕われの身となり、しかもなお生きつづけるルムンバは、いずれ一つの原理となり、同志結合の中心となるかもしれなかった。というのも、彼はやはりある政策の証人であり、その政策は実行こそ妨げられたけれども、新政府が失敗を犯すや否や、代用の政策として、またこれまでは貸すに時を以てしなかったために真価を発揮し得なかったが、採用されれば唯一の可能なものであることが判明する政策として、現われ得るからだ。昨日の不満分子は彼に対抗して団結していた。明日の不満分子——おそらく同じ人びと——は彼の周囲に再編成されるだろう。かつて民衆に偶像視された囚われの男は、今なおプラクシスのむき出しの可能性である。彼が存在するという事実だけで悲嘆は希望に変えられる。彼が自己の原則に忠実である故に、その原則は新たな反対派にとって幻想どころのものではない。原則は生きている。それは現実のものであり、獄中でなお明らかにそれを守りつづけているこの人物によって人間的なものとされている。それはすべての者がうっとりと瞑想する一対象になる。ティスヴィルで彼を監視していた兵士たちが反乱を起こすとき、人はこのことに気づくであろう。兵士らは言うのである、もし給料が支払われなければ、ルムンバを釈放してしまうぞ、と。この脅迫に仰天して、レオポルドヴィルの指導者たちはカタンガの連中に接近する。協定が結ばれる。チョンベが兵士の俸給を支払うだろう。その代わりルムンバは彼の手に引き渡されるだろう。要するに、失墜した首相は獄中でもなお中央集権化の必要性を示しつづけていることになる。おまけに彼の失脚に呼応して、忽ち暴動の火の手があがり、あちこちに局地戦が勃発したほどなのだから。

それればかりではない。十月以来、革命的な騒乱の飛躍的増加が認められるのだ。今回は底辺の層、つまり農民と労働者が植民地主義的経済の維持に抗して立ち上がったのだ。これはばらばらの動きで、共通の目標を持ってはいなかった。にもかかわらず、彼らの要求を共通のプログラムにまとめあげれば、旧来の分割を超えて彼らを団結させることも可能だろう。この危惧は常軌を逸したものではない。後に中央集権主義の新たなる指導者ギゼンガが、スタンレーヴィルにおいて過激な策を講ずることになるのだから。それによればトラストはアフリカ化されることになり、ベルギー人は居住地を指定され、特別な税負担を負わされる。そして六カ月後には国が抛棄財産を没収するだろう。これらの政令は、具体的であるが真の展望《パースペクティブ》を欠いていた大衆の要求と、コンゴ民族運動の抽象的ジャコバン主義とが接近し始めたことを示すものだ。しかもギゼンガはルムンバほどの人気を有していない。また彼ほどの知性も持ち合わせてはいない。仮に元首相自身がふたたび大衆の懐に入りこみ、開化民と縁を切り、その統一政策に社会的内容を与える必要――ひと言で言えば、新植民地主義的欺瞞に対して民衆を立ち上がらせる必要――を理解したなら、どんな怖るべき事態が持ち上がるだろうか？　実を言えばここにすべての問題がある。ジャコバン主義とはプチ・ブルジョワのものであり、それは経済を政治的統合に従属させ、かくて絶えず大衆の要求と衝突し、大衆の要求を統一のサボタージュと非難するものだ。通常この対立のために、統一の運動も大衆の動きも、次々と敵に打ち破られることになる。だがジャコバン派がしばしば生きながらえることがあり得たなら――それは非常に稀なことだが――彼らは苦い体験によって目を開かれ、新たな方向に踏み出すだろう。統一は出発点ではなくて仲介の一契機となり、大衆の利害と自分たちの要求を融合する唯一の方法となるだろう。また、経済的・社会的・政治的な革命の最終目標自体が、絶えず過激化せざるを得ず、さもなければ瓦解することになるだろう。私は、カストロ政府に参加している都会の青年たち、中流階級出の元学生たちに会ったことがある。彼らはかつてバチスタに反対するジャコバン派だった。叛徒に合流したこの連中は、彼らの政治的理念を一時的に苦もなく抛棄し、ついで社会主義建設の運動を通してこれをふたたび見出した。ロベスピエールとルムンバは、このような綜合によって無敵の人物ともなり得たろうが、彼らはあまりに早く死んでしまったのだ。そのうえ一七八九年のフランスでも、一九六一年のコンゴにおいても、大部分の大衆は農村の人間だった。フランスにおいてはプロレタリアートはまだ生まれていなかった、あるいは真の発展を遂げていなかった。コンゴでは、ベルギーの温情主義がプロレタリアートを腑抜けにさせていた。いずれの場合も、真の被搾取者たちは自分らの代表を持っていなかった。また、政治家を促して搾取に対する闘争の統一を求めさせ得る組織も持ち合わせていなかった。にもかかわらず、コンゴには三百万の黒人プロレタリアが存在する。誰が知ろう、もしパトリスが生きながらえたなら、自分自身の階級に失望した彼が、その階級に対抗して彼らプロレタリアを立ち上がらせる結果になりはしなかったであろうか。彼が一度も告発しなかった例の虚構《フィクション》、《普遍的階級》というブルジョワの常軌を逸した観念も、ある条件においてはプロレタリアとの接近を容易にし得るものだった。ルムンバはコンプレックスも持たず、恥辱感も優越感もなしに、革命的運動の各地の指導者に近づくことが可能だった。この抽象的平等から光明の迸り出ることも可能だった。人が《アフリカの社会主義的使命》と名づけたもの、より明確には、新植民地主義か社会主義化かのジレンマに還元し得るもの、それを遂に理解することも彼には可能だった。可能だった。この語を、私は抽象的可能性を喚起するものとしてではなく、鉄鎖につながれながらも彼が敵に吹きこんだ恐怖感を示すものとして使用している。帝国主義は明晰だ。たとえ元の植民地原住民たちにうっかり手の内を見せたにしても、また政治的喜劇の裏に超搾取経済の維持を隠しておこうとするその意図が見抜かれたにしても、やはり帝国主義は、自分の共犯者である政治家どもに対抗して大衆が団結するであろうことぐらいは完全に承知している。コンゴの混乱はその極に達していた。にもかかわらずコンゴ人は、誰かが説明さえすれば、自分たちが敵に奉仕していることを立ちどころに理解しただろう。ルムンバは僅かのうちに知ってしまった。ベルギーが約束を裏切ったことを。ユニオン・ミニエールが、旧本国の政府に対抗して、分離を助長し、分離を支持していることを。秩序維持に派遣された国連軍兵士が、分離主義者カサヴブを保護し、中央集権主義者の首相を敵の手に委ねてしまったことを。かくて、経済を知らないと自称する一人のプチ・ブルジョワも、ほどなく厄介な結論を引き出してくることになるだろう。要するに、開化民と大会社がまず怖れたのは、ルムンバが大衆によって過激化することであり、ルムンバによって大衆が団結することだった。つまりルムンバの虐殺によって、帝国主義と黒人中産階級は新たな同盟を結んだとも言い得よう。爾来、彼らは一個の屍体によってつながれた仲だ。

だがコンゴ首相の影響力《プレステイジュ》は、国境をはるかに越えて広がっていた。彼は、統一アフリカの必然性を表明していた。それは《統一》の下に《ヘゲモニー》を隠しておくような征服国家流の統一ではない。逆に、あの脆弱な体制、すべての黒人国にルムンバ援助の義務を課するあの不撓不屈の勇気、あの宿命的な、だが不当な無力さによる統一アフリカだ。またこの〔ルムンバ援助の〕きびしい火急の義務は寛大さに発するものではなかった。何か知らぬ観念的連帯でもなかった。実を言えば、アフリカ諸国はコンゴに己れの運命、アフリカの運命を見出したのだ。新植民地主義〔を課せられた〕諸国は欺瞞《ミスティフィカシオン》を理解した、自分たちを一切の鉄鎖から解放はしたが、超搾取のみは依然としてつづけるこの欺瞞を理解した。危く《コンゴ化》を免れた他の国々は、コンゴの崩壊において、内部分裂の演ずる役割を、そのメカニズムを見出した。彼らは考えた、まだ何一つ救われてはいないのだ、アフリカ全大陸の規模で分離主義者と闘わねばならない、さもなければ全アフリカがバルカン化を免れまい、と。この意味で、ルムンバの挫折はパン・アフリカニズムの挫折だった。エンクルマは痛切きわまりない絶望を体験した。彼は七月以来、国連指揮下にコンゴへガーナの軍隊を送っていた。だが国連はガーナの抗議にもかかわらず、この軍隊をパトリス・

ルムンバに向けて使ったのだ。この経験がエンクルマに教えた、国連は〈第三世界〉の紛争に完全に客観的な裁断をくだす公平な機関ではなく、たとえ人民共和諸国、アジア・アフリカ諸国が加盟していても、至るところで、西側で、厳密に帝国主義を擁護すべく組み立てられた一機構であるということを。だが全アフリカは、アクラの人を救い得なかった屈辱感にひたりつつ、また《中立主義者》の運命をも知ったのだ。ルムンバはかつてハマーショルドの態度に激怒し、かっとしてソ連に訴え、ソ連から飛行機を送られたことがある。このとき彼は、最も厳格な中立主義の原則を適用したのであった。すなわち、その体制如何を考慮することなく、あらゆる国々と通商を行なうこと、火急の場合は、ひもつきでないという条件で有効な援助を受け容れ、または要請すること。だがこれで十分だった。布教団《ミッション》は、慌てて彼をコミュニストと名づけた。帝国主義もこれにやぶさかではなかった。呆れたことに、帝国主義は己れの術策に陥り、カトリックの父を持ち、教会で結婚し、カトリックの子を持つこの《開化民》を、クレムリンのスパイと考えたのだ。もしこの状況をよりよく判断したければ、《経済的方針も持たぬ》ジャコバン派の絶望的な訴えを、アメリカの脇腹にはりつけられた島のなかでカストロのなし得たことと比較してみるがよい。だが見誤ってはならない。カストロの勝利は彼が社会主義革命の先頭に立ったことに由来する。一方コンゴ人ルムンバの挫折、彼の名誉を失墜させ得ると人の考えた《コミュニスト》というレッテル、これらはすべて、ただ彼が国の下部構造に敢えて手をふれまいとしたことに由来するのだ。アフリカは今や理解した。《独立》政府の首長がソヴィエトに援助を要請するとき、西欧は彼を解任するということを。中立主義は、黒い大陸の諸国家が団結してこれを否応なしに押しつけない限り、空しい原則の宣言に留まるだろう。

生きて囚われの身となったルムンバ、それは大陸全土の恥辱であり、怒りである。彼はすべての者にとって現存している、彼らが満たすことも斥けることもできぬ一つの要求として。ルムンバのうちに、銘々が、強力で残忍な新植民地主義の策略を発見する。従って、何をおいてもこの状態にけりをつけねばならぬ。だが帝国主義はきれいな手を保っている。その二人の主要な代表者、カサヴブと哀れなモブッとは、民衆の手前、ルムンバの血を流さぬほうが得策だ。手をくだすのはチョンベであろう。いずれにしても、ユニオン・ミニエールと植民者《コロン》たちはチョンベをみごとに巻き添えにし、彼のほうでもあまり熱心に身売りしようと務めた故に、遠からず厄介ばらいされるだろう。人びとの手で首相にされた一黒人が自分の使命を真《ま》に受けはじめると、みなはこの男を消してしまう。そしてふたたびカサヴブに組閣を依頼する。おそらく死者は生者より邪魔にならぬだろうと期待したのだ。一人の死者は忘れ去られるものだ。彼のために何ができよう？　彼をどうしてやることができよう？　アフリカ人は〔ルムンバに加えられた〕銃剣の一撃にすっかり動顚してしまい、同胞に解放十字軍への参加を呼びかける一切の理由を失ってしまうだろう。その一撃を加えることを引き受けるのは、噂によればムノンゴだそうだ。いずれにしても以上が胸算用である。そして周知の通り、これは間違っていた。

　死んだルムンバは、全アフリカたるべく一人の人間であることをやめる。その統一の意志、多様な社会的かつ政治的体制、分裂、不和、その力と無力さとを備えた全アフリカになるために。彼はパン・アフリカニズムの英雄ではなかった。また、そうはなり得なかった。彼はその殉教者だった。彼の生涯の歴史は、万人のために、独立、統一、トラストに対する闘争が、それぞれ緊密に結びついていることを明らかにした。彼の死は警告の叫びだ――私はローマで、ファノンがルムンバの死に動顚したことを思い出す――。彼のなかで全大陸がふたたび蘇生すべく死んでゆく。アフリカ諸国は今や理解した。アクラの語ったことを、アジス－アベバ[50]はまさに実行せんとしている。アフリカ諸国は共通の軍備を発足させるだろう。それが、まだ独立を獲得していない諸国における革命闘争の支援を可能にするだろう。統一、それはすなわち戦争だ。だがまたそれが社会主義革命でもあることは、アルジェリアの影響で一部の人にますます深く理解されつつある。

コンゴは一つの戦闘に敗れただけだ。コンゴ軍（ANC）の庇護を受けて、コンゴのブルジョワジー、この裏切者と身を売った者の階級は、己れの仕事を完成し、搾取階級として構成されようとしている。資本主義的集中化が徐々に封建制を克服して、被搾取者を団結させるだろう。カストロ主義のあらゆる条件が与えられるだろう。だがキューバの人びとはマルティ[51]の記憶に敬意を払っている。マルティは、スペインに対するキューバの勝利も、またこの島がアメリカ帝国主義に屈服したことも見ずに、前世紀の終わりに死んだ。そして数年後に来るべきコンゴのカストロは、統一がかちとられるものであることを国民に知らせたいと思うなら、統一の最初の殉教者ルムンバを必ずや人びとに想起させるであろう。

「ルムンバと新植民地主義」、ルムンバ演説集への序文（プレザンス・アフリケーヌ）。

黒いオルフェ(1)

これらの黒い口を閉ざす轡《くつわ》を外したとき、君たちはいったいなにを期待していたのか。その口が君たちをほめたたえるとでも思ったのか。われわれの祖先は、彼らの頭を力ずくで地に捩じ伏せていた。その頭が再びもたげられるとき、その眼の中に君たちに対する崇拝の心でも読みとるつもりだったのか。ところが今やここにいるのはすっくと立ってわれわれを見つめている人間たちだ。願わくば私同様、この見られているという戦《おのの》きを君たちも感じて欲しい。それというのも白人は、相手に見られずに見るという特権を三千年にわたって享受しつづけてきたからだ。白人は純粋な眼差しだった。彼の眼の光は、誕生の闇の中からいかなるものでも引き出してきた。彼の皮膚の白さは、それもまた一つの眼差しであり、光の結集に外ならなかった。白人——人間である故に白く、陽の光のように白く、真理のように白く、美徳のように白い白人が、松明のように創造を照らし出し、もろもろの存在の秘められた純白の本質を露わにしていたのだ。今日では、これらの黒い人びとがわれわれを見つめており、われわれの眼差しはわれわれ自身の眼に送り返されてくる。今度は黒い松明が世界を照らし出す番だ。われわれ白人の頭はもはや風前の灯にすぎない。一人の黒い詩人は、われわれには委細かまわず、愛する女に囁いている。

裸のおんなよ、黒いおんなよ
身にまとうお前の色は生命《いのち》そのもの……
…………
裸のおんなよ、闇のおんなよ、
締まった肉の熟れた果実よ、黒葡萄酒の暗い恍惚よ(2)……

そのときわれわれの白さは、皮膚の呼吸を妨げる蒼白い奇妙なニスであり、肘と膝の擦れた白い肌着であるかに思われる。もし万一それを取り除くことができるなら、その下に人間の真の肉体、黒葡萄酒の色をした肉体が見られるのではあるまいか。われわれは、自分らこそこの世界にとって本質的なものであり、世界の収穫を司る太陽、潮の満干を支配する月であると思いこんでいた。ところが今やわれわれは、この世界に棲息する獣にすぎない。いや、獣ですらない。

町にお住みの旦那がた
非のうちどころのない旦那がた
夕べ月の光に踊ることももうできず
足の裏をさらして歩くことももうできず
夜の集いに物語を語ることももうできず(3)……

かつて神権を有していたわれわれヨーロッパ人は、ここしばらく、アメリカやソヴィエトの眼差しの下で、自分たちの権威が崩れ去るのを感じていた。ヨーロッパはすでに地理上の偶然、アジアによって大西洋にまで押し出された半島(4)にすぎなくなった。せめてアフリカ人の飼い馴らされた眼の中に、自分たちの偉大さの片鱗を認めようとわれわれは望んでいたのだった。ところがもう飼い馴らされた眼はどこにもない。あるのはただ、われわれの大陸を裁く、野生の自由な眼差しだ。

一人の黒人が彷徨している。

　　警官《いぬ》どものいる
　　やつらの大通り《ブールヴァール》の永遠の
　　果てにまで(5)……

また別の黒人が同胞にむかって叫んでいる。

　　ああ！　ああ！　ヨーロッパが蜘蛛のように、大船の指と指骨を動かしている(6)……

また、

　　このヨーロッパの夜の陰険な沈黙(7)……

そこには

……時が傷つけぬものは何もない。(8)

あるニグロは書いている。

モンパルナスとパリ、ヨーロッパとその果てしない苦悩が、
時に僕らにつきまとうだろう、思い出として、不快な気分として(9)……

そして突然われわれ自身の眼に、フランスが異国的《エグゾティック》に見えてくる。それはもう一つの思い出にすぎない、ちょっとした不快な気分、陽の光に照らされた魂の奥底にただよう一条の白い靄《もや》、起伏の多い、住むに適さぬ一後背地にすぎない。それは北極にむかって流され、カムチャッカの近くに錨を下している。本質的なのは太陽だ。熱帯の太陽、「虱のように島々の群がる」〔セゼール『太陽・蛇』より〕海、イマングのばらとイアリヴの百合〔ラヴェマナンジャラ『七絃琴』より〕、そしてマルチニック島の火山だ。存在は黒だ、存在は火だ、われわれは偶然的であり中心から遠く離れている、われわれは自己の風俗、技術、生まっちろい肌、緑青《ろくしょう》色の植物の弁解をせねばならぬ。これら穏やかな、だが腐蝕性の眼差しによって、われわれは骨の髄まで蝕《むしば》まれている。

聴きたまえ白人の世界を
厖大な務めにおそろしく疲れ果て
始末におえぬその節々《ふしぶし》がきびしい星の下にきしんでいるのを

青いはがねの強張《こわ》りが神秘の肉を貫いているのを
聴け　奴らの勝利が敗北を告げているのを
聴け　壮大なアリバイのなかに奴らが惨めによろめくのを
全知にしてナイーヴなわれらの征服者たちに哀れみを。(10)

われわれはもうお終《い》いだ。われわれの勝利は仰向けに腹をさらして、体内の臓物を、われわれの秘かな敗北を、のぞかせている。われわれを閉じこめているこの末期的状態をぶちこわそうと望むなら、われわれの人種や皮膚の色や技術などに由来するさまざまな特権をあてにすることはもうできない。あの全体性《トタリテ》——これらの黒い眼によってわれわれはそこから追放されている——に合流し得る道はただ一つ、白い肌着を脱ぎすてて、単に人間であろうと努めることだけだ。

とはいえこれらの詩は、たとえわれわれを恥じ入らすとしても、もともとそれを狙っているわけではない。それらはわれわれのために書かれたものではないのだ。この本を開く者は、植民者《コロン》であれその共犯者であれ、誰しも他人宛ての手紙を肩越しに読むような思いがするだろう。これらの黒人が話しかけているのは黒人に対してであり、しかも黒人について語るためである。彼らの詩は諷刺でも呪いでもない。それは一つの自覚である。「そうだとすれば」と君たちは言うだろう、「彼らの詩は資料《ドキュメント》として以外にわれわれに何の関係があろう。われわれはそこに入りこんでゆけないのだ」。

私がここで示したいと思うのは、いかなる道を経てこの漆黒の世界に近づき得るかということであり、一見人種的に見える彼らの詩が、究極においては、あらゆる人間の歌であり、あらゆる人間のための歌であるということだ。要するにここで私は白人たちに向かって語っているのであり、黒人がすでに承知していることを白人に説明してみたいのである。すなわち、なぜ黒人は現状況において、必ず詩体験を通じて自己を意識するのか、また逆に、フランス語で書かれた黒人詩が現代における唯一の偉大な革命詩であるのは何故か。

＊＊＊

白人のプロレタリアートが、自己の苦痛、怒り、ないしは自尊心を語るのに、詩的言語を用いることが稀であるのは単なる偶然でない。かといって私は、労働者がわれわれ〔ブルジョワ〕の子弟よりも《才能に恵まれて》いないなどとも思わない。《才能》というこの霊験あらたかな恩寵は、それがある階級のなかに別のある階級以上に普及しているなどと見なそうものなら、いっさいの意味を失ってしまう。といってまた、労働の苛酷さが労働者から歌う気力を奪っているわけでもあるまい。奴隷の仕事はいっそう苛酷だったが、われわれは奴隷たちの歌を知っているではないか。従って次のことを認めなければならない。すなわち労働者が詩による自己表現に向かうのを妨げているものは、階級闘争の現代の諸状況である、ということを。労働者は技術によって圧迫されながらも、自ら技術者たらんとしている。技術こそ労働者解放の道具となることを知っているからだ。いつの日か彼が企業を管理するようなことがあるとすれば、経済的科学的な専門知識によってのみ首尾よく務めを果たせるということを知っているのだ。詩人が〈自然〉と名づけたものについて、彼は深くまた実際的な知識を有している。だがその知識は、眼からというよりは手から入って来たものだ。〈自然〉とは彼にとって〈物質〉(11)であり、彼が道具によって働きかけてゆくもののあの受動的な抵抗であり、陰険で生気を欠いた逆行性である。〈物質〉は歌をうたわないのだ。

これと同時に、労働者の闘いの現局面は、彼に持続した実際的《ポジティヴ》な行動を、すなわち政治的計算、正確な見透し、規律、大衆の組織化などを要求している。ここでは夢想が裏切りとなるであろう。合理主義、唯物論、実証主義《ポジティヴィスム》、これら労働者の日常闘争の大きなテーマは、詩的神話の自発的創造にはもっと都合の悪いものだ。この神話の中の最後の神話、かの《偉大な夕べ》(12)すら、闘争の必然性を前にして後退した。差し迫ったことから手をつけねばならない。この地位を、またあの地位を勝ち取り、この給料を上げさせ、この同情ストを行ない、インドシナ戦争反対のこの抗議をなすことを、決定せねばならない。ただ有効性だけが重要なのだ。おそらく、被抑圧階級はまず自己を意識せねばならないだろう。しかしこの自覚は、自己の内部への再降下とはまさしく正反対である。それは行動の中で、行動を通じて、生産ないしは富の配分の状態から定義され得るプロレタリアートの客観的状況を認識することなのだ。労働者は、万人にまた各人に加えられる抑圧によって、共通の闘いによって、結びつけられ単純化されており、内的矛盾というものを少しも知らない。それは芸術作品の母胎にこそなるが、実践には障害となる。彼らにとって自己を知るとは、周囲の強大な力関係の中に自分を状況づけることであり、自分が階級の中で占めている正確な位置と、〈党〉の中で果たしている役割とを見きわめることだ。彼らの用いる言語そのものが、〈詩的言語〉(Verbe poétique) を創るに必要なあのネジの弛み、たえず感じられるどこか不適切な表現、伝達におけるあの間隙、といったものを欠いているのである。仕事に際して労働者は、技術的な、ぴたりと意味の定まった用語を用いる。革命的な政党の用いる言語について、パラン(13)は、それが実用的《プラグマティック》であることを示している。つまり、命令や指令や情報を伝達するのに役に立つのである。もしその厳密さが失われたら〈党〉は解体する。これらはすべて、主観を次第にきびしく排除する方向に向かう。ところが、詩はつねに何らかの面で主観的なものでなければならない。プロレタリアートに欠けていたのは、主観性に源を発しながらしかも社会的であるような詩である。主観的であるまさにそのかぎりにおいて社会的であるような詩、言語の蹉跌の上に築かれ、にもかかわらずもっとも明確な指令や、あるいはソヴィエト・ロシヤに通ずるあらゆる戸口に見られる「万国のプロレタリアよ、団結せよ」という言葉に匹敵するほど、心を昂揚させ、かつ皆に理解され得るような詩である。これが欠けているために、未来の革命の詩はいまだに、心理的矛盾、理想と出身階級との二律背反[14]、ブルジョワの古びた言語の不確実さなどから発想を得る、善意あるブルジョワ青年たちの手ににぎられているのだ。

白人の労働者と同じく、ニグロもまたわれわれの社会の資本主義的構造の犠牲者である。この状況は、皮膚の差を越えて、黒人が彼同様に抑圧されているある種の階級のヨーロッパ人と緊密な連帯関係にあることを露わにする。また、皮膚の色素形成が単なる偶然事と見なされるような、特権なき社会を築く企てへと黒人をかりたてる。しかし、たとえ抑圧が一つものであるにしても、それは歴史や地理的諸条件に応じて状況化されている。黒人は黒人として、すなわち植民地原住民ないしは強制的に連れ去られたアフリカ人として、抑圧の犠牲なのだ。しかも、人種によって、人種の故に、抑圧されているのだから、まず黒人が持たねばならぬのは自己の人種の意識なのである。数世紀のあいだ、ニグロであるという理由で、彼を動物の状態に引き下げようと空しく努めてきた連中に対して、黒人は自分が人間であることを認めさせねばならない。ところでここには、逃げ道も、ごまかしも《人種越境[15]》も、考慮の余地がない。白人の中の白人であるユダヤ人なら、ユダヤ人であることを否認し、自分も人間の中の人間であると宣言することができる。ニグロはニグロであることを否認することもできなければ、ある無色で抽象的な人類となる権利を要求することもできない。彼は黒いのだから。かくして黒人は原本的な態度[16]をとるべく追いつめられる。辱かしめられ、抑えつけられていた彼が、昂然と身を起こし、石のように投げつけられた《ニグロ》という言葉を拾い集める。白人の眼の前で、誇らしげに黒人としての復権を要求する。すべての被抑圧者を同じ闘いの中に結びつける最終の統一は、植民地においては、この分離ないしは否定の瞬間〔契機〕と私が名づけるものによって先立たれねばならない。この人種主義《ラシスム》に反対する人種主義《ラシスム》（racisme antiraciste）こそ、人種差の撤廃に通じ得る唯一の道である。どうして別の道があり得よう。自己の土地においてすら黒人たちは団結し組織されてもいないのに、はるか彼方で自分の闘いに没頭している白人プロレタリアートの助けなど、どうしてあてにできようか。その上、明らかに異なった条件の下に同一の根深い利害を見出すには、なみなみならぬ分析作業を必要としてはいないか。白人労働者は、心ならずも幾分か植民地体制から利益を得ているのだ。彼らの生活水準がいかに低かろうと、植民地体制がなかったならばそれはさらに低くなるだろう。いずれにせよ白人労働者は、ダカールやサン・ルイ〔共にセネガルの町。ダカールは現在首都〕の日雇労働者ほどにこっぴどく搾取されているわけではない。さらにまた技術整備と工業化の進んだヨーロッパ諸国では、社会主義化の諸措置がただちに適用されると考えることも可能である。一方セネガルやコンゴから見ると、社会主義は何と言っても美しい夢のように思われる(17)。黒人の農民たちが、自分らの直接的かつ地域的な要求も必然的にこの美しい夢に至るものであることを覚るためには、まず彼らが協力してこの要求を定式化することを知らねばならない。つまり黒人がそれぞれ自己を黒人と見なすことが必要なのである。

　しかしこの自覚は、マルクス主義が白人労働者のうちに眼覚めさせようとするものとは性格を異にする。ヨーロッパの労働者の階級意識は、利潤と剰余価値の性質、労働手段の所有にかんする現在の諸条件、ひと口に言えば彼らの状況の客観的性格の上に向けられている。これに反して、白人が黒人に対してさらけ出す侮蔑——ブルジョワが労働者階級に対するときの態度にはこの侮蔑に当たるものは見られない——は、黒人の心の奥底に狙いを定めているのだから、ニグロは黒人の主観性についてのより正当な見解をこれに対立させねばならない。従って人種意識はまず黒人の魂の上に向けられる。というよりはむしろ――この詞華集の中で始終くり返される言葉であるからそれを使うなら――、ニグロの思想と行為に共通するある種の特質、ネグリチュード(négritude)(18)と名づけられるものの上に向けられるのだ。

ところで、人種概念を構成するには二つの方法しかない。何らかの主観的な性格を客観性へと移行させるか、あるいは客観的に指摘しうる行為を内面化しようと努めるかである。たとえば、革命運動のなかでネグリチュードの復権を求める黒人は、アフリカ文明のうちに客観的に確認されている特徴を自己の内部に見出そうと欲するにせよ、あるいは自己の心の深みに黒人の〈本質〉を発見しようと望むにせよ、一挙に〈反省〉の次元に身をおくことになる。こうして、白人労働者が絶ち切らざるを得なかったあの主観性、自己の自己に対する関係であり、あらゆる詩の源泉である主観性が再び姿を現わす。自分自身を意識せよと有色の兄弟たちに呼びかける黒人は、ネグリチュードの典型的なイメージを彼らに提示しようと努めるだろうし、そのネグリチュードを把えるべく自分の魂を振り返って見るだろう。同時に灯台でもあれば鏡でもあろうと意欲するだろう。最初の革命者とは、黒人の魂を告げる者、自分のネグリチュードをもぎとって人びとに差し出してみせる先触れである。半ば予言者、半ばパルティザン、要するに《vates》〔ラテン語で《予言者》、《詩人》の意〕という言葉の明確な意味における詩人であるだろう。その上黒人詩は、いわゆる心情の吐露とはいかなる共通点もない。それは機能的であり、この詩を正確に限定する一つの欲求に応えている。白人の書いた現代詩の詞華集に眼を通してみたまえ。詩人の気分や関心に応じ、境遇や国籍に応じて、無数の異なった主題が見出されるだろう。私がいま紹介する詞華集には、ただ一つの主題しかない。でき栄えの良し悪しはあれ、すべての詩人がこの主題を扱おうと努めている。ハイチ〔西インド諸島ハイチ共和国〕からカエンヌ〔南米、仏領ギアナの首都〕に至るまで、狙いはただ一つ、黒人の魂を表明することだ。ニグロの詩は福音的である。それは良き報せを、ネグリチュードが再び見出されたことを、告げているのだ。

ただし詩人たちが底知れぬ深みから拾いあげようとしているこのネグリチュードは、ひとりでに心の視線にとらえられるものではない。心の中には何も与えられていないのだ。黒い魂の先触れは、白人学校を経てきたのだが[19]、そこでは鉄の法則によって、抑圧者から盗みとりでもせぬかぎりいっさいの武器は拒否されている。彼のネグリチュードは、白人文化とぶつかったために、直接的〔非反省的〕な在り方から反省状態に移ったのである。しかし同時に、彼は幾分かネグリチュードを生きるのをやめてしまう。自分がいかなる存在であるかを見ることを選んだため、彼は二重になり、自分自身ともう一致しなくなったのだ。また逆に、自己自身からすでに追放されていたからこそ、彼は〔黒人の魂を〕表明するというこの義務を見出したのだ。従って彼は追放から出発する。それも二重の追放だ。肉体の追放は、心の追放の見事なイメージを提供している。彼はほとんどいつもヨーロッパに、寒気の中に、灰色の群集のただ中に住んでいる。そしてポール・ト・プランス〔現在ハイチ共和国の首都〕を、ハイチを、夢見ているのだ。しかしそう言うだけでは十分でない。ポール・ト・プランスにおいても彼はすでに追放されていた。奴隷商人たちが彼の先祖をアフリカの大地から引き離し、散り散りにさせたのだ。そこでこの書のすべての詩は、（アフリカで書かれたものを別にすれば）同一の神秘的な地理をわれわれに提供してくれることになる。それは一つの半球だ。一番下に、三つの同心円の第一のものに沿って、追放の土地、青白いヨーロッパが拡がっている。ついで現われる、まぶしく輝く第二の円は、西インド諸島であり、幼年期だ。それらがアフリカをとりまいて輪舞を踊っている。最後の円がアフリカだ。世界の臍、すべての黒人詩の極であるアフリカ、めらめらと燃え上がり、蛇の皮のようにつやつやとしたまばゆいアフリカ、火と雨、酷熱と密林のアフリカ、焔のようにゆらめく幻影のアフリカ、存在と無のあいだで、「警官《いぬ》どものいる永遠に続く大通り《ブールヴァール》」よりもはるかに真実で、しかし不在の、その黒い光でヨーロッパを崩壊させながらも、眼に見えず手の届かぬアフリカ、想像の大陸アフリカだ。黒人詩は今や前代未聞のチャンスを迎えた。それというのも植民地原住民は、追放、奴隷制、一対《カップル》をなすアフリカ—ヨーロッパ、黒人と白人という世界のマニ教的な大分割など、誰の眼にも明らかな壮大な表象《シンボル》を見出すことに心を砕いており、ただそれらを絶えず深め、考察するだけで事足りるからである。

　以上述べてきた祖先以来の肉体の追放は、いま一つの心の追放を写し出している。黒人の魂とは一つのアフリカだ。ニグロはそこから、白人の文化と技術の冷やかなビルディングのさなかへと追放されている。しかと現存しながらも隠されているネグリチュードが、彼につきまとい、彼を掠める。彼は絹のような自分の翼〔ネグリチュードを指す〕でわが身を掠めるのである。それはぴくぴくと震え、彼を貫いていっぱいに張り拡げられる。彼の奥深い記憶と、この上なく高い要請のように。葬り去られ裏切られた彼の幼時、彼の種族の幼時、大地の呼び声のように。もろもろの本能のひしめきと、〈自然〉の分割できぬ単一性のように。祖先たちの純粋な遺産のように。彼のばらばらになった人生を接合するはずの〈道徳〉のように。しかしひとたび彼がふり返って、ネグリチュードを直視しようとすると、それは煙のように消え去り、彼とネグリチュードとのあいだに白人文化の壁がそびえ立つのである。奴らの学問、奴らの言葉、奴らの風習が。

　　返しておくれわたしの黒い人形を　その人形と一しょにわたしが

本能の素朴《ナイーヴ》な遊びを遊べるように
本能の掟の蔭にとどまり
勇気と
大胆さをとり戻す
きのうのわたしと異なった
新しいわたし自身を感じる
　きのう
　　こみ入ったこともなかった
　　　　　　きのう
そのとき根こぎにされる時刻がやって来た……
………………
やつらが押し入った空間はわたしのものであったのに[20]……

しかしながら、牢獄そのものである文化の壁は、断じてうち破らねばならない。いつかは必ずアフリカに立ち戻らねばならない。かくてネグリチュードの詩人（vates）のうちには、帰郷のテーマと、黒い魂の輝かしい〈地獄〉に堕ち行くテーマが、分かちがたく混ざり合うことになる。これは探索であり、どこまでも殻を脱ぎ捨てることであり、苦行であって、絶えず深く掘り下げてゆく努力を伴っている。そこで私はこの詩を《オルフェ的》と名づけようと思う。なぜなら、自分自身の内部に倦まず弛まず降下してゆくこのニグロは、プルートーン〔冥界の神。ハーデースとも呼ばれる〕に対してエウリュディケーの返還を求めにゆくオルフェを思わせるからである。[21] かくして——それは例外的な詩的幸運だが——忘我の状態に身を委ね、自分自身に憑かれたように地をころげまわり、怒りや悲歎や嫌悪の念を歌にこめ、自分の受けた傷や、《文明》と古来の黒人の生地とのあいだに引き裂かれた自分の生命を提示し、一言にして言えばもっとも抒情的な自己を示すことによって黒人の詩人はもっとも確実に集団の詩に到達するのである。自分のことだけを語りながら、彼はすべてのニグロのために語っている。彼がもっとも革命的な姿を示すのは、蛇のようなヨーロッパ文化にがんじがらめに窒息させられたように見えるときである。というのも、そのとき彼はヨーロッパから得たものを片はしから破壊しようと企てるからであり、精神のこの解体作業は、黒人が自らの鎖を断ち切る未来の壮大な武装蜂起を象徴しているからである。このことを明らかにするには、ただ一つの例を示すだけで十分だ。

十九世紀において、少数民族の大部分は、独立のために闘うと同時に自分らの民族言語（langues nationales）を復活させるべく情熱を傾けてきた。アイルランド人である、ハンガリア人である、と言い得るためには、おそらく経済的政治的に広汎な自治権を持つ集団に属している必要がある。しかしまたアイルランド人であるためには、アイルランド人として考える必要があり、それは何よりもまず、アイルランド語で考えることを意味している。ある社会の特色は、その社会が用いる言語（langage）の翻訳不可能な語法に正確に対応する。ところでヨーロッパの庇護を撥ね除けようとする黒人の努力を抑制しかねない危険は何かと言えば、ネグリチュードの告知者たちが彼らの福音をフランス語でしたためることを余儀なくされている、という事実だ。奴隷売買によって世界の隅々に四散させられた黒人は、共通の言語を持っていない。そこで被抑圧者の結束をうながすために、抑圧者の言葉に頼る必要が生ずるのだ。黒人の歌い手にもっとも多くの黒人聴衆を提供するのは、少なくともフランスの植民地にかんするかぎりフランス語であろう。フランスの空のように青白く冷たく、鳥肌のこの国語、マラルメが「この国の天分は、強烈すぎるいっさいの色彩や不調和な色の取り合わせを柔らげることを要求するが故に、それはすぐれて中性的な国語である」と語ったこの国語、彼らにとっては半ば死んだも同然のこの国語、その中に、ダマ、ディオップ[22]、ラロ[23]、ラベアリヴェロ[24]は、彼らの空と心情の火を流しこもうとしている。この国語を通じてのみ彼らは意志の疎通ができる。ラテン語によってしか理解しあえなかった十六世紀の学者たちにも似て、黒人たちは、白人が所きらわず陥穽を設けた土地の上でしか出会うことができないのである。植民地原住民のあいだに植民者《コロン》が、永遠の媒介者たらんと割りこんで来たのだ。植民者《コロン》はそこにいる、つねにいる、たとえ不在であってもそこにいる、極秘の集会の中にまで。そして言葉は観念である以上、ニグロが、フランス文化を拒否するとフランス語で宣言するとき、彼は一方の手で斥けるものを他方の手でつかんでいるのであり、自分のうちに敵の思考器具を、粉砕機のように据えていることになる。それもたいしたことではないかも知れない。だが同時に、異なった時代に、何千里も離れた場所で、別の欲求に応えるべく、また別の対象を指示すべく作り出されたフランス語の語法《サンタックス》や語彙は、黒人に、自己を語り、自己の懸念や希望を語る手段を、提供することができないのである。フランス語とフランスの思考は分析的である。そして黒人の精髄が何よりもまず綜合にあるとしたら、どういうことになるのか。《ネグリチュード》というかなり見苦しいこの用語は、黒人がわれわれの辞書にもたらした数少ない寄与の一つである。だがもしこの《ネグリチュード》が定義可能な概念であり、あるいは少なくとも記述可能な概念であるとすれば、それは他のもっと基本的な、ニグロの意識の直接条件に対応する概念を包摂しているに違いない。しかるにそれらの概念を指示し得る言葉がどこにあろう。左にかかげるハイチの詩人の歎きが何とよく理解されることか。

自分の使う言葉にも、習慣にも
応えようとしないこの執拗な心、
その心の上に　かすがいのように、
借り物の感情とヨーロッパの習慣が、
喰いこんでいる。君たちに感じられるか、
セネガルからやって来たこの心を、
フランスの言葉で手なづけるという
たとえようのないこの苦しみとこの絶望が。[25]

とはいうものの、黒人が《外国》語で自己を表現しているというのは真実でない。彼はごく幼い頃からフランス語を教えられており、技術者として、学者として、あるいは政治家として考え始めるや否や、まったく楽々とフランス語をこなし得るのだから。むしろここでふれるべきは、黒人が口を開いて自己を語り始めると、彼の言いたいことと実際に言うこととが、わずかに、だが絶えざるずれによって隔てられてしまうということだろう。黒人には、北方の〈精霊〉が自分から思想を盗みとり、それをやんわりと屈折させ、彼が望んでいた以上、ないしは以下のことを意味させてしまうように思われる。砂が血を飲み干すように、白人の言葉が自分の思考を飲みこんでしまうように思われる。もし彼がとつぜんわれに帰り、思考を集中し、距離をおいて見るならば、単語《ことば》（vocables）は半ば記号半ば事物という異様なさまで、彼の面前に横たえられる。黒人はけっして、絶えず的を射あてるような的確かつ効果的な言葉で、ネグリチュードを語ることはないだろう。けっして散文でネグリチュードを述べはしないだろう。しかし、直接の表現手段と見なされる言語を前にしたときのこの蹉跌の感覚が、あらゆる詩体験の起源にあることは、誰しも知るところだ。

じっさい、散文の蹉跌に対する語り手の反応こそ、バタイユ[26]が言語の全燔祭と名づけているものである。言霊《ことば》（verbe）と〈存在〉とのあいだをある種の予定調和が支配していると信じているうちは、われわれは言葉を見ることなく、盲目的にそれを信頼している。つまり言葉は感覚器官であり、口であり、手であり、世界にむけて開かれた窓なのだ。最初の蹉跌と共に、この饒舌はわれわれの外部に転がり落ちる。仕掛けがすべて見えてしまう。それはもう、調子を狂わせひっくり返った装置にすぎず、その長い腕だけがまだ振り動かされ虚空を指し示している。われわれは命名するという企ての愚かさ加減を一挙に知らされる。言語が本質的に散文であり、散文は本質的に蹉跌であることを理解させられる。存在は沈黙の塔[27]のごとくにわれわれの前にそそり立つ。これをなお捉えようとするならば、それは沈黙によってのみ可能である。「黙した対象を、とくに闇の中で、同等の沈黙に還元され得る、暗示的な、断じて直接的でない言葉によって喚起すること」[1]。詩が存在を暗示するための呪文の試みであり、それは震えながら消滅してゆく言葉の内部で、またその言葉を通じて果たされることを、これ以上巧みに言い得た者はない。詩人は、言語による表現能力の欠如（impuissance verbale）を強調し、言葉を狂気の言葉とすることによって、ひとりでに消滅してゆくあの混沌の彼方に、巨大な沈黙の密度をわれわれに想起せしめている。われわれは口を閉じることができない以上、言語によって沈黙を作り出さなければならない。マラルメからシュールレアリストに至るフランス詩の深い目的は、この言語の自己破壊にあったように思われる。詩とは、狂気の円を描いて言葉がぶつかり合うほの暗い部屋である。空中衝突である。言葉は相互に火をつけあって燃え上がり、焔と化して落下してゆく。

以上の展望《パースペクティヴ》のもとにこそ、黒人の福音説教者《エヴァンジエリスト》たちを位置づけねばならない。植民者《コロン》の用いる策略に対し、彼らは逆の、しかし同じような策略を以て応ずる。彼らが話す国語《ことば》（langue）の内部にさえ抑圧者が姿を現わす以上、彼らはこの国語《ことば》を破壊せんがためにこれを話そうとするだろう。ヨーロッパの現代詩人は、言葉を非人間化し、これを自然に還元しようと努めている。ところが黒人の先触れは、言葉を非フランス化しようとする。言葉を挽き砕き、従来の言葉の結合を断ち切り、強引にこれを組み合わせようとするのである。

毛虫の雨がちょこちょこ
ひとロミルクがちょこちょこ
軸承け球がちょこちょこ
地震がちょこちょこ
地面の中の山いもは星から星へと大またに歩く 2

言葉がその白さを吐き出すときにのみ黒人の詩人はこれを受け容れ、崩壊に瀕したこの国語から、神聖かつ荘厳な超言語（superlangage）を、つまり〈詩〉を作り出す。〈詩〉によってのみ、タナナリヴ(28)やカエンヌの黒人、ポール・ト・プランスやサル・ルイの黒人は、立会人なしで互いに意志を疎通し得るのである。フランス語がネグリチュードを定義するにふさわしい用語と概念を欠いており、ネグリチュードとは沈黙であるゆえに、彼らはこれを喚起するために「同等の沈黙に還元され得る、暗示的な、断じて直接的でない言葉」を用いるだろう。言葉がショートをおこすのである。めらめらと燃え上がりながら落下してゆく言葉の背後に、われわれは黒い無言の巨大な偶像を垣間見る。つまり詩的に見えるのは、自分の姿を描こうという黒人の目的だけではない。彼の持つ表現手段の固有の使用法が、また詩的なのである。彼の状況がそうさせるのである。歌おうと思う以前に、すでに白人の言葉が発する光は、彼の内部で屈折し、偏光を生じ、変質している。この点がもっとも顕著に示されるのは、《黒－白》という対になる二語の使い方だ。この二語は《昼と夜》という宇宙の大分割と同時に、原住民と植民者《コロン》という人間の葛藤を包含している。しかしこれは階級づけられた《イエラルシゼ》一対である。これをニグロの手に渡すとき、〔白人〕教師はそれだけでなく、黒人に対する白人の優先を認める数多くの言語習慣をも引き渡す。ニグロは潔白を意味するのに「雪のように白い」と言うように学ぶだろう。眼差しの、心の、罪の、黒さ〔卑劣さ〕について語ることを学ぶだろう。この階級制《イエラルシー》を覆そうと執拗に努めぬかぎり、口を開くや否や彼は自分を責めたてることになる。そしてもしフランス語でこれを覆すなら、彼はすでに詩の領域にいる（poétiser）のだ。かりに「潔白の黒さ」とか「美徳の暗闇」というような言い回しを想定すれば、われわれはどんなに奇妙な味を覚えることだろうか。ところでこの書物のすべてのページでわれわれが味わうのは、まさにそれなのだ。たとえば次のような詩を読むとき。

まるく突き出て輝く　黒いサテンのお前の乳房
…………
闇の顔のなかに埋まる
二つの眼の
白い微笑み

この夕べ　それらがわたしのうちに眼覚めさせる
鈍いリズムを
…………
黒い裸の
姉妹《きょうだい》たちが
かなたギニアの国でこのリズムに酔いしびれている
この夕べ
それらがわたしのうちに惹き起こす
官能のときめきを重くはらんだニグロの黄昏《たそがれ》を
なぜなら
祖先の眠る黒人の国の魂が
この夕べ
お前のくぼんだ腰に沿い不安な力で
生き　語りかけてくるからだ……(29)

この詩篇全体を通じて、黒は色だ、いやそれ以上だ、黒は光だ。柔らかに拡がるその輝きは、われわれの習慣を溶解してしまう。祖先の眠る黒人の国は暗黒の地獄ではない。それは太陽と火の土地である。しかし他面、黒人に対する白人の優越は、単に植民者《コロン》が原住民に対して有していると称する優越を表わしているだけではない。それ以上に、昼に対する一般の崇拝と、これまた一般的な夜の恐怖とを、深く示しているのだ。この意味において、黒人は今しがた覆そうとしていたあの階級制《イエラルシー》を再建しているわけである。彼らは夜の詩人、言いかえれば空しい反抗と絶望の詩人であろうとは、夢にも思わない。彼らは暁を告げるのである。彼らは謳歌する、

新たな日の透明な暁(30)

を。だがとつぜん、彼らの筆の下で、黒が再び不吉なしるしとしてその意味をとり戻す。

悲惨のように真黒なニグロ(31)。

と彼らの一人は絶叫する。また他の一人も。

われを救え　わが血にまみれた夜のさ中から(32)……

このように黒という言葉は、悪全体、善全体を同時に含むものとなる。この言葉のうちには、互いに矛盾しあう二つの等級、太陽にもとづく階級性《イエラルシー》と人種的階級性《イエラルシー》とのあいだにある、ほとんど堪えがたい緊張が含まれている。この緊張のなかで、デュシャン(33)やシュールレアリストたちの手になる、自己破壊的な対象《オブジェ》にも似た驚異的な詩を、この黒という言葉が獲得するのである。白の持つ秘められた黒さ、黒の持つ秘められた白さというものがあり、存在と非存在との凍りついたきらめきがある。次のセゼールの詩以上に

それが巧みに表現されたものはない。

額に小石を受けて傷ついたわたしの大きな立像　非情な肌をした無頓着なわたしの大きな昼の肉体
昼の肌をしたわたしの大きな夜の肉体……[34]

詩人はさらに先へ進むだろう。彼は書いている。

否定作用の真の力のように美しいわたしたちの顔……[35]

ロートレアモンを思わせるこの難解な雄弁の背後に、黒い皮膚に意味を与え、夜の二つの相の詩的綜合を実現しようとする、もっとも大胆かつ繊細な努力が認められる。ダヴィッド・ディオップがニグロについて「悲惨のように真黒な」と言うとき、彼は黒人を光の完全な欠如として提示している。しかしセゼールはこのイメージを発展させ、掘り下げる。夜はもはや不在ではなく、拒否となる。黒は一つの色ではない。それは白い太陽から落ちてくるあの借り物の光の破壊なのだ。ニグロ革命家はまったき欠如たらんと意欲するがゆえに否定そのものとなる。自己の〈真実〉を構築するために、彼はまず他人の〈真実〉を破壊せねばならない。黒い顔、われわれ白人の昼につきまとうこれら夜の汚点《しみ》は、諸概念を忍耐強く蝕んでゆく〈否定性〉の闇の作業を具現している。かくして一種の反転作用——それは奇しくも、辱かしめられ侮られた黒人が、反転して《汚らしい黒ん坊》としての復権を要求する姿を思い起こさせる——によって、まさにこの闇の否定相が闇の価値を基礎づけるものとなる。自由が夜の色となるのだ。

破壊、言語の火刑、魔術的な象徴主義、相対立《アンビヴァランス》する諸概念など、そこには現代詩全体が否定的な相のもとに認められている。とは言えこれは無償の遊戯ではない。黒人は、そのおかれた状況、根源的な《裂け目》[36]（déchirure）、同化という名のもとに外来の思想が押しつけてくる疎外〔他有化〕などのために、否応なしに、少しずつ苦行を通じて、言説の宇宙の彼方にニグロとしての実存的統一を、あるいはこう言った方がよければ黒人の投企《プロジェ》の根源的な純粋さを、回復すべく義務づけられている。ネグリチュードは自由と同様、出発点でもありまた最終目標でもある。ネグリチュードを直接〔非反省〕的状態から間接〔反省〕的状態へと移行させること、これを措定する（thématiser）ことが問題なのだ。つまり、プラトンの哲学者が真理をになって再生するため肉体において死ぬように、黒人は、黒い魂をになって再生すべく白人文化において死んで行くのである。原点へのこの弁証法的かつ神秘的な復帰は、当然一つの方法を内に含んでいる。しかしこの方法は、一握りの精神指導の規則[37]としては提示されない。方法は、これを適用する者と一体をなす。継起的なさまざまな変化の弁証法的法則によってこそ、ニグロはネグリチュードの中で自分自身と合致するに至る。それは彼にとって、認識することでも、恍惚のさ中に己れを己れ自身から引き離すことでもなく、自分がそうであるところのものを発見し、同時に、そのものとなることなのである。

実存のこの根源的単一性、その一点に向かって接近するには二つの道がある。客観的な道と主観的な道だ。この詞華集の詩人たちは、ある場合には第一の道を、別な場合には第二の道を通るが、ときには両者を共に用いている。じじつ、アフリカの住民の風俗、技芸、歌謡、舞踊などによって表現される、客観的なネグリチュードというものが存在する。詩人は、手放しで原始の律動《リズム》に魅惑されることを、また黒人詩の伝統的な形式の中に自己の思想を流しこむことを、精神の修練[38]として自らに命ずるだろう。ここに集められた詩篇の多くは、太鼓《タムタム》を名乗っている。それらが、あるときは乾いた規則正しい、またあるときは急流のように躍動する衝撃の律動《リズム》を、夜の太鼓の奏手から借りてきているからである。そのとき詩行為は魂の舞踊となる。詩人はイスラムの托鉢僧のごとく、意識を失うまでぐるぐるまわり続ける。[39]彼は祖先たちの時を自分のうちに据えてしまい、それが奇妙な調子で〔タムタムの暗示〕ぐいぐいと流れるのを感じる。この律動的な流れの中で、自分を見出そうとする。自分の民族のネグリチュードが、自分にのりうつるように努めているのである。打ち鳴らす太鼓《タムタム》の響が、自分のうちに眠っている太古の本能を眼覚めさせてくれるようにと期待しているのである。読者はこの選集を繙くとき、ソネやオードがわれわれの詩のジャンルだったように、タムタムが黒人詩の一ジャンルとなりつつあるという印象を持たれるだろう。またある詩人たちは、[40]たとえばラベマナンジャラのように、国王の布告書から霊感を得、また別の詩人たちは民衆的なハインテニから着想を汲むだろう。このリズムと歌と叫び声の大渦の中心にある凪、それは素朴な壮重さを備えたビラゴ・ディオップの詩である。彼の詩だけが静止している。それは彼の詩が、直接にグリオ[41]の物語と口碑に発しているからだ。他のほとんどすべての試みは、なにか引きつった、張りつめた、絶望的なものをとどめている。それらの試みが、民間伝承《フォークロア》の詩から生じたというよりも、そこに再び合流することを目指しているからだ。しかし、「祖先の眠る黒い国」からいかに遠く隔たっていようとも、黒人はわれわれよりも、マラルメのいわゆる「言葉が神々を創り出す」偉大な時代にはるかに近い。西欧の詩人にとって、民間の伝説と結びつくことはほとんど不可能である。一〇世紀ものあいだ勿体ぶった詩が続いてきたため、詩人たちは民間の伝説から切り離されてしまい、その上、民間伝承《フォークロア》的な霊感は涸れつきてしまった。われわれにできることは、たかだかその簡潔さを外から模倣することぐらいだろう。これに反してアフリカの黒人は、まだ豊かに神話を生み出す偉大な時期に生きている。それにフランス語で書く黒人詩人たちは、われわれがシャンソンに興じるような具合にこれらの神話に打ち興じているわけではない。彼らは、呪文によってネグリチュードが壮大に喚起され姿を現わすようにと、自ら神話にとらえられるがままになる。そこで私は、この《客観詩》の方法を、魔法あるいは呪縛と名づけようと思う。

セゼールはこれと逆に、後ずさりしながら自己に立ち戻ることを選んだ。もし黒いオルフェが振り向けば、このエウリュディケーは煙となって消えてしまうだろうから、オルフェは洞窟の奥に背を向けたまま自分の魂の王道を降りて行くだろう。言葉と意味の下に降りてゆくだろう――「お前のことを考えるために、言葉はそっくり質屋に入れた」〔セゼール『無意識の結晶体』より〕――、日常的な行動と《反復》の地平の下に、最初にふれた反逆の暗礁のさらに下にまで、背を向け、眼を閉じて降りて行き、ついに素足で夢想と欲望の黒い水にふれ、そこに溺れてしまうだろう。そのとき欲望と夢が湧き上がって、高潮のように響きわたるだろう、言葉を漂流物のように弄《もてあそ》び、粉砕して、ごたごたに岸の上に抛り上げるだろう。

> 言葉たちが自らを越えてゆく　まさしく高さと低さで分離され得ぬひとつの空ひとつの大地に向かって、同様に古い地理ではどうにもならぬ……　反対に、奇妙にも呼吸可能のものが　階段状にしかも水平[42]に実現する。白くて黒、昼であって夜、固体であって液体の有機体が、泡立つ気体の水平面に実現する。

ここにはシュールレアリストの使い古した方法が認められる（自動記述も神秘主義と同様に一つの方法なのであり、修業や練習や始動を前提としているのだ）。現実や常識や理屈っぽい理性の皮相の衣の下に身を沈めて、魂の奥底にふれ、太古から潜む欲望の力を呼び起こさねばならない。この欲望こそ人間を、すべてに対する拒否であると共にすべてに対する愛たらしめる。この欲望こそ、自然の法則と単なる可能事を真向から否定するものであり、奇蹟への呼びかけである。この欲望こそ、その法外な宇宙エネルギーによって、人間をたぎりたつ〈自然〉の懐に再び沈めながら、同時に、不満こそ人間の権利であるという確認を通じて、人間を〈自然〉の上に引き上げる。だがまたセゼールは、この道に分け入った最初のニグロではない。彼以前に、エティエンヌ・レロ(43)がすでに『正当防衛《レジテイム・デファンス》』(44)誌を創刊していた。サンゴールは言う、「『正当防衛』は一雑誌という以上に文化運動であった。《西インド諸島》の社会のマルクス主義的分析から発したこの運動は、これらの島に住む人間が、三世紀にわたって最下層の動物的状態にとどめおかれたアフリカ・ニグロ奴隷の子孫であることを見出した。シュールレアリスムだけが彼らをタブーから解放し、彼らの総体《アンテグラリテ》を表現できる、と『正当防衛』は主張していた」〔『詞華集』の中の解説より〕。

しかし、レロとセゼールを比較する者は、まさに彼らの相違にこそ打たれないわけにはゆかない。またこの比較は、白人のシュールレアリスムと革命的一黒人によって活用されたシュールレアリスムとが、どんなに深い淵で隔てられているかをわれわれに推測させる。レロは先駆者であった。彼はシュールレアリスムを《奇蹟の武器》〔セゼールの詩集の名〕として、探求の道具、深海の底に向かって発せられる一種のレーダーとして活用することを考案した。しかし彼の詩は高校生の宿題を思わせ、完全な模倣にとどまっている。それは「自らを越え」ないどころか、逆に自分の上に殻を閉ざしている。

年を経た髪の毛が
空っぽの海底を木の枝にはりつける
そこではお前の身体も思い出にすぎず
春は爪の手入れをする

おれたちには用もないあの家々の上に
遠く投げられたお前の微笑みのスクリュー。(45)

「お前の微笑みのスクリュー」、「爪の手入れをする春」。われわれがこの条りに認めるのは、シュールレアリスム的イメージの気取り《プレシオジテ》と無償性である。《骰子一擲》〔マラルメ〕が存在の隠れた様相を引き渡してくれることを――さして信じもせずに――漠然と期待しながら、かけ離れた二つの表現のあいだに橋をかけようとするおきまりの手法である。この詩篇のうちでも、またその他の詩篇でも、私にはレロが黒人の解放を要求しているとは思えない。彼が主張しているのは、たかだか形の上での想像力の解放である。このまったく抽象的な遊戯においては、言葉のどんな結合も、ほんの少したりともアフリカを喚起してはいない。詞華集からこれらの詩篇をぬきとり、作者の名を隠して見たまえ。そのとき、黒人であれ白人であれ、これらの詩を『シュールレアリスム革命』(46)なり『ミノトール』(47)なりに寄稿するヨーロッパ人の作としない人があろうとは、とうてい思われない。というのも、シュールレアリスムの意図は、人種や社会条件のかなた、階級のかなた、言葉の炎焼の背後に、静まり返った、目映ゆいばかりの闇を――昼と夜をはじめすべての反対物がその闇のうちで互いに溶けあい消しあってしまう結果、もう何ものにも、光にさえも対立しなくなった闇を――、見出そうとすることにあるからだ。従って、高踏派《パルナス》(48)に無感動性、非人格性があるように、シュールレアリスムの詩の無感動性、非人格性について語ることもできるだろう。

セゼールの詩は、レロとは逆に、炸裂し、火箭のように旋回する。そこから発する光の輪は、回転し、爆発して、新しい光の輪を形づくる。それは絶えざる超越である。反対物同士の穏やかな統一に結びつくのではなく、《黒―白》という対になる反対物の一方を、他方に対してセックスのように勃起させるのである。火山から噴出した岩石のように空中に投げ出されたこれらの言葉の稠密さ、これこそヨーロッパと植民地化に抗して自己を定義するネグリチュードだ。セゼールが破壊するのは文化全体ではなく、白人の文化である。彼が明るみに出すのは一切に対する欲望ではなく、抑圧されたニグロの革命への渇望である。彼が自己の内奥においてふれるのは、精神ではなく、具体的な限定されたある種の型の人間性である。とすればたちまちここに、アンガジェされた〔拘束された〕自動記述、誘導されてすらいる自動記述を語ることが可能になる。それは反省の介入があるからではなく、言葉とイメージとが絶えず同じ酷熱の強迫観念を表わしているからなのだ。白人のシュールレアリストは、自己の内奥に寛ぎを見出す。セゼールが自己の内奥に見出すのは、頑として動かぬ復権要求と恨みである。レロの言葉は、圧力を減じ、論理的な絆を弛めながら、広く漠然とした主題をめぐって無気力に組み立てられる。セゼールの言葉は互いに押しあいへしあいしながら、激烈な情念により接着される。この上なく大胆な比喩、互いにひどくかけ離れた表現の組み合わせの中に、憎悪と希望の秘められた糸が張られている。たとえば、〔レロの〕「遠く投げられたお前の微笑みのスクリュー」という、想像力の自由な営みから生まれた夢想への招待に外ならぬ一節を、次の詩句と比較してみたまえ。

そしてわが無垢の深海に埋められたラディウムの鉱脈が
爆発し穀粒となって
鳥の餌壺に散るだろう
そして一束の星々が
薪の普通名詞となって

うたう夜の水脈の沖積土で拾われよう[49]……

ここには語彙の《四散した肢体》（disjecta membra）が組み立てられて、黒人の《詩法》を予測させている。

あるいは次の詩句を読んでいただきたい。

否定作用の真の力のように美しいわたしたちの顔[50]……

またこれを読んでいただきたい。

火を吹くばらの指の下に　島々が　くずれる虱のように群がりたかる海
雷に撃たれながらも無疵のわたしのからだ[51]……

ここに栄光を与えられているのは、水の毛髪のあいだにとびまわる、黒人の悲惨にたかる虱たち、光にさらされ、天上の虱とりの女の指の下で音をたててくずれてゆく「島々」である。ばら色の指をした暁である。ギリシア地中海文化の暁、一人の黒人泥棒が聖なるホメロスの詩篇からぬきとってきた暁である。その暁の、奴隷にされた王女を思わせる爪は、トゥッサン・ルーヴェルチュール[52]のような者により、突如としてニグロの海に勝ち誇る寄生虫どもをひねりつぶすよう強いられる。だが暁はたちまち反抗し、変身し、白人の野蛮な武器として火を注ぎかける。火焔放射器、学者たちの精巧な武器、死刑執行人の武器として、その白い火で黒い巨人ティタン[53]に雷撃を加える。だが、ティタンは無疵の不滅の姿で再び立ち上がり、ヨーロッパと天空に向かって突撃を開始するのである。

セゼールにおいて、シュールレアリスムの偉大な伝統は完成され、決定的な意味を持ち、同時に破壊される。ヨーロッパの詩の運動であるシュールレアリスムが、一人の黒人によってヨーロッパ人から盗みとられ、ヨーロッパ人自身に対して向けられ、厳密に限られた機能を与えられるのである。他のところで〔『文学とは何か』第四章を参照〕私は、なぜプロレタリアート全体が、〈理性〉を破壊するこの詩に心を動かされなかったかを述べた。ヨーロッパにおいてシュールレアリスムは、それに輸血できたかもしれぬ人びとに斥けられ、そのために憔悴し衰退する。しかし〈革命〉との接触を失うまさにその瞬間に、シュールレアリスムは、西インド諸島で〈世界革命〉のいま一つの枝に移植され、巨大な暗い花となって花咲こうとしている。セゼールの独創性は、エリュアールやアラゴンが政治的な内容を詩句の中に盛り込むことに失敗したのと同じ時期に、ニグロとして、被抑圧者として、闘士としての、緊急かつ強烈な自己の関心事を、もっとも破壊的な、もっとも自由な、そしてもっとも形而上学的な詩の世界に流し込んだという点にある。つまるところ、苦悩の、愛の、憎悪の叫びとして、セゼールから引き出されてくるもの、それは客体〔対象〕としてのネグリチュード（négritude-object）である。ここでも、またセゼールは、詩が客体〔対象〕となることを欲求するシュールレアリスムの伝統を貫いている。セゼールの言葉は、ネグリチュードを叙述するのではない。指示するのではない。画家がモデルについてなすように外部からそれを模写するのではない。彼の言葉はネグリチュードを作る。われわれの目の前でそれを構成してみせる。今やそれは、読者が観察し、学習し得る事物となる。彼が選んだ主観的方法はわれわれが先に語った客観的方法に合流する。他の詩人たちが黒人の魂を内面化しようとしているときに、彼は自分の外にこれを放逐するのである。最後の結果はどちらも同じことだ。〈ネグリチュード〉、それはダカールの夜の街に響く遠い太鼓《タムタム》の音であり、ハイチ島の地下室に換気窓から洩れ、道に沿って低く滑ってゆくブードゥー教徒(54)の叫びであり、あのコンゴ人の面である。しかしまた同時に、それはよだれをたらし、血まみれになり、粘液でいっぱいになり、断ち切られた蛆虫のように塵埃の中で身をよじるこのセゼールの詩でもある。吸収と排泄とこの二重の痙攣が、選集の全ページにわたって黒人の心情の律動《リズム》を打ち鳴らしているのだ。

ところで、これらの詩人たちの唯一の関心事であり、この本の唯一の主題である、このネグリチュードとはいったい何なのか。まず答えねばならない、白人はネグリチュードについて適切に語ることはできないだろう、と。それというのも、白人はその内的体験を持たず、またヨーロッパの言語はそれを叙述し得るような言葉を欠いているからだ。従って私としては、読者自身が本書のページを繰りながらネグリチュードに出会い、それについて正しいと思う観念を作るよう、おまかせすべきだろう。とは言うものの、黒人の〈聖杯(55)〉探索が、その根源の意図と方法において、革命への渇望と詩的関心とのもっとも原本的な綜合を表わしていることを述べた以上、ネグリチュードというこの複雑な概念が、根底において〈純粋詩〉であることを示さないならば、私の序文は不完全なものに終わるであろう。以下に私は、ただこれらの詩を一束の証言として客観的に検討し、その主要な題材《テーマ》の幾つかを調べるにとどめたいと思う。

サンゴールは書いている、「一篇の詩のネグリチュードを形づくるのは、題材《テーマ》よりも文体《スタイル》であり、言葉に生命を与え、言説《パロール》を言霊《ヴェルブ》に変える、熱い心情である」と(『詞華集』解説より)。ネグリチュードが一つの状態でもなければ、悪徳と美徳、知的能力と道徳的能力などの一定の集合体でもなく、世界に対するある感情的な態度であることを、これ以上巧みにわれわれに告げることはできないだろう。今世紀の初頭以来、心理学はそのスコラ的で大仰な区別を放棄した。われわれはもう、心的な諸事実が、意志作用または活動、認識または知覚、感情または盲目的受動性などに分けられるものとは思わない。一つの感情とはわれわれが自分たちを取り巻く世界との関係を生きる一定の仕方であり、それはこの宇宙にかんするある種の了解を含んでいるということを、われわれは知っている。それは精神の緊張であり、自己自身と他者とを選ぶことであり、経験の生《き》のままの所与を超越する仕方であり、一言にしていえば、意志的行為とまったく同様に一つの投企《プロジェ》なのである。ハイデッガーの用語を借りて言えば、ネグリチュードとはニグロの世界－内－存在に他ならない。

セゼールもまた次のように言っている。

わたしのネグリチュードは石ころではない、音のきこえぬ石の沈黙が昼の喧騒に投げられる、
わたしのネグリチュードは地上の死者の眼に浮かぶよどんだ水の斑点ではない
わたしのネグリチュードは塔でもなく伽藍でもない
それは大地の赤熱した肉の中に潜ってゆく
大地の燃え上がる肉の中に潜ってゆく
毅然として忍耐で不透明な沈滞を穿ってゆく。(56)

ネグリチュードはこの美しい詩句の中で、心的傾向としてよりも、はるかに行為として描かれている。しかしこの行為は内的な決意である。それは、この世界の財宝を手にとってこれを変形するのではなく、世界のただなかに実存する（*exister au milieu du monde*）ということなのだ。宇宙との関係は依然とし

て我有[57]（appropriation）である。しかしこの我有は技術によるものではない。白人にとって、所有するとは変形することである。たしかに白人労働者は、彼の所有物ではない道具を用いて働く。しかし、少なくとも技術は彼のものである。ヨーロッパの産業上の重要な発明が、主として中産階級から募られるスタッフに負うているのが事実であるとしても、少なくとも大工や指物師や旋盤工の技能《メチエ》は、資本主義的大量生産の方向が《労働の喜び》を彼らから奪いとる趨勢にあるにもかかわらず、依然として真の遺産のように彼らには映じている。しかるに黒人労働者にかんしては、彼が借りものの道具で働いていると言うだけでは十分でない。彼は技術をも借りているからだ。

セゼールは同じ黒人の同胞を次のように呼んでいる。

火薬も羅針盤も発明しなかったものたち
蒸気も電気も征服するすべをしらなかったものたち
海も空も探ることのなかったものたち[58]……

非技術的であること（non-technicité）のこの傲然たる復権要求は、状況を逆転させる。以前なら欠如と見なされたものが、豊饒さの確実な源泉となる。〈自然〉との技術的な関係は、この〈自然〉を純粋な量、無生気〔惰性〕、外在性として露わにする。つまり〈自然〉は死んでしまうのだ。ところが黒人は、工作人（*homo-faber*）[59]となることを傲然と拒否することによって〈自然〉を蘇生させる。あたかも、《人間—自然》という一対《カップル》においては、一方が受動的であれば必然的に他方は能動的であるかのように。実を言えば、ネグリチュードは受動性ではない。なぜなら、それは「空と大地の肉を穿つ」のだから。それは

「忍耐」であり、また忍耐は受動性の能動的な模倣物《イミテーション》として現われるのだ。ニグロの行動はまず自己に対する働きかけである。黒人は身を起こし、小鳥をだます男のように身動きを停める。すると事物がこのにせの木の枝に止まりにやってくる。まさに世界を手に入れよう（籠絡しよう）というわけだ。それも魔術的に、沈黙と静止とによって。白人はまず〈自然〉に働きかけることによって、〈自然〉を失うと同時に自らを失う。(60) 黒人はまず自分に働きかけることによって、自らを獲得すると同時に〈自然〉を獲得しようというのだ。

あらゆる事物の本質に、心を奪われ、身を委ねている
表面《うわべ》のことは何も知らぬが、ただあらゆる事物の動きに捕われている
征服しようとは思いもしない、(61) だが世界と運命を共にしている
まことに彼らは世界の嫡子
世界のいっさいの息吹きに毛孔は開かれている(62)……
世界の動きそのままに鼓動する世界の肉の肉！

この詩句を読むとき、読者は、ベルクソンが知性と直観とのあいだに設けた有名な区別(63)を思わずにはいられないだろう。そしてまさしくセゼールはわれわれヨーロッパ人を、

全知にしてナイーヴな征服者たち(64)

と呼んでいるのだ。

道具について白人はすべてを知っている。しかし道具(65)は事物の表面を引掻くだけで、持続、生命を知らない。これに反してネグリチュードとは感応による了解のことである。黒人の秘密とは、彼の実存の源泉と〈存在〉の根とが同一であるということだ。

もしこの形而上学に社会的な解釈を下したければ、われわれは言うであろう、ここでは農民の詩が技術者の散文に対立している、と。じじつ、黒人がいかなる技術も有していないというのは真実でない。一つの人間集団がどんなものであろうとも、それの外部世界に対する関係は、なんらかの形でつねに技術的なのだから。また逆に、セゼールは不当であると私は言うだろう。足下の絨毯に皺をつけるように、大地に襞をつけてゆくサン・テグジュペリの飛行機は、現実を暴露する器官の役を果たしているのだから(66)。ただ黒人はまず何よりも農民なのだ。農業技術とは(67)「毅然とした忍耐」である。それは生命に信頼を寄せる。それは待つ。植えることと、それは大地を孕ませることだ。ついで、じっと身動きをとめて、窺わねばならぬ。「沈黙の原子《アトム》の一つ一つが果実の熟す機会《チャンス》となる」〔ポール・ヴァレリーの詩『棕櫚』より〕。おのおのの瞬間は農夫が与えたものの百倍のものをもたらす。しかるに技術労働者が製品の中に見出すのは、彼がそこに置いたものだけなのだ。[3]

人間は自分の植えた小麦と同時に成長する。一分ごとに彼は自分を乗り越え、自分を黄金色に実らせてゆく。次第に膨れ上がってゆくひ弱なこの腹に気を配りながら、彼はただそれを保護するためにだけ干渉する。実った麦は一個の小宇宙《ミクロコスム》である。なぜなら麦が芽を出すためには太陽と雨と風の協力を必要としたのだから。一本の麦穂、それはこの上なく自然な事物であるが、同時にもっとも確率の少ない機会《チャンス》でもある。白人の農夫は技術に感染してしまったが、黒人は今なお大地の壮大な雄、世界の精液である。彼の存在、それは植物の偉大な忍耐だ。彼の労働、それは年々歳々繰り返される聖なる交接だ。創り、創るがゆえに養われる。耕すこと、植えること、食べること、それは自然と愛を営むことだ。この詩人たちの作品でまず心を打つのは、おそらく彼らの性の汎神論であろう。この汎神論によって、彼らはアフリカ・ニグロの踊りと男根崇拝の儀式とに復帰するのである。

おお！ 森の褥《しとね》に横たわるコンゴよ、飼い馴らされたアフリカに君臨する女王よ
山々の男根がお前の旗を高くもたげんことを
なぜならわたしの頭わたしの舌によってお前は女となるのだから、なぜならわたしの腹によってお前
　は女となるのだから、(68)

こうサンゴールは書いている。また、

わたしは今一度のぼろう、砂丘のなだらかな腹に、きらめく光の太腿に(69)……

またラベアリヴェロは、

　大地の血潮、石の汗
　そして風の精液(70)……

またラロは、

大空のもと、円錐形の太鼓が悲歎の声をあげる
　これが黒人の魂だ。
発情したおとこの鈍い痙攣、愛人《おんな》のねばつく嗚咽
　夕べの静けさを凌辱する。[71]

もはやわれわれは、ベルクソンの純潔な、性を欠いた直観からは遠い地点にいる。生命と感応しあう(être en sympathie)ことはもう問題ではなく、あらゆる生命の形態と愛を営むことが大切なのだ。白人の技術者にとって、神とはまず技師である。ジュピターは混沌《カオス》に秩序を与え、法を定める。キリスト教の神は悟性によって世界を構想し、意志によってこれを実現する。被造物の造物主に対する関係は、教会の強い嫌疑をうけているいく人かの神秘主義者の場合を除けば、決して肉感的なものではない。神秘主義的エロティスムにしたところで、多産性とは何の共通点も持たない。それは不毛な挿入をまったく受動的に期待しているにすぎない。われわれ〔ヨーロッパ人〕は泥土によって捏ねあげられている〔旧約『創世記』〕。聖なる彫刻家の手から生まれた人形である。もしわれわれの周囲にある製品にその創り手を崇拝することが可能なら、それらは疑いもなくわれわれを崇めるであろうが、われわれが全能の神を崇めるのもこれと同様である。これに反し、われらの黒人詩人にとっては、存在は起ち上がる陰茎のように、〈無〉から出現する。〈森羅万象〉は途轍もなく大きな不断の分娩となる。世界は肉であり、肉の息子だ。海の上に、空中に、砂丘の上に、石の上に、風の中に、〈ニグロ〉は人間の肌を持つビロードのような柔らか

さを見つけ出す。砂の腹、空の太腿にいて、彼自らが愛撫されている。彼は「世界の肉の肉」だ。「世界のあらゆる息吹きに」、あらゆる花粉に、「毛孔は開かれている」。彼は交互に〈自然〉の雌ともなり雄ともなる。そして彼が同じ人種の女と愛を営むとき、性行為は彼にとって存在の〈神秘劇〉の執行のように思われる。この精液宗教は、互いに補足しあう二つの性向——勃起する男根であるというダイナミックな感情と、より鈍く忍耐強く女性的な、次第に成長する植物であるという感情——の均衡を保つ、一種の精神の緊張に近い。このように、ネグリチュードはそのもっとも深い源において雌雄両性である。

お前はここに
立っている、裸で。
泥土のお前、覚えているね
だが本当は　したたる月のお乳をむさぼっている
あの産褥の影から生まれた子供だ
やがてお前はゆっくりと幹の形にのびてゆく
花々の夢と　くつろいだ夏の香りが
越えてゆくあの低い壁の上で。
　感じ、そして思うのは、お前の足に根が生えて
どこかの地下の泉に向かう　咽喉《のど》の渇いた蛇のように
走り　身をよじらせているということ……(72)

（ラベアリヴェロ）

またセゼールは、

すり切れた母親よ、葉の落ちた母親よ、お前は火焔木《フランボワイアン》だ、ついているのは莢《さや》だけだ。お前は瓢箪樹《カルパシエ》だ。一面にぶらぶらひさごばかり(73)……

植物の象徴と性の象徴とのこの深い結合は、疑いもなく黒人詩のもっとも豊かな独創性をなす。白人詩人の抱くイメージの大部分が、ミシェル・カルージュ(74)の示したとおり、人間的なものを鉱物化する方向にむかっている時代においては、これはとくに際立っている。セゼールは、白人の詩とは逆に、海や空や石に、植物の生命、動物の生命を与える。より正確に言えば、彼の詩とは、人間に化身した石や草木や獣と、動物や植物や石に化身した人間男女との、絶えざる交接に他ならない。このように、黒人は自然のエロスを立証する。これを顕現し、また体現する。もしヨーロッパの詩の中にこれと比較されるものを見出そうと望むなら、ローマがまだ大きな農業市の域を出なかった時代に、母なる女神ヴェヌスを讃仰した農民詩人ルクレチウスにまで溯らねばならぬだろう。現代では、性本能の宇宙的な感覚を有していた者として、私はせいぜいローレンスを認める程度だ。しかも彼においては、この感覚は非常に文学的なものにすぎない。

ところで、ネグリチュードは、その根底において、この不動の湧出、男根勃起と植物的成長との統一として現われるのであるが、この詩的題材《テーマ》だけでネグリチュードを汲みつくすことはできないだろう。大動脈のようにこの選集を貫き流れるいま一つの主題《モティーフ》がある。

火薬も羅針盤も創り出さなかったものたち
…………
だが彼らは苦しみの国を隅々までも知っている[75]……

白人の他愛ない功利主義的な動きに対して、黒人は自分の苦痛から得た原本性を対抗させる。不幸の根底に触れるという忌わしい特権を有してきたために、黒人種は選ばれた種族となる。そしてこの観点からすると、ここにみられる詩が終始一貫して反キリスト教的であるにもかかわらず、ネグリチュードを〈受難〉と名づけることができるであろう。自己を意識する黒人は、いっさいの人間の苦悩を引き受け、すべての人間にかわって、白人にさえもかわって苦しむ人間として、自分自身の眼に描かれるのである。

アームストロングのトランペットは審判の日に人間のすべての苦悩を奏するものとなろう。
（ポール・ニジェル[76]）

これが諦めの苦悩などと縁もゆかりもないことを、ここで心に留めておこう。先ほど私はベルクソンとルクレチウスについて語った。今は、あのキリスト教の大敵であるニーチェと、彼の《ディオニュソス崇拝》を引きあいに出したい気になる。ディオニュソスの詩人と同様、ニグロはきらきらと輝く昼の幻覚の下に入り込もうと努め、アポロン的な表面から計り知れぬほど深いところで、人間の普遍的本質である償い得ない苦しみに遭遇する[77]。もしこれを体系化したいとお望みなら、黒人は、〈生命〉に対する性的な感応であるかぎりにおいて〈自然〉全体と融合し、反抗的苦悩の〈受難〉であるかぎりにおいて〈人間〉としての自己の復権を要求する、とも言えるだろう。精神科医によって、苦悶（angoisse）と性的欲望とのあいだにますます緊密な関係が認められるようになったことを考えれば、この二重の運動の根本的な統一も理解されるであろう。ただ一つ、自負にみちて迸り出たものがあるだけで、これを苦しみの中にその根をひたしている欲望、と名づけることもできれば、宏大な宇宙的欲望に剣のように突き刺さっている苦しみ、と言うこともできるのだ。セゼールが喚起したあの「毅然とした忍耐」、それは、同じ一つの湧出から生まれた、植物的成長、男根の勃起、苦悩に対抗する忍耐である。それはニグロの筋肉そのものの中に住みついている。それは、頭の上で二五キロもの荷物の平衡をとりながら、太陽にぐったりして、ニジェル川[78]を果てしなく溯る黒人ポーターの支えとなる。しかしながら、ある意味で〈自然〉の多産性を苦悩の増殖になぞらえることができるとしても、他の意味で――これもまたディオニュソス的だが――自然の多産性はその旺盛な力によって苦悩を越え、詩や愛や踊りなど、その創造の豊かさの中に苦悩を紛らせてしまう。おそらく、苦しみとエロスと歓喜とのこの分解しがたい統一を理解するためには、ハーレムの黒人が、世界でもっとも痛ましい曲であるあの《ブルース》の律動《リズム》に合わせて熱狂的に踊りまくる姿を見ておく必要があるかもしれない。じじつ、律動《リズム》こそ黒人の魂のあれほど多様な側面を強く結びつけ、律動《リズム》こそ、この魂のニーチェ的な軽快さをあのディオニュソス的な重苦しい直観に伝達し、律動《リズム》――太鼓《タムタム》、ジャズ、これらの詩の躍動――こそニグロの実存の時間性を象徴しているのだ。そこで、黒人の詩人が同胞に向かってよりよい未来を予言するとき、彼は同胞の解放を律動《リズム》の形式で描いてみせるのである。

何だ？
リズムだ

夜　森をよぎる一つの波だ
何でもない――いや新しい魂だ
響だ
抑揚だ
活気だ
ひろがりだ
振動だ　次第に骨髄の中へ逆流し、進むにつれて老いて眠りこんだ身体をかき騒がせ、その胴をとらえ
ねじれて　らせん状になり
まわり
なおふるえている、手の中で、腰で、セックスで、腿で、ヴァギナで、(79)……

だがさらに先へ進まねばならぬ。根源的なこの苦しみの体験は両義的なのだ。この体験によってこそ黒人の意識は歴史的になろうとしているのである。じじつ、ニグロの現在の境遇がいかに堪えがたく不正なものであれ、彼が人間の苦悩の根底に触れたと言明するとき、まず引き合いに出すのは現在の不正ではない。彼は奴隷状態を知ったというおぞましい特権を持っている。〔この詞華集の〕詩人たちの大部分は一九〇〇年から一九一八年のあいだに生まれているが、彼らにとって半世紀以前に廃止されていたとはいえ、奴隷制は依然としてもっとも生々しい記憶として残っている。

今日《こんにち》のわたしの日々は　過ぎ去った時の上に
怨みと
恥辱のこもった眼をむき出している
……
いま一度　感覚も失せたかつての私よ
縄はごつごつとからだを打ち
足の指から背中までこの身は炭と焼かれ
燠のような焼きごてに肉体は死に
荒れ狂う鞭の下で腕は引き裂かれ[80]……

とギアナの詩人ダマは書いている。またハイチの詩人ブリエール[81]は、

（……）君もしばしばわたし同様感じている
殺戮の数世紀を経て四肢の疲労《こり》が眼を覚まし、
古傷がお前の肉の中で血を流すのを。[82]

黒人が辛苦の杯をなめ尽くしてきたのは、数世紀にわたる奴隷制のあいだである。その奴隷制はすでに過去のものとなった。この本の著者たちも彼らの父親たちも直接にこれを体験したわけではない。しかし、それはまた底知れぬ悪夢であり、彼らの中のもっとも若い詩人ですら、自分がその悪夢から本当に眼覚め

ているのかどうかも分らないのだ。[4]

地球の果てから果てにいたるまで、植民者の国語《ことば》や政治や歴史によって互いに隔てられながら、黒人は一つの集団の記憶を共有している。なにも驚くには当たらない。一七八九年においてさえフランスの農民は、百年戦争に源を発するいわれのない恐怖をまだ感じ続けていたということを、少しでも思い出してみればよいのだ。このように、黒人が自分の根源的な体験を振りかえるとき、この体験はたちまち二つの次元において姿を現わしてくる。それは、人間の条件の直観的な把握でもあり、同時に歴史的な一つの過去のまだ生々しい記憶でもあるのだ。私はここでパスカルのことを考える。パスカルが倦むことなく繰り返すところによれば、人間は形而上学と歴史との非合理な合成物であり、もし泥土からできたものならその偉大さが説明できず、未だに神によって作られたとおりであるとすればその悲惨は不可解であって、これを理解するためには〔原罪による〕失墜という動かしがたい事実によらねばならないのである。セゼールが自分の人種を「顚落した種族」[83]と呼ぶのもこれと同じ意味なのだ。ある意味で、黒人の意識とキリスト教意識とを比較し得るということも、私にはかなり合点がゆくのである。奴隷制の鉄の法則は〈過失〉の顚末を物語る旧約聖書[84]の掟を喚起する。奴隷制の廃止はもう一つの歴史的事実を、〈贖罪〉を、思い出させる。一八四八年以後の白人の猫なで式の温情主義《パテルナリスム》は、〈受難〉以後の白人の神の温情主義と似通っている。ただ、黒人が記憶の底に発見する償い得ない過失は、彼自身のものではない。それは白人の過失である。ニグロの歴史の最初の事実、それはたしかに原罪である。しかし黒人は無辜《むこ》の犠牲《いけにえ》なのだ。だから、黒人がいだいている苦しみの概念は白人の苦行主義《ドロリスム》と根本から対立する。これらの詩の大部分がかくも激烈に反キリスト教的であるのは、白人の宗教が、ニグロの眼に、ヨーロッパのプロレタリアの眼に映る以上にはっきりと瞞着《ミスティフィカシオン》として映るからである。この宗教は罪の責任をその犠牲者である黒人に分け持たせようとする。アフリカを血まみれにした拉致、虐殺、暴行、拷問などが、正当な罰であり受けるに値する試練であると考えるよう黒人を説得しようとする。その代わりこの宗教は神の前ですべての人間が平等であると宣言しているではないか、そう、諸君は言われるかもしれない。神の前では、然り。私は最近も「エスプリ」誌上で、マダガスカルからの投稿者の手になる次のような数行を読んだばかりだ。

「私もまたあなた同様、マダガスカル人の魂に白人の魂と等しい価値があるということを確信しております。(……)神の前では、子供の魂も父親の魂と等しい価値があるのとまったく同じことです。ただ、編集長殿、あなたがもし車を一台持っておられても、お子さん方にそれを勝手に運転させはしないでしょう。」

キリスト教と植民地主義をこれ以上手際よく和解させることは不可能だ。この種の詭弁《ソフィスム》に対抗して、黒人は、ただかつての奴隷としての記憶を掘り下げながら、苦悩が人間の宿命であるとはいうものの、不当であることに変わりはない、と断言する。彼は、キリスト教徒の無気力さ、陰にこもった肉欲、マゾヒズム的な謙譲、諦めへと導くいっさいの底意ある誘いを、嫌悪の念をもって突き返す。苦しみという不条理な事実の純粋さ、不正、無償性を、身をもって生き、そこにキリスト教が無視しあるいは隠蔽してきた次の真実を発見する。すなわち、苦しみは己れのうちに己れ自身の拒否を含む、苦しみはその本質からして苦しむことの拒否である、苦しみは否定性の闇の顔である、苦しみは反抗と自由へと身を開く、という真実である。苦しみの直観が集団的過去を授け、未来に一つの目的を与えるに応じて、ついに黒人は自己を歴史化する。つい先ほどまで彼はまだ、太古の本能が現在の時点に純粋にほとばしり出たもの、普遍的で永遠な多産性の純粋な顕現、にすぎなかった。今や彼はまったく異なる言語で自分の黒い同胞に話しかける。

反抗の伝播者ニグロよ
お前は世界の道という道を知っている
ギニアで売られてからというもの[85]……

また、

君が武器を手にして五世紀
君は搾取する人種から習い覚えた
自由への情熱を[86]。

すでに黒人の〈武勲詩《ジェスト》〉というものがある。まず、アフリカの黄金時代、ついで分散と虜囚の世紀、ついで意識の覚醒、英雄的でなおかつ暗い、偉大な反抗の時代、すなわちトゥッサン・ルーヴェルチュールや黒人ヒーローの時代、ついで奴隷制廃止という事件——「忘れ得ぬ変身《メタモルフォーズ》」とセゼールは言った——、ついで決定的な解放闘争。

きみは待っている、間近に迫った召集を、
免れられぬ動員を、
きみの戦争は、ただ休戦していただけなのだから、
お前の血が流れなかった大地はなく、

お前の皮膚の色が辱しめられなかった国語《ことば》はないのだから。
君は微笑んでいる、ブラック・ボーイ、
歌っている、
踊っている、
君は静かに揺《ゆす》っている、幾世代もの揺籃を
彼らはあらゆる時刻に
労苦と苦悩の前線へと昇ってくる、
彼らは明日とりでを襲い
未来の城塞へと昇ってくるだろう、
あらゆる国語《ことば》で
あらゆる空の澄みきったページに、
五世紀以上ものあいだ
顧みられなかったお前の権利宣言を書くために(87)……

奇妙な、しかし決定的な転回である。人種は歴史性へと変形した。黒人の〈現在〉は炸裂し、時間化される。ネグリチュードは、その〈過去〉及び〈未来〉ともろともに、〈世界史〉の中へ挿入される。それはもはや一つの状態でもなければ実存的態度ですらない。それは、〈生成〉である。人類の発展へ黒人がもたらしたもの、それはもう、風味でも、嗜好でも、律動《リズム》でも、原本性でも、一束の原始本能でもない。それは日付けの印された事業《アントルプリーズ》であり、忍耐強い建設であり、未来である。これまで黒人は、人種的特性の名のもとに、陽のあたる公然たる地位を要求していた。いまや彼は自己の使命の上に、生きる権利を打ち樹てる。この使命はプロレタリアの使命とまったく同様、彼の歴史的状況に由来する。黒人は他の人間以上に資本主義の搾取に苦しんできたから、他の人間以上に反抗の感覚と自由への愛を獲得している。また誰よりも抑圧されたものなのだから、彼が自分自身の救済に努めるとき、必然的に彼はあらゆる人間の解放を追求していることになる。

希望の使者黒人よ
お前は世界中の歌を知っている
太古のナイルの仕事場に響いた歌声を初めとして[88]……

いったい、これでもなおわれわれは、〈ネグリチュード〉の内的均質性を信じることができるだろうか。また、〈ネグリチュード〉がかくかくのものであるなどと、どうして言えようか。それは、あるときは遠い過去においてしか存在しなかった失われた潔白さであり、またあるときは〈未来都市〉〔カントの言う《目的の都市》にかけている〕の内部においてしか実現されない希望である。あるときは〈自然〉との汎神論的混淆の一瞬間に凝縮され、またあるときは〈人類〉の歴史全体と合致するまでに拡張される。あるときは実存的態度であり、あるときはアフリカ・ニグロの伝統の客観的な総体である。〈ネグリチュード〉は発見されるものだろうか。それとも創造されるものだろうか。その上、《協力する》[89]黒人もいるものなのだ。結局サンゴールにしても、一人一人の詩人の作品の前に付した紹介文[90]の中で、〈ネグリチュード〉に段階を設けているように見えるのだ。黒い同胞に対して〈ネグリチュード〉の告知者となる詩人は、同胞に、絶えず自己をよりいっそうニグロにするようにと勧めているのだろうか。あるいはまた、一種の詩的精神分析により、彼らが何ものであるかを暴露して見せているのか。〈ネグリチュード〉は必然か、あるいは自由か。原本的なニグロの場合、原理から結果が生じるように、彼の本質から彼の行為が〔必然的に〕生じるというのだろうか、あるいはまた、ある宗教の信者が信仰者（croyant）であるように人はニグロであるのだろうか、言いかえれば、怖れと慄き[91]のなかで、不安のなかで、けっして十分に自分がそうありたいと望んでいるところのものでないという、絶えざる悔恨のなかで、人はニグロであるのだろうか。〈ネグリチュード〉は事実としての所与なのか、あるいは価値なのか。経験的直観の対象か、それとも道徳的概念の対象か。それは反省によって勝ち取られたものだろうか。それとも反省によって毒されてしまうものなのか。非反省的な直接的な状態においてしか原本的であり得ないものなのだろうか。それは黒人魂を体系的に説明するものだろうか、あるいはまた、無限に接近し得るがけっしてそれに到達することのできない、プラトン的な〈原型〉だろうか。われわれにとって技術者的な良識がそうであるように、黒人にとっては世界でもっともよく分有された事物なのだろうか[92]。あるいは、恩寵のようにある種の人間のうちに舞い下りて〈ネグリチュード〉のエリートたちを選び出すのだろうか。

おそらく、〈ネグリチュード〉はこれらすべてであると同時に、さらにその他多くのものでもある、と人は答えるであろう。そして私もそれについては同意見だ。人間学のあらゆる概念《ノシオン》と同じく、〈ネグリチュード〉は、在ること（être）と在る - べきこと（devoir-être）との絶えず変化する輝きだからだ。それは人を作り、人はそれを作る。誓約であると同時に情念でもある。しかし、さらに重大なことがある。すでに述べてきたように、ニグロは人種差別に反対する人種差別を創り出しているのだ。彼は、世界を支配しようなどとは少しも望んでいない。ただ、それがどこから来たにせよ、人種的特権の廃絶を欲しているのだ。あらゆる皮膚の色をした被抑圧者との連帯を主張するのだ。ネグリチュードという主観的、実存的、人種的概念は、今やプロレタリアートという——客観的、実証的、厳密な——概念へと、ヘーゲル流に言えば《移行する》。サンゴールは言う、「セゼールにとって、《白人》とは、〈ニグロ〉が労働を象徴するごとく、資本を象徴する（……）。彼と同じ人種の、黒い皮膚をした人間を通して、彼が歌うのは全世界のプロレタリアートの闘いである」〔『詞華集』に付した解説の一節〕。言うは易いが、そう考えるのは必ずしも容易でない。なるほど〈ネグリチュード〉のもっとも熱烈な歌い手が同時にマルクス主義の闘士であるのは、おそらく偶然ではない。しかしそれだからと言って、人種の概念がカードを切るように階級の概念とつき混ぜられるわけではない。前者〔人種の概念〕は具体的で個別的であるが後者〔階級の概念〕は普遍的で抽象的だ。一方〔前者〕はヤスパースが了解（compréhension）と名づけたものに属し、他方〔後者〕は知解（intellection）に属する。[93] 前者は心理的なものと生理的なものの合成された思考の産物であり、後者は体験から発して方法的に構築されたものである。じじつ、〈ネグリチュード〉は弁証法的進行の衰弱した時間〔一時的な契機〕のように見える。命題《テーゼ》は白人の覇権の理論的実際的肯定だ。反命題《アンチ・テーゼ》的価値として〈ネグリチュード〉を定立することが、否定性の契機となる。しかしこの否定性の契機は、それ自体で充足するものではない。これを用いる黒人も、そのことを知り抜いている。否定性の契機が綜合を、つまり人種のない社会での人間的なものの実現を準備しようとしていることを、彼らは承知している。このように、〈ネグリチュード〉は己れを破壊する性質のものであり、経過であって到達点ではなく、手段であって最終目的ではない。黒いオルフェたちは、このエウリュディケーをきつく抱擁する瞬間に、腕の中で彼女が消え失せてゆくのを感じるのである。黒人のコミュニスト、ジャック・ルーマンの詩は、以上の新たな両義性にかんしてこの上なく感動的な証明を提示している。

アフリカよ、わたしはお前の記憶を持ち続けている、アフリカよ
お前はわたしのうちにある
傷にささる刺《とげ》のように
村の中央に立つ守護神のように
わたしをお前の石弓の石にしておくれ
わたしの口をお前の傷口にしておくれ
わたしの膝を失意のお前の砕かれた柱にしておくれ

とはいうものの
万国の労働者農民よ
わたしはただ君たちの種族にしか属したくない[94]……

一度は拋棄しようと決心したものを、なお一瞬握りしめながら、どんなに深い悲しみを彼は覚えていることか！　他の人間たちのために、ニグロの誇りを脱ぎ捨てようとするとき、彼は何と見事な人間としての誇りを抱いていることか！　アフリカが「傷にささる刺のように」自分のうちにあり、同時に、被抑圧者という普遍的な種族にしか属することを欲しないと語る者、この男はまだ不幸な意識[95]の国を立ち去ってはいない。だがもう一歩進めば、〈ネグリチュード〉は完全に消え失せるだろう。先祖から伝わる神秘的な、黒い血の泡立ちとされていたものを、ニグロ自身が、地理上の偶然、宇宙の決定作用《デテルミニスム》の気まぐれな産物としてしまう。

氏族　部族　国家は
皮膚　人種　そして神々は
われらの仮借なき相違(96)は
風土面積空間により創られるのか(97)……

しかし詩人は、種族概念のこの合理化の責任を、自分で完全に引き受ける勇気は持っていない。見られるとおり、彼は問いを発するだけにとどまっている。統一〔黒人と労働階級との統一〕への彼の意識の下に、苦い哀惜の念が滲み通っている。奇妙な道程と言うべきだ。辱しめられ、傷つけられた黒人は、自分たちの心の底深く探しまわり、一番奥に秘められた自尊心を見つけ出そうとする。そしてついにこの自尊心に出合ったとき、自尊心が己れ自身を否認するのである。この上ない寛容《ジェネロジテ》の精神によって、彼らはこの自尊心を抛棄する。ちょうどフィロクテテスが自分の弓矢をネオプトレモスに委ねてしまうように(98)。かくてセゼールの叛徒〔詩劇『そして犬どもは黙っていた』の主人公〕は、心の底に自分の反抗の秘密を発見する。彼は王の種族に属しているのだ。

たしかにお前のうちには、未だかつて屈することを知らぬ何ものかがある。怒りが、欲望が、悲しみが、苛立ちが、また侮りが、暴力がある……、そして今や、お前の血管が運ぶのは黄金であって泥ではない、自尊心であって屈辱ではない。お前は王だった、以前は王であったのだ。

しかし彼は即座にこの誘惑を斥ける(99)。

焔がわたしを蒸発させ、清め、黄金のまじった輝くわたしのプリズムで、わたしを火と燃え上がらせる。その焔の集まるところまで、切れ目のない鎖となって突走る。それがわたしの掟なのだ(100)。
わたしは滅びるだろう。だが裸で(101)。無疵のまま(102)。

おそらく〈ネグリチュード〉をもっともよく象徴するものは、自分の黒い鎧を覆っていた白い金ぴかの衣裳を剝ぎとり、ついでこの鎧までもたたき壊し、投げ捨ててしまう人間の、最後の裸の姿である。この無色の裸身である。なぜなら、〈ネグリチュード〉は状態ではないからだ。それは純粋な自己超出であり、愛であるからだ。〈ネグリチュード〉は、自己を抛棄するその瞬間に自己を見出す。負ける〔滅びる〕ことを受け容れるその瞬間に、勝を収めるのである。皮膚の色の誇りを棄てるよう要求できるのは、黒い人間に対してであり、ただ黒い人間に対してだけである。この男は、いま攀じ登ったばかりの過去の特殊精神（particularisme）と、ネグリチュードの黄昏《たそがれ》となるであろう未来の普遍精神（universalisme）とのあいだに横たわる分水嶺を歩んでいる人間なのだ。普遍的なものの曙光を見出すべく、特殊精神をどこまでも生き抜こうとする人間なのだ。そしておそらく白人の労働者もまた、階級のない社会の到来を希求する以上、自己の階級を否定するために階級意識を抱いているのであろう。しかしもう一度くり返すなら、階級の定義は客観的である。それはただ、階級の疎外の諸条件のみを概括する。これに対し、ニグロが人種を見出すのは彼の心の底においてであり、もぎとらなければならないのはこの心そのものなのである。従って〈ネグリチュード〉は弁証法的である。それは隔世遺伝の本能の開花ですらない。いやそんなものとは縁もゆかりもない。それは、自由な意識による、一定の状況の超越をあらわしているのだ。苦悩にあふれ、だが希望にみちた神話、〈悪〉から生まれて未来の〈善〉を孕んでいる〈ネグリチュード〉は、死ぬために生まれて生涯のもっとも素晴しい瞬間においてすら死を感じ続けている一人の女のように生き生きとしている。それは不安定な休息であり、爆発的な固定性であり、自己を放棄する自尊心であり、一時的であることを自覚している絶対である。というのも、ネグリチュードは己れの誕生と臨終の苦悶との告知者であると同時に、自由な人間によって選択され、とことんまで絶対的に生きぬかれる実存的態度でもあるからだ。〈ネグリチュード〉は、黒人がもう完全には帰れない郷愁《ノスタルジック》の〈過去〉と、〈ネグリチュード〉が新しい価値にその場を譲るであろう〈未来〉とのあいだにかけられたあの緊張である。だからそれは詩の中でしか表現され得ない悲劇的な美で身を飾っているのだ。〈ネグリチュード〉は多くの反対物の生きた弁証法的統一であり、分析の手には負えない〈複合《コンプレクス》〉である。だからこれを示し得るのは一つの歌の多様な統一性のみであり、ブルトンが《爆発的で固定した》(explosante-fixe)〔『狂気の愛』〕と呼ぶ、〈詩篇〉の持つ閃光を放つ美のみとなるのだ。〈ネグリチュード〉は王侯のごとき意識によって絶対の中に生きられているのに、その多様な相を概念化しようとするいっさいの試みは必然的にそれが相対的であることを示す結果となる。ところが詩篇は一個の絶対である。だからこの態度の無条件の相を定着し得るのは、ただ詩《ポエジー》のみとなるのだ。〈ネグリチュード〉は客観的なものの中に刻まれる主観性である。だから一篇の詩、すなわち一個の客体となった主観性(subjectivité-objet)の中に具象化されねばならない。〈ネグリチュード〉は〈原型〉であると共に〈価値〉である。だからそのもっとも透明な象徴を美的価値のうちに見出すであろう。呼びかけであると共に贈与でもある。だから、観客の自由への呼びかけでありかつ絶対的な寛大さ《ジェネロジテ》に外ならぬ芸術作品という手段を通じてのみ、それは聞き届けられ、姿を現わし得るのである。〈ネグリチュード〉、それは詩篇の内容である。それは世界の事物——神秘的でありながら開かれており、解読不可能であると同時に暗示に富む事物——としての詩篇である。それは詩人自身である。

だがさらに先に進まねばならない。〈ネグリチュード〉は〈ナルシスム〉の勝利であると共にナルシスの自殺であり、文化や言葉やいっさいの心的事実をこえた魂の緊張であり、非 - 知（non-savoir）の光り輝く夜であり、不可能なものを、バタイユが《刑苦》（supplice）〔『内的体験』その他〕と名づけているものを故意に選択することであり、世界の直観的な受容であると同時に《心情の掟》の名による世界の拒否であり、矛盾する二重の請願、引き緊まるような権利要求であると共に拡がり開かれるような寛大さ《ジェネロジテ》であり、その本質からして、〈詩性《ポエジー》〉そのものなのである。少なくともここにおいて、もっとも原本的な革命の投企《プロジェ》と、もっとも純粋な詩とが、同一の源泉から湧き出ているのである。

それではいつの日か犠牲が完了したなら、何が起こるだろうか。黒人が〈革命〉のためにネグリチュードを脱ぎ捨てて、もはや自分を一人のプロレタリアとしか考えるまいとしたら、何が起こるだろうか。彼がもはや客観的条件によってしか定義されるまいとしたら、何が起こるだろうか。白人の資本主義に抗して闘うために白人の技術を同化することを自らに義務づけたなら。〈詩〉の泉は涸れるだろうか。それともまた、流れこむ黒い大河が海を黒く染め続けるだろうか。それはどうでもよいことだ。各時代ごとにその時代の詩があるのだ。各時代ごとに歴史の情勢が、〈詩〉によってしか表現ないし超越されない状況を創り出しながら、松明を受け継ぐべく、一国家、一種族、一階級を選んでゆくのだ。そしてあるときは詩の躍動《エラン》が革命の躍動《エラン》と一致し、あるときは両者が分離するのだ。ただ今日は、黒人に、

　世界の基盤も揺らぐばかりの激しさで　ニグロの悲痛な叫びを発すること[103]5

を可能ならしめている歴史的機会《チャンス》を祝福しようではないか。

レオポルド・セダル・サンゴール編『ニグロ・マダガスカル新詞華集』への序。プレス・ユニヴェルシテール、一九四八年。

ラッセル法廷

一九六七年五月二日午前

開廷の辞

われわれの法廷は、ヴェトナム紛争におけるアメリカ合衆国政府ならびに南朝鮮、ニュージーランド、オーストラリア諸政府を《戦争犯罪》のかどで非難告発することが、正当とされるかされないかを判断するため、バートランド・ラッセル卿の提唱にもとづいて設立されました。開廷にあたって、「法廷」は、その起源、機能、目的および限界をぜひとも明らかにし、そのいわゆる《正当性》の問題について単刀直入に弁明したいと思います。

一九四五年、まったく新しいできごとが歴史に記録されました。一交戦国によって犯された諸犯罪を裁くための最初の国際法廷がニュルンベルクに出現したことです。そのときまでは、なるほど、ケロッグ－ブリアン条約のように、交戦権（jus ad bellum）を制限することをめざした国際協定はいくつかありましたが、それを実施させるためのどのような機関も創られてはいなかったので、列強間の関係は依然としてジャングルの掟によって解決されていました。そうでしかありえなかったのです。広大な植民地の獲得にもとづいて富をきずきあげていた諸国は、アフリカやアジアにおける自国の所業が裁かれることなど我慢できなかったでしょうから。一九三九年以降、ヒトラーの狂気が世界をあまりの危険に直面させたので、連合国は、戦慄して、決定したのでした、勝者となったら、侵略と征服の戦争、捕虜虐待、拷問、《ジェノサイド》と呼ばれる人種差別の実行を、裁き断罪しようと。ほかならぬこの条項によってわれとわが身を断罪しているのだ——自分たちが植民地で実行したことのゆえに——とは気づきもせずに。

以上の理由で、すなわち、ナチの犯罪に制裁を加えたという理由で、と同時に、どこで誰が犯したものであれすべての戦時違法行為を摘発し断罪しうる真の裁判権にいっそう普遍的なやりかたで道をひらいたという理由で、「ニュルンベルク法廷」は、いまなお、あのなによりも重要な変革——戦争を行なう権利に関する法（jus ad bellum）を戦争に反対する法（jus contra bellum）によって置きかえたこと——の表明でありつづけているのです。

不幸にして、歴史の要請によって新しい機関が創られるたびにそうなるように、この「法廷」も重大な欠陥をまぬがれていたわけではありません。それは、敗者にたいする勝者の押しつけ裁判（diktat）にすぎなかったといって、また、結局おなじことですが、一集団の国々が他集団の一国を裁いているのだからかならずしも国際的ではないといって、非難されました。裁判官を中立国市民のなかから選んだほうがよかった、とでも？　かもしれません。たしかなのは、その判決が、倫理的見地からすればまったく正当なものであったにもかかわらずあらゆるドイツ人を納得させたとはおよそ言いがたい、ということです。そしてそのことは、司法官とその判決の正当性が今日でもなお疑問視されている、という意味です。もしも戦争の帰趨がちがっていたとしたらドレスデンあるいは広島への爆撃を理由に枢軸側法廷が連合国を断罪していたであろうと言明することもできたのだ、という意味でもあります。

それでも、この正当性に根拠をあたえることは困難ではなかったでしょうに。ナチを裁くために創られた組織が、その独自の役目を終えたのちも存続していたら、つまり、国際連合が、行なわれたばかりのことからあらゆる結果をひきだし、総会での票決によってその組織を強化して常設の「法廷」とし、戦争犯罪に関するあらゆる告発を識りかつ裁く権能をそれにあたえていたら——たとえかつて自国の司法官によりニュルンベルクで判決を下した諸国のうちの一国の政府が被告にならざるをえないとしても——それで十分だったでしょうに。そうすれば、その当初の意図に暗にふくまれていた普遍性が鮮明にひきだされていたでしょうに。ところで、なにが起こったかは知られるとおり。最後のドイツ人犯人が裁かれるやいなや、「法廷」は雲散霧消してしまい、もはや誰ひとり二度とその噂を聞かなかったのです。

いったいそれほどわれわれは潔白なのでしょうか？　一九四五年以降、もはやけっして、戦争犯罪など存在しなかったのでしょうか？　もはやけっして、暴力や侵略に訴えはしなかったのでしょうか？　《ジェノサイド》の実行などけっしてなかったのでしょうか？　いかなる大国も、一小国の主権を暴力で破砕しようと企てはしなかったのでしょうか？　地球上のいくつものオラドゥールやいくつものアウシュヴィッツを摘発する必要はなかったのでしょうか？　事実はごぞんじのとおりです。この二十年間の大きな歴史的できごとは第三世界の解放闘争です。植民地支配は崩壊し、それにかわって、主権を持つ国々が、自己を主張し、あるいは、植民地化によって破砕されていたそのむかしの伝説的な独立をとりもどしました。これらすべては痛苦と汗と血のなかでなされたのです。「ニュルンベルク法廷」のような「法廷」が恒常的に必要となったわけです。ナチ裁判の以前には戦争には法がなかった（そのことはすでに述べました）。「ニュルンベルク法廷」は、両義的現実であって、たしかに、強者の権利から生まれたものではありますが、しかし同時に、ひとつの先例、ひとつの伝統の萌芽を創りだすことによって、未来の一サイクルをひらいてもいるのです。誰も、あともどりはできない、「法廷」がかつて存在したという事実をどうすることもできないし、貧しい小国が侵略の対象とされているときにわれわれがあの裁判の日々を追想し「それにしても、あの法廷が断罪したのはこれなのだ、まさしくこれなのだ」と考えるのを妨げることもできない。こういうわけで、未熟で不完全な諸条項――一九四五年に連合国によって採用され、ついで放棄された――が、国際社会に文字どおりの空隙を創りだしたのです。一つの組織が決定的に欠けています、それは、かつて、姿を現し、みずからの恒久性と普遍性を明確にし、いくつかの権利と義務とを不可逆的に明示したのち、ある空白をのこしたまま姿を消した、その空白は、埋めなければならないのに誰も埋めてはいないのです。

なにしろ、権力［権限］には二つの源がある。第一は、制度をそなえた「国家」です。ところで、この暴力の時代にあってたいていの政府は、自分たちがそのような主導権《イニシアチヴ》をとりでもしたら、いつの日かそれがわが身にはねかえって自分たちが被告席に坐っているんじゃないかと心配するはめになるでしょう。それに、多くの政府にとって、合衆国は強力な同盟国なのです。誰があえて求めるでしょうか、その活動の第一歩がとうぜんヴェトナム紛争に関する調査を命ずることになる、そのような「法廷」の復活を？

もう一方の源、それは、革命の時代にあっては、人民です、人民が体制を変えていく。しかし、闘争は仮借なく続いているのに、大衆は、国境によって仕切られているのだから、いったいどのような手段をもってすれば、団結することに成功し、真に人民の司法（magistrature populaire）となるであろう制度機構をさまざまな政府に押しつけることができるというのでしょうか？

「ラッセル法廷」は、この二重の矛盾した確認から生まれました。ニュルンベルクの判決は、戦争犯罪について調査するための、また必要ならそれを裁くための、制度機構の存在を不可欠なものとした、にもかかわらず、どの国の政府も人民もそれを創りだす力を持っていないという現状、この二重の確認からです。われわれは、誰からも委任されはしなかったのだということをはっきりと自覚しています、それなのに集まろうと提唱したのは、誰もわれわれに委任することなどできないのだということも知っていたからです。なるほど、われわれの「法廷」は制度機構ではない。が、だからといって、制度化されたどのような権限にもとってかわるものではない。それどころか、それは、ある空白とある請求に由来するものなのです。われわれは、諸政府によって集められ現実の権限を付与されたわけではない。しかし、さきほど見たように、ニュルンベルクでのこの権限付与は、異論の余地ない正当性を司法官にあたえるに十分ではなかったのです。「ラッセル法廷」は、これに反して、みずからの正当性は、その完全な無力に、と同時に、その普遍性に起因するものだ、と考えています。

われわれは無力です。これがわれわれの独立の保証なのです。われわれをたすけてくれるものはなにもありません、われわれ自身とおなじように私人の集まりである支援諸組織の協力をのぞいては。われわれは、政府代表でも党代表でもないので、命令を受けることなどできない。われわれは、いわゆる《良心にしたがって》、あるいは、そう言ったほうがよければ、精神のまったき自由において、事実を検討するでしょう。弁論がどう展開していくのか、告発にたいしてわれわれがウイと答えるのかノンと答えるのか、あるいは、根拠はあるのだろうが証拠不十分であると見なして告発に答えないことになるのか、きょうのところはまだ、われわれのうちの誰ひとりとしてなにも言うことはできない。いずれにせよ、たしかなのは、提出されたさまざまな証拠によってわれわれが確信を得たとしても、われわれの無力が、判決を下すことをわれわれに禁じている、ということです。だって、じっさい、刑の宣告になんの意味がありうるでしょうか、その刑がたとえどんなに軽かろうとそれを執行させる力を持たない以上は？　だから、われわれは、必要なばあいにはこう宣言するにとどめるでしょう、「これこれの行為は、まさしく、ニュルンベルクの裁判権のおよぶところにある。したがってその行為は、それにもとづいて戦争犯罪であり、法が適用されるとしたらこれこれの制裁に該当するであろう」と。その際、できれば、その責任者たちをわれわれは指し示すでしょう。そういうわけで、「ラッセル法廷」は、証人尋問においても結論においても、ひとつの国際機構の必要性を万人に覚らせようとすることだけに心をくだくでしょう、それにとってかわる力も野心もこの「法廷」にはないところの国際機構、その本質はニュルンベルクの死児である戦争に反対する法(jus contra bellum)をよみがえらせてジャングルの掟を倫理的法的規範によって置きかえることである、そのような国際機構の必要性を。

一介の市民であるというまさにその理由によって、われわれは、広く国際的なやりかたでたがいに選出しあい、ニュルンベルクできわだっていたよりもいっそう普遍的な構成をわれわれの「法廷」にあたえることができました。わたしが言いたいのは、たんに、より多くの国々がここに代表されている、ということだけではなく——この見地からすればそこには埋めるべき多くの空隙があるでしょう——そればかりか、とりわけ、一九四五年当時ドイツ人は被告席にしかあるいはせいぜい検察側証人として証言台にしか姿を見せていなかったのにいまは何人もの陪審員が合衆国の市民である、ということなのです。つまり、彼らはその政策そのものが問われている当の国から来ているのであり、したがって彼らはその政策を理解する彼ら固有の流儀を持っているし、その祖国と、その体制や伝統と、内的な関係を持ってもいる——それを彼らがどう評価していようと——、そしてそのことは「法廷」の結論にかならずや跡をとどめるだろう、ということなのです。

しかしながら、公正で普遍的であろうとするわれわれの意志がどれほどのものであろうと、それがわれわれわれの企てを正当化するに十分でないことを、われわれはよく自覚しています。われわれがまさしく望んでいるのは、その正当化が、あとからふりかえって、あるいは、そう言ったほうがよければ、ア・ポステリオリに、得られることなのです。じじつ、われわれが仕事しているのは、われわれ自身のためにでもなければたんに真相を知るためでもないので、われわれは、われわれの結論を青天の霹靂のように押しつけようなどとは、もうとう、思っていない。まさしく、われわれは願っているのです、世界のあらゆるところでヴェトナムの悲劇を苦痛をもって生きている大衆とわれわれとのあいだに、報道陣の協力を得て、恒常的な接触を保てればよいが、と。その大衆が、われわれが情報を得ようとつとめているように情報を得ようとつとめ、われわれとともに報告や資料や証言を見つけだし、それらを判定して、みずから、彼ら自身の世論《オピニオン》を、日々に、われわれとともに、つくりあげてくれればよいが、と願っているのです。結論がどのようなものであれ、われわれとしては、その結論が、ひとりでに、われわれのうちに、と同時に——ことによるとそれ以前に——万人のうちに生まれてきてほしいのです。この裁判はひとつの共同の企てであって、その最終期限は、ある哲学者の言う《ひとつの真理が生成した》でなければならない。そうです、大衆がわれわれの裁判を正しいと認めるなら、そのときそれは真理となるでしょう、そして、この真理の守り手にして強力な支柱となるであろう大衆の前からわれわれが姿を消してゆくまさにそのときに、われわれは、われわれが正当化されたことを、また、人民が、われわれに同意を表明しつつ、より深い要求を開示していることを知るでしょう——真の《戦争犯罪法廷》が常設の組織として創られるべきだ、すなわち、戦争犯罪は、いたるところで、たえず、摘発され制裁を加えられうるのでなければならない、という要求を。

　これらの最後の考察から、パリの一新聞のわれわれにたいする批評——悪意はないのでしょうが——

「なんという奇妙な〈法廷〉だろう。陪審員たちがいるのに裁判官がいないとは！」に答えることが可能です。そのとおり、われわれは陪審員でしかない。われわれは、誰にたいしても、有罪を宣告する権限も無罪を宣告する権限も持ってはいない。だから、検事はいない。厳密に言えば、起訴状すら存在しないでしょう。それにかわる申立理由書を、法務委員長マタラッソー氏がいまから読みあげます。陪審員は、開廷期間の終りに、これらの申立理由について意見を述べなければならないでしょう――それらは根拠を持っているのかいないのか？　しかしながら、裁判官はいたるところにいるのです。それは、諸国の人民、とりわけアメリカの人民です。彼らのためにこそ、われわれの仕事はあるのです。

『ラッセル法廷』ガリマール社、パリ、一九六七年。

ジェノサイド

一九六七年十一月二十八日より十二月一日まで、デンマークのロスキルド市において開かれた「戦争犯罪国際法廷」は、第六の問題、「アメリカ政府はヴェトナム人民に対するジェノサイドの犯罪について有罪であるか?」との設問に、全員一致で「ウイ」と答えた。わたしは法廷により、この有罪判決の理由を書くことを委任された。以下がその理由である。

I

《ジェノサイド》という言葉は昔からあったわけではありません。両大戦間に法学者レムキンがつくり出した言葉です。しかしながらジェノサイド、すなわち民族みなごろしなるもの自体は人類の歴史とともに古く、これまで存続した社会のうち、この犯罪を犯さずに済むような構造を持った社会はひとつもありません。とはいえジェノサイドはいずれも歴史の産物で、それを生み出した共同体の刻印を留めています。わたしたちが今ここで裁くことになったジェノサイドは現代世界の最大の資本主義強国による行為です。

そのような性格のものとしてジェノサイドの分析を試みねばなりません。——言いかえれば、ジェノサイドがこの資本主義国の経済的下部構造と政治目標と現在の情勢のはらむ諸矛盾とを同時に表現しているものとして分析を進めなければならないのです。

とくにわたしたちは、アメリカ政府がヴェトナムにたいして行ないつつある戦争におけるジェノサイドの意図を解明することに努力しなければなりません。集団殺害の防止および処罰にかんする一九四八年国際協約の第二条は、意図を起点としてジェノサイドを定義しているからです。協約の暗黙の立脚点になっていたのは、当時まだ生々しかった一連の記憶です。すなわちヒトラーがユダヤ民族絶滅の決意を表明したこと、彼がジェノサイドを一つの政治的手段にし、またその事実を隠さなかったことです。ユダヤ人は武器を保持していたとか、抵抗運動に参加したとかの理由からではなく、彼がユダヤ人であるというまさにその理由から、出身地にかかわりなく殺害されなければならなかったのです。アメリカ政府は、そのようなあからさまな声明は極力避けるように注意してきました。アメリカは、北の共産主義者による攻撃をうけた友邦、南ヴェトナムの援助に馳せさんじたのだと強弁してきました。事実の検討を通じて、ジェノサイドの隠された意図を客観的に暴きだすことができるでしょうか？　そうした検討をおえた後に、合衆国軍隊は、彼らがヴェトナム人であるという理由だけからヴェトナムの国土でヴェトナム国民を殺しつづけていると結論しうるでしょうか？　簡略な歴史的展望を試みた後これを立証しようと思います。というのは、戦争の構造は、社会の下部構造と同時に変化していくものであるからです。一八六〇年から今日までのあいだに武力的紛争の意味と目的は大きな変質をとげました。この変化の最終段階がまさにアメリカがヴェトナムで進めつつある《見せしめ》の戦争です。一八五六年には中立国国民の財産保護のための国際協約、一八六四年にはジュネーヴで戦傷者保護の協約が結ばれました。一八九九年と一九〇七年の二回、ハーグで国際会議がひらかれ、戦争のルールを設ける試みがなされました。法律専門家や諸国政府が、人類の歴史はじまって以来の二度にわたる悲惨をきわめた殺戮の直前に、《戦争の人間化》のために接触を密にしたのは、偶然ではありません。ウラジミール・デジエが『軍事協約論』で見事に解明しているように、資本主義諸国はこの時期に、それら諸国の本質の赤裸々な表現であるところの怪物――全体戦争――を生み出す過程にあったのです。それはつぎのような事実にもとづいています。

(1) 新しい市場を争奪する工業国間の競争が、理論的にも実践的にもいわゆる《ブルジョワ・ナショナリズム》として現われてくるところの永続的敵対関係を生みだすこと。

(2)そうした対立抗争の原因である産業の発達は、時とともにいっそう大量虐殺的になる武器の生産を可能ならしめることによって、競争にくわわっている一国に有利なような仕方で抗争を解決する手段を提供すること。

こうした推移の結果として、前線と銃後、民間人と戦闘員を区別することはますます不可能になってきます。

(3)その傾向は、新たな軍事目標――工場――が都市周辺に現われるという事実によっていっそう強められること。これらの目標物は軍事的目的に使用されていない場合でも、少なくとも部分的には、その国の潜在的経済力の貯蔵所です。まさにこの潜在力の破壊こそ戦争の目的でもあり、戦争に勝つ手段でもあるのです。

(4)その結果としてすべての人びとが動員されること。農民は前線で戦い、労働者はいわば銃後の戦士となり、農婦は夫の仕事を引き継ぎます。二つの国が総力をあげて戦う場合、働く者は、すなわち戦闘員となるのです。勝利を収めることになるのは、結局のところ最強の経済力をそなえた国であるからです。

(5)ブルジョワ諸国家の民主主義的進化は、大衆を政治生活に関与させる結果をともなったこと。大衆は権力機関の決定をすべてコントロールするわけではありません。しかししだいに自己の役割を自覚するようになります。そして紛争が勃発すると、もはや自分を無関係だとは思わなくなります。己れのものと感じとられ、またしばしば宣伝によって歪められつつ戦争は、共同体全体の倫理的決断となります。こうした人心操作の結果、参戦国のすべての、あるいはほとんどすべての国民が、相手国のすべての国民の敵となるのです。戦争はかくて全体化するにいたります。

(6)工業技術がめざましい発達をとげつつあるこれらの国々は交通機関の発達を通じて競合地域を拡大しつづけること。かつて十九世紀末葉、アルゼンチンの小麦輸出がイギリス農業に致命的打撃をあたえたとき、アメリカのいうあの「一つの世界」はすでに存在していたのです。全体戦争はもはや二国の全国民同士の戦争であるばかりではありません。それはまた全世界に拡大される危険性があるがゆえに全体的であるでしょう。

こうして（ブルジョワ）国家間《ナシオン》の総力戦——一九一四年の戦争はその最初の例ですが、これはすでに一九〇〇年以来、ヨーロッパを脅かしていたのです——は、ひとりの人間、または一国の政府が発明したものではなく、別の方法で政治をつづけること〔クラウゼヴィッツ〕を欲するものたちに今世紀初頭以来課せられている全体主義的努力の必然的結果にほかなりません。言いかえれば選択は明々白々としていたのです。全面的に戦争を断念するか、あるいは全体戦争か、です。われわれの父の世代はこうした選択をしたのです。そして諸国政府は戦争の切迫を知りながらそれを回避する知性も勇気もなく、その人間化のためにむなしい努力を費やしたのです。

しかしながら第一次世界大戦において、ジェノサイドの意図はごく稀な場合に突発的に見られたにすぎません。たとえ真の目的が相手国の経済力を破滅させることであっても――それ以前の時代におけると同様に――まず敵国の軍事力を粉砕するのが狙いでした。民間人と戦闘員を明確に区別することはもはや不可能であったにしても、――まさにその理由から――少数の威嚇爆撃をのぞけば、一般国民が明らかな攻撃目標にされることは稀でした。そのうえ、交戦国は――少なくとも指導的諸国は――工業国でした。ということははじめにある種の力の均衡があったということです。すなわち、みな殺しの手段にかんする限りでは、各国がそれぞれ抑止力、つまり「目には目を」の法を適用する能力をそなえていたのです。第一次大戦の大量殺戮のさなかにあって、なぜある種の慎重さが保たれたのかは、そこから説明がつきます。

II

しかしながら一八三〇年以来、十九世紀を通じて、ヨーロッパ以外の地域にはジェノサイドの例は、数多くありました。それらのうちのあるものは、専制的な政治構造の表現であり、また他のものは、資本主義民主主義国の内部構造にその起源があります。後者の例はアメリカ帝国主義のよってきたるゆえんと、今ヴェトナムで行なっている戦争の本質を理解するために検討を必要とするものです。資本主義列強、とくにイギリスとフランスは自国の商品と資本を輸出するために植民帝国を築きあげました。フランス国民が彼らの《征服地》にあたえた海外領土という名が、それらの領土獲得は侵略戦争によってのみ可能であったことをはっきりとしめしています。敵自身の土地に、つまり、アフリカやアジアや後進地域に敵をもとめていったのです。相互的破壊を前提とする《全体戦争》を遂行するどころか、軍備の絶対的優勢を利して、紛争には派遣軍を投入すればたりたのです。派遣軍は正規軍をも――それがあった場合の話ですが――容易に打ち破りました。しかし、このようななんら正当な理由のない侵略は民間人の憎悪をかき立てたため、したがってこれら民間人は潜在的な叛徒であり兵士であったため、植民地軍は恐怖《テロル》によって、つまり絶えず虐殺をくりかえすことによって威令をしいたのです。こうした虐殺はジェノサイド的な性格のものです。一九四八年協約に記されているように、（種族的・民族的・宗教的）《集団の一部》を、他の部分を威嚇し、原住民社会の構造を破壊するために、殺戮したのであるからです。十九世紀に、アルジェリアを血にそめた後、アルジェリアの部族的社会――各共同体は共有地を所有していたのです――に、ブルジョワ的所有権の法規をとりきめ、遺産の分割を強制しているフランス民法の採用を押しつけたとき、フランスはアルジェリアの経済的下部構造を計画的に破壊したのであり、こうして土地はそれら農耕部族から、たちまち本国からきた不動産業者の手中に帰したのです。事実、植民地化は――一八七〇年のドイツによるアルザス・ロレーヌの併合のような――単なる征服の問題ではありません。必然的に文化的ジェノサイドの行為なのです。一方でいわゆる本土への同化とその利点の享受をみとめることを拒否すると同時に、原住民社会固有の諸性格を計画的に絶滅することなしには、植民地化を推し進めることは不可能です。実際、植民地主義は一つの体制《システム》なのです。つまり植民地は、原料と農産物を特恵価格で本国に売り、本国は、工業製品を世界市場価格で植民地に売るのです。こうした奇妙な交換システムは、植民地の下層プロレタリアが飢餓すれすれの賃銀で労働を強いられていてはじめて可能なシステムなのです。その必然的な結果として、植民地化された民族はその民族性、文化、習俗、またときには言語までも失い、亡霊のごとく悲惨のうちに生きつづけることになります。すべてが彼らに自分が《人間以下》であることを思い知らせるもととなるのです。

とはいえ、ただ同然の労働力としての彼らの価値がある程度までジェノサイドから彼らを護ります。ニュルンベルク法廷がひらかれようとしていた一九四五年、フランス軍はセティフで、七万人のアルジェリア人を見せしめとして虐殺しました。しかしその後、ナチに適用した法でフランス政府を裁くことは考えたものはひとりもありませんでした。それほどこれはありふれた事件であったのです。しかしながら、《一民族集団の一部の計画的な絶滅》はフランス人入植者の利益を損わずに拡大することは不可能だったのです。下層プロレタリアを根絶すれば入植者としての彼らみずからが滅亡してしまったでしょう。フランスがアルジェリア戦争に敗れたのは、アルジェリア原住民を抹殺するわけにもいかず、またさりとて同化することもできなかったからなのです。

III

以上の考察から植民地戦争の構造が、第二次大戦の終結以後、ある変化を遂げたことが理解できます。事実、大戦とそれが《植民帝国》に及ぼした衝撃によって、またその後毛沢東の勝利によっても目をひらかれた植民地人民が、彼らの民族独立を回復する決意を固めたのは、ちょうどその時期でした。闘争の特徴は、はじめから明らかです。ヨーロッパ人入植者は武器の面で優勢であり、原地人は、数において優勢であったわけです(資源開発と同時に移民を目的にした植民地であったアルジェリアにおいてさえ、数の点では一対九です)。両次大戦中、多くの原住民が兵士としての訓練をうけ、優秀な戦士になっていました。しかし——少なくとも初期においては——武器の不足と劣悪さのために必然的に戦闘部隊の数は、限られたものでした。彼らの行動型態もまたこうした客観的条件によって規定されていたのです。テロリズム、待伏せ、また敵を疲弊させる戦術。したがって不意打ちをかけ、直ちに後退する戦闘部隊の極度の可動性。これは全住民の協力があってはじめて可能なものです。あの解放軍と人民大衆との共生はそこから生まれたのです。解放軍はいたるところで農地改革、政治機構、教育を組織し、住民大衆は解放軍兵士を援助し、食料を供給し、匿い、さらに解放軍の損失を補充するために彼らの息子や娘たちを参加させるのです。工業国が核兵器の製造によって全体戦争をその極限にまで発展させたその時点で、固有の原則、戦略、戦術、また理論家を伴って人民戦争が出現したのは偶然ではありません。また人民戦争が植民地主義を崩壊せしめることになったのも、偶然ではありません。アルジェリアの民族解放戦線に勝利をもたらした矛盾は、当時一般的に存在した矛盾です。確かに人民戦争は（水素爆弾が同時期に同じ役割を果たしたわけですが）古典的戦争の弔鐘を鳴らしたのです。全住民に支援されたパルチザンにたいして、植民地派遣軍はなすすべを知らなかったのです。派遣軍にとって、志気を沮喪させ、第二、第三のディエンビエンフーになりかねなかったゲリラ作戦を免れる道はただひとつ、いわゆる《金魚鉢の水》、つまり民間人を駆逐することとです。事実、本国から派遣された兵士たちはあの決して口を割らない頑固な農民たちをもっとも恐るべき敵と見なすようになります。彼ら農民は待伏せの舞台から一キロも離れていないようなところで働いていながら、なにも知らず、なにも見なかったといい張るからです。民族全体の結束こそが古典的軍隊を無力化するものである以上、唯一の有効な対ゲリラ戦略は、その民族全体の、つまり非戦闘員の、婦人子供の絶滅以外にないのです。拷問とジェノサイド、それが植民地人民の蜂起にたいする本国政府の回答なのです。しかも周知のごとく、その回答は、徹底的で全体的なものでなければ意味がないのです。解放戦線の指導のもとに結束し、高度の政治意識をもち、不屈の決意を秘めた勇猛な民衆は、かつてのよき植民地主義時代のごとく、《見せしめ》の殺戮にももはや威圧されないでしょう。それどころか彼らの憎悪はますます深くなる一方でしょう。もはや一民族を威嚇するのではなく、肉体的に抹殺しなければすまなくなってきたのです。しかもそれは同時に植民地経済を、したがってまた植民地体制全体を抹殺することなしには不可能です。それがために入植者は恐慌に陥り、本国政府は見通しのない紛争に人と金を注ぎこむことにうみ疲れ、本国の人民大衆は非人間的戦争の継続に反対し、かくて植民地は独立をかちえるのです。

IV

しかしながら、人民戦争にたいするジェノサイドという回答が、下部構造の矛盾によって阻止されない場合もあります。そのとき全体的なジェノサイドは対ゲリラ戦略の根本原理としての本質を明らかにするのです。またある種の状況にあっては、ジェノサイドは——即時的にせよ段階的にせよ——達成すべき目標として現われることもあります。ヴェトナム戦争で進行している事態がまさにそれです。これは帝国主義の新たな段階です。すでに独立をかちえた元植民地にたいしてふたたび植民地支配のもとに屈服させる目的をもって行なう侵略と定義しうるがゆえに新植民地主義と呼び慣らわされている段階です。最初は、新たな国家の支配層が大衆の利益ではなく、ごく一部の特権階層、したがって外国資本の利益を代弁するものであるように——軍の叛乱とか他の型態のクーデタに財政援助することによって——仕組むのです。ヴェトナムではアメリカによって押しつけられ、擁護され、武装させられたゴールディン・ディエムが現われます。彼はジュネーヴ協定を破棄し、十七度線以南のヴェトナム国土を独立国とする決意を表明するのです。それ以後の事態はそうした前提の必然的な結果です。警察力と軍隊が必要になります。それらは、かつてフランスに抵抗してたたかった、そして勝利を横取りされたために、実際に抵抗運動に立ちあがる以前にすでに新体制の敵となった者たちをしつように迫害したのです。要するに恐怖政治であり、これが南部において新たな蜂起をひきおこし、人民戦争にふたたび火をつけたのです。アメリカははたしてディエムが反抗を蕾のうちにつみとると考えたでしょうか？　いずれにせよアメリカはただちに軍事顧問を、後には軍隊を派遣しました。そして今や紛争に首までつかってしまったのです。アメリカ政府が初めのうちは、軍隊の派遣は同盟国にたいする義務を遂行する高邁な動機からにほかならぬと声明したことをのぞけば、これはかつてホー・チミンがフランスに抵抗してたたかったのとほとんど同じ型の戦争であるように思えます。

　それは外見だけのことです。深く検討すれば、この二つの紛争は性格を異にしているのです。フランスとちがいアメリカはヴェトナムに経済的権益をもっていません。いやあることはあります。しかしわずかな投資をした民間企業です。たとえ犠牲にしたところで全体としてアメリカを混乱させたり独占資本に損失をあたえたりするほどのものではありません。したがって、直接的に経済的な理由によって戦争を継続しているのではない以上、アメリカ政府が絶対的な戦略、すなわちジェノサイドによってその終結を図ることを拒否するいかなる理由もありません。これはもちろん現在アメリカ政府がジェノサイドという解決を考慮しているという意味ではありません。ただそれを妨げるものはヴェトナムにはなにもないということです。

　じじつ、アメリカ自身によれば、この紛争は二つの目標をもっています。さきごろラスクは、われわれはわれわれ自身を防衛しているのだと言明しました。アメリカが高邁な動機から支援をあたえているのは、危険に陥った盟友ディエムでもキでもない、サイゴンで危殆に瀕しているのはアメリカ自身だというわけです。明らかにそれはアメリカの第一の目標が軍事的なものであることを意味しています。アメリカの膨張主義にたいする主たる障害である中国を包囲することです。そのためにアメリカは東南アジアが彼らの支配を脱することを許さないのです。タイでは傀儡を政権の座にすえ、ラオスの三分の二を掌握し、カンボジアを侵略しようとしているのです。しかしそれらの成果も、三千百万人の住民からなる自由な統一ヴェトナムが立ちはだかることになれば、水泡に帰してしまうでしょう。軍指導部が好んで東アジアにおける《要衝》という語を使い、ディーン・ラスクが無意識のユーモアをこめてアメリカ軍は「第三次大戦を回避するために」ヴェトナムでたたかっているのだというのはそのためです。この言葉は全く無意味であるか、あるいは「第三次大戦に勝つために」という意味にとらなければならぬかのいずれかです。要するに第一の目標は太平洋防衛線確保の必要性によって課せられているのです。帝国主義の全般的政策という文脈においてのみ意味のある必要性です。

第二の目標は経済的なものです。この十月〔一九六七年〕にウエストモーランド将軍はこの目標を「われわれがヴェトナムでたたかっているのはゲリラ戦はペイしないことをしめすためだ」と定義しました。いったい誰にしめすというのでしょう？　ヴェトナム人にでしょうか？　信じがたいことです。サンフランシスコから数千キロのところでたたかっている貧しい国の農民たちに、ゲリラ戦は割が合わないことを思い知らせるためにあれほどの人命と金を費やさねばならぬのでしょうか？　それよりもなによりも、大資本の権益はほとんど無にひとしいというのに、なぜアメリカのほうから侵略するのでしょうか？　なぜ、戦争を挑発して、この小国を破滅させ、抵抗の虚しさを思い知らせようとするのでしょうか？　ウエストモーランドの言葉は――さきに引用したラスクの言葉と同じく――その意味を補う必要があります。ゲリラ戦はペイしないことをアメリカがしめそうと欲しているのは他のものたちにたいしてなのです。つまり搾取され抑圧されているすべての民族にたいしてなのです。まず傀儡政権と買弁資本家およびそれらを支える軍部、つぎにアメリカの《特殊部隊》、そして最後には派遣軍（ＧＩ）に抵抗して人民戦争を開始し、アメリカの軛を振りすてようと企てるかもしれないすべての民族にたいしてなのです。要するにラテン・アメリカをはじめとして、第三世界全体にたいしてなのです。「われわれはいくつものヴェトナムを必要としている」といったゲバラにアメリカ政府は答えるのです、「ヴェトナムと同じように君たちも粉砕してやるぞ」と。いいかえれば、アメリカの行なう戦争はなによりもまず見せしめの意味をもっているのです。三つの、またおそらくは四つの大陸にたいする見せしめなのです。結局、ギリシアもまた農業国です。つい最近、独裁政権を成立させた国です。ここでひとつ屈服か絶滅かの警告をあたえておこうというわけです。こうしてジェノサイドという見せしめは人類全体にむけられているのです。この警告を用いることによって人類の六パーセントが他の九四パーセントを安上りに支配しようと狙っているのです。宣伝という目的からすれば、ヴェトナム民族を一掃してしまうより屈服させるほうが望ましいことはもちろんです。しかしそれとても確かではありません。ヴェトナムを地図から抹殺してしまえば事態はもっと明瞭になるでしょう。屈服はなんらかの避けうべき失策に帰することもできます。ところがヴェトナムの農民たちが一瞬たりともひるまず、彼らの英雄的行為を不可避的な死でもって贖うことになるならば、今後立ちあがるべきゲリラたちも闘志を失うことはもっと確実です。これまでの論証で三つの事実が立証されています。アメリカ政府が欲しているのは基地であり、見せしめであるということ。第一の目標を達成するためには、アメリカはヴェトナム人民自身の抵抗以外の障害に出会うこともなく、一民族全体を絶滅させ、無人のヴェトナム国土に「パックス・アメリカーナ」をうちたてることもできるということ。第二の目的を達成するためにはアメリカはみな殺しの過程を――少なくとも部分的に――遂行しなければならないということ、この三つです。

V

アメリカの政治家の声明はかつてのヒトラーの声明のように正直ではありません。しかしそれは正直であることが不可欠ではないからです。事実が雄弁であれば十分なのです。事実を粉飾する国内向けの演説を信ずるのは、アメリカ国民だけです。他の者たちは事実によって十分了解しているのです。アメリカの共犯者である諸国の政府は沈黙し、そうでない政府はジェノサイドを非難します。しかしジェノサイドを意図したことなどいまだかつて一度もない、そうした根拠のない非難は、それをなすものの偏向をしめしていると反論することは容易です。アメリカ政府はこう言っているのです、「われわれはヴェトナム人――北にせよ南にせよ――に、侵略をやめるか絶滅されるか、どちらかを選択せよと提案しただけだ」と。侵略者はアメリカである以上、したがって侵略を止めることのできるのはアメリカだけである以上、こうした提案が不条理なものであることはわざわざ指摘するまでもありますまい。しかしながらこの不条理は巧妙に計算されたものなのです。ヴェトナム人がうけいれることのできない要求をそれとなくつきつけるのは巧妙な手口です。こうすれば戦争を終結させる時を決定するのはつねにアメリカであるだろうからです。また、この提案を「まいったといえ、さもないと石器時代に逆戻りだぞ」といい直したところで、二者択一の後者はジェノサイドであることに変りありません。これにたいして、ジェノサイド？　そのとおり、しかし条件つきでだ、というものもあります。条件つきのなどということに法的な根拠があるのでしょうか？　そんなことが考えられるでしょうか？

この主張に法的な意味があるとすれば、アメリカ政府はジェノサイドの非難をかろうじて免れることができるでしょう。しかしマタラッソー氏が指摘したように、法は意図を動機と細心に区別しているので、この逃げ口上をみとめていません。ジェノサイドは――とくにそれが数年間にわたって行なわれている場合には――脅迫を動機としていることもありえます。被害者が屈服すれば止めるのだと宣言することもできます。しかしそれは動機です。行為自体は依然として意図によってジェノサイドであり、いかなる留保も許されません。ヴェトナムの場合のように集団の一部が他の部分に屈服を強いるためにすでに殺戮されている場合はなおさらのことです。

しかしながらもっと検討を深め、二者択一の二つの項がいかなるものであるかを見てみましょう。南においては選択はこうです。村を焼きはらい、殺戮を意図したはげしい爆撃に住民をさらし、家畜を銃撃し、枯葉剤で森林を破壊し、有毒化学物質の散布によって作物を壊滅させるのです。いたるところで手当りしだいに撃ちまくるのです。殺害し暴行し掠奪するのです。これは語のもっとも厳密な意味でジェノサイドです。つまり民族みな殺しです。他方にはなにがあるでしょうか？　こうしたおそるべき死を逃れるためにはヴェトナムの民衆はどうすればよいのでしょうか。アメリカまたはサイゴンの軍隊の下に身を寄せ、戦略村、あるいはそれとは名前が違うだけの例の新生活村、要するに強制収容所に閉じこめられることになるほかありません。数多くの証言からわたしたちはこれら収容所について十分な知識をえています。それらは有刺鉄線で囲われているのです。もっとも基本的な要求さえ満たされていないのです。栄養不良、衛生設備の完全な欠如。収容者はテントやバラックに詰めこまれ、呼吸さえも困難な状況です。社会構造は破壊され、夫は妻と、母親は子供と引き離されています。――ヴェトナム人にとってきわめて重要な――家庭生活はもはや存在しなくなっています。家族がちりぢりになった以上、出生率は低下しています。宗教的な生活、また他の形の文化の可能性も無に帰しています。労働――民衆が彼らの生命と彼らの家族の生命を再生産するための労働――さえもが拒否されています。これら不幸な民衆は奴隷でさえないのです。奴隷制はアメリカ黒人が豊かな文化を生みだすのを妨げなかったではありませんか。ヴェトナムでは集団は単なる集合体の状態、全くの植物的生命を強制されているのです。そうした状態から脱出しようとするとき、細分化され、憎悪に荒廃したこれらの人びとの間に回復される関係は政治的な絆以外のものではあり得ません。人びとは抵抗するために秘密裡に再結集を計ります。そのことを敵はかぎつけます。結果はどうか？　これら収容所自体、二度、三度と索敵作戦の対象にされます。つまり、これら戦略村、新生活村においてすら、安全は決して確保されず、そして原子的細分化の力が絶えず働くのです。たまたま一家の柱を欠いた家族、すなわち姉とか若い母親に伴われた子供たちが釈放されても都会の下層プロレタリアートを増大させるだけであり、仕事がなく、養うべき幼少者をかかえて、娘や母親は敵に身を売って家族の完全な崩壊に手をかすのです。わたしが述べてきたところ、そしてダンカン氏の証言によれば、南部の住民の三分の一の運命である以上の事態はもう一つの型のジェノサイドにほかなりません。しかもこれは一九四八年協約によって同じく断罪されているものなのです。協約はジェノサイド行為に、

「集団成員の身体的・心的完全の重大な侵害、

特定の集団を、部分的もしくは全体的な身体的破壊を招来するような生存条件に故意にゆだねる行為、

集団内部の出生率を低下せしめるような処置、

子供たちを強制移住させる行為」をふくめているからです。

いいかえれば、選択は死か屈服かにかかわっているというのは正しくないのです。ヴェトナムの状況においては、屈服したところでジェノサイドの過程をストップさせることはできないからです。はげしい即時的な死か、肉体的精神的な退化のはての緩慢な死かのいずれかの選択を強いられているのだといえるでしょう。あるいは選択の余地などないのだ、満たすべき条件などないのだというべきかも知れません。《作戦》の偶然、ときにはパニック的恐怖が各人にくわえられるジェノサイドの型を決定するだけなのです。

北ヴェトナムでは事情は別でしょうか？

一方に殲滅があります。日常的な死の危険ばかりではなく、経済的下部構造の組織的な破壊です。堤防から工場まで、《一片の石をものこさぬ》破壊です。民間人、とくに農村の住民にたいする意図的な攻撃。病院、学校、教会、寺院の計画的破壊です。二十年間の社会主義の成果を破壊する継続的行為です。たんに住民を威嚇するためだというのでしょうか？　しかし、この威嚇の目的は集団のよりいっそう多数の成員を連日殺戮することによってのみ達せられるものです。またこの威嚇行為自体がその社会心理的結果においてジェノサイドであるのです。その威嚇行為が、長期間にわたって、あるいは生涯にわたって、彼らの人格を侵害するであろうような精神障害をとくに子供たちのうちにひきおこさないとだれにいえるでしょう。

他方に降服があります。その意味するところは、彼らの国土が二分され、直接的にあるいは傀儡を通じてアメリカの専制支配が同胞のうちに、さらには戦争によって引き離された彼らの家族の上に押しつけられるのをうけいれるということです。それではこのような耐えがたい屈辱が戦争をおわらせるでしょうか？　疑わしいものです。解放民族戦線とヴェトナム民主共和国は、兄弟的に結ばれていても、それぞれ違った戦略と戦術をもっています。両者の置かれている状況が異なるからです。解放民族戦線が闘争をつづけるならば、アメリカの爆撃機はヴェトナム民主共和国が降伏しても、これを破壊しつづけるでしょう。一方、戦争が終結するならば、アメリカはドルをふんだんにそそぎこんでヴェトナム民主共和国の再建を援助する用意があると――公式声明で――述べています。しかし、それが意味するところはまさに、アメリカは民間投資や条件付借款によって社会主義の経済的基盤全体を破壊してしまうだろうということです。これはやはりジェノサイドです。一独立国を二つに分割し、その一方を占領して恐怖政治をしき、他の一方の、多大の犠牲の上に築かれた事業を経済的圧力を通じて破滅させ、計算ずくの投資によって掌中におさめておこうとするものだからです。《ヴェトナム》という民族集団はなるほど肉体的に抹殺されません。しかしもはや実在しなくなるのです。経済的、政治的、文化的に抹殺されてしまうからです。

北においても南においても、集団的死か分解かの二つの型の破滅のあいだにしか選択はないのです。きわめて意味深いことは、アメリカ政府が解放戦線と民主共和国の抵抗力を試すことができたということです。今やアメリカ政府は破壊は――全体的でなければ――効果がないであろうことを知っています。解放戦線はますます強大であり、北ヴェトナムは不屈です。まさにこの理由から、ヴェトナム民族の計画的な殺戮の目的が彼らを降服させることであるはずはないのです。拒絶されることを知りながら、アメリカは「名誉ある勇者の和平」を提案しました。この偽りの二者択一は帝国主義の真の意図を隠蔽しているのです。それはエスカレーションの最終段階、すなわち全体的ジェノサイドに漸次的に到達することです。これまでにアメリカ政府はヴェトナム民族全体を「電撃的」に一掃することによってヴェトナムを抹殺し、その目的を一挙に達成することもできただろうというものもあります。しかしながら、これは複雑な戦略配置の設定――たとえば爆撃機の飛行距離を五〇〇〇キロメートル短縮する空軍基地をタイに建設し、これを自由使用するとかいった――を前提とするために、直ちに実行するのは不可能であるということもありますが、じつは《エスカレーション》の主要な目的はブルジョワ諸国の世論をジェノサイドにむけて準備することであったし、これは今でもそうなのです。この観点からすれば、アメリカは見事に成功したといわなければなりません。二年前ならばはげしい抗議をまきおこしたであろう、ハイフォンとハノイの人口密集地帯にたいする組織的な連続爆撃は今日、無気力というよりは神経硬直を思わせる全般的無関心のうちにおこなわれています。してやられたのです。世論は、じつは窮極的なジェノサイドにむかっての人心操作であるものを、ゆっくりと絶えず増大する圧力とうけとっているのです。そのようなジェノサイドは可能でしょうか？　否です。しかしすべてはヴェトナム人民に、彼らのみにかかっているのです。彼らの勇気や、彼らの組織機構の驚嘆すべき有効性にかかっているのです。アメリカ政府についていえば、被害者の知性と英雄的気概が暴虐をある程度食い止めることを可能にしていることを口実にして、アメリカ政府の罪を許すことはできません。結論を述べましょう。現代の生みだしたものであり、帝国主義的な侵略にたいする回答であり、そして自己の統一性を自覚した民族の独立の要求である人民戦争にたいして二つの態度が可能です。一民族全体が一丸となって決起していることをみとめて、侵略者は撤退し、和平をうけいれるか、あるいは古典的戦略の無効を自覚し、自己の利益を侵害することなしにそうすることが可能ならば、文字どおりの絶滅の挙に出るか。ほかの選択はありません。しかし少なくともこの二者択一は依然として可能です。アメリカ軍がヴェトナムにいすわり、爆撃と虐殺を強化しつづけている以上、またラオスを支配しようとし、カンボジアに侵入しようと目論んでいる以上、度重なる偽善的な否認にもかかわらずアメリカ政府がジェノサイドをえらんだことは疑いをいれません。

VI

その意図はもろもろの事実からおのずと明らかです。アイバール氏が法廷で述べたように、それは必然的に計画的なものです。他の時代に、部族的あるいは封建的紛争の過程でジェノサイドが激情の発作ゆえに突如として犯されたことはあったかも知れません。しかしわれわれの時代の生みだしたものである対ゲリラ・ジェノサイドは、組織、基地、したがって共犯関係（ジェノサイドは遠隔の地でのみ起こるものです）、それに相応した予算を前提とするものです。したがって綿密に検討し計画を練ったうえでのことでなければなりません。このことはそれを企てた者たちが彼らの意図を明確に自覚するにいたったことを意味するでしょうか？　それは判断しかねることがらです。夢判断をおこなわなければならなくなるし、またピューリタン的不誠実は奇蹟をおこなうものであるからです。国務省の職員たちのうちには、自己欺瞞に慣れきっているために、アメリカはヴェトナムのためを思っているのだと今なお信じこむことのできるものもいるでしょう。しかしながら国務省スポークスマンの最近の声明、「われわれはわれわれ自身を防衛しているのだ、たとえサイゴン政府が求めてもわれわれはヴェトナムを離れない」などといった声明の後では、そのような幼稚な人間は減ってきていると考えられます。いずれにせよ、この法廷に集まったわたしたちはこうした心理的かくれんぼうにわずらわされてはなりません。真実は戦場に、アメリカ兵の人種的偏見のうちにあるのです。もちろんこの偏見——黒人、アジア人、メキシコ人にたいする偏見——は深い根を持った、また潜在的にであれ顕在的にであれヴェトナム紛争以前から存在した根本的な与件です。ジェノサイドを禁止した協約の批准をアメリカ政府は拒否していることからも明らかです。このことはアメリカ政府がすでに一九四八年に他民族をみな殺しにする意図をもっていたことを意味するわけではありません。そうではなくて——これはアメリカ政府自身の声明していることなのですが——そのような条約加盟は数多くの州の法律に抵触するということを意味しているのです。いいかえれば——というのはすべては関連があるからなのですが——現在の指導層は、彼らの先任者たちが南部の白人の人種偏見に遠慮して一九四八年協約承認を拒否したからには、自分たちもヴェトナムで自由行動権をもっていると考えているのです。いずれにせよ、一九六五年以来、サイゴンから十七度線までのアメリカ兵の人種偏見は悪化しています。若いアメリカ兵は拷問し、嫌悪に襲われることもなく野線用電線を用い、標的がわりに無防備の婦人を狙い、負傷者の陰部を蹴りあげ、戦利品がわりに死者の耳を切りとるのです。将校はもっと残忍です。ある将軍は——法廷でその事実を証言したフランス人にむかって——ヘリコプターから田のなかの「ヴェトコン」を狙い撃ちにするのを自慢していたといいます。もちろんそれは解放戦線の兵士ではありません——彼らは身を護るすべを心得ています——田で働いている農民なのです。これらアメリカ兵の混乱した頭のなかでは、彼らのいわゆる《ヴェトコン》とヴェトナム人とは同じものになりつつあるのです。そして「死んだやつ以外によいヴェトナム人はいない」あるいは——その反対に、しかしけっきょく同じ意味なのですが——「死んだヴェトナム人はすべてヴェトコンだ」といわれるようになっているのです。十七度線の南で農民たちは稲の刈入れの用意をしている。アメリカ兵がやってきて、彼らの家に火をつけ、彼らを戦略村に移送しようとする。農民たちは抗議する。これら火星人にもひとしいアメリカ兵にたいして、素手の彼らにほかになにができるというのでしょうか？　「今年は稲の質がとてもよいから、ここにいて自分の米を食べたい」と彼らはいいます。それだけです。ところがそれだけで若いヤンキーを激怒させるのに十分なのです。「ヴェトコンに入れ知恵されやがったな。やつらがおれたちに抵抗するようにいったに決まっている」というわけです。これらアメリカ兵の判断力はすっかり狂っているので、彼ら自身の暴力がひきおこした弱々しい要求を《破壊的》暴力と考えてしまうのです。おそらくはじめに幻滅があったのでしょう。彼らはヴェトナムを救うために、共産主義者の侵略からヴェトナムを解放するためにやってきたのです。ところがヴェトナム人は彼らを嫌っていることがすぐ分かります。解放者の魅力的な役割から占領者の役割に転落するのです。これはいわば自覚のはじまりです。「おれたちは必要とされていない、ここにはおれたちのなすべきことはなにもないのだ」という自覚です。しかし懐疑はそれ以上すすみません。彼らは激怒し、ごく単純に「ヴェトナム人はもともと要注意人物なのだ」と自分にいい聞かせるのです。彼らの観点、すなわち新植民地主義者の観点からすればそのとおりです。彼らは、人民戦争においては民間人は要するに唯一の目に見える敵にほかならないことを漠然と理解します。そのとたんに憎みはじめるのです。あとは人種偏見のなすがままです。救うつもりであったこのヴェトナムの連中、だがじつはやつらを殺してやるために自分はここにいるのだ、と残忍な喜びとともに知るのです。ヴェトナムには潜在的に共産主義者でないようなものはひとりもいない。その証拠に、彼らはヤンキーを憎んでいるではないか、というわけです。こうして、暗い、また遠隔操縦されたアメリカ兵の心のうちにわたしたちは、ヴェトナム戦争の事実を見出すのです。それはヒトラーの声明と一致するものです。ヒトラーはユダヤ人をユダヤ人であるがゆえに殺しました。アメリカ軍は、ヴェトナムの男、女、子供を、彼らがヴェトナム人であるがゆえに拷問し殺すのです。こうして、アメリカ政府がどんなに欺瞞的な、また慎重な言辞を弄そうと、ジェノサイドの精神は兵士たちの頭に根をおろしてしまっているのです。そしてそれは、政府によって投げこまれたジェノサイドの状況を生きる、彼らなりの生き方なのです。二十三歳の学生であるマーティンソン証人は十カ月のあいだ捕虜の《訊問》をし、その経験に耐えがたい思いをしたのですが、こう証言しました、「私は普通のアメリカ人です。他のすべての学生と変わったところはありません。ところがわたしは戦争犯罪人になってしまったのです」と。彼がつけくわえたのは当然でしょう、「だれでも私の立場におかれたら私のように行動したでしょう」と。ただ、彼の過ちは、人間性を喪失させるような自分の罪を戦争一般の影響に帰したことです。これは間違いです。抽象的な、また状況づけられていない戦争ではなく、この戦争、彼の国、すなわち世界の最大強国が貧しい農業国にたいして遂行していることの戦争のせいなのです。また、それをたたかっている兵士たちが、超工業国と後進国のあいだに可能な唯一の関係として、すなわち人種偏見を通して表現されるジェノサイドの関係として生きることを強いられているこの戦争のせいなのです。唯一の関係、そのとおりです。直ちに侵略を止め、撤退するのでない限りは。

全体戦争はある種の力の均衡、ある種の相互性を前提にします。植民地戦争は相互性なしにおこなわれました。しかし植民地主義自体の利益のためにジェノサイドの限界が画されていました。世界諸国の不平等な発展の終局的結果である現在のジェノサイドは、いかなる相互性もなしに、一方のがわが撤底的に遂行する全体戦争なのです。

アメリカ政府は現代のジェノサイドを創始したために有罪なのではありません。ゲリラにたいして用いうる効果的な反撃の諸型態のうちからジェノサイドを選びだし、採用したためでもないのです。たとえば戦略的な、あるいは経済的な動機からジェノサイドを選択したために有罪なのではありません。じつはジェノサイドは抑圧者に抗して決起する一民族全体にたいする唯一、可能な対抗策なのです。アメリカ政府は全体的ジェノサイドをめざす侵略と戦争の政策を――帝国主義的巨大企業が圧力団体を介して政府に強制する主要な目標の再検討を必然的に伴うがゆえに代案となりうるであろう唯一の政策である平和の政策に――優先させたため、また現に優先させているために有罪なのです。アメリカ政府は、そのメンバーのひとりひとりが、勝つための唯一の方法はヴェトナムを全ヴェトナム人から《解放する》ことだという認識を軍指導部の報告で日一日と深めているにもかかわらず、戦争を継続し拡大しているために有罪なのです。アメリカ政府は、このまたとない耐えがたい経験のあたえる教訓にもかかわらず、破局に通ずる道に、狡猾かつ陰険な手を弄し、自他を欺きながら刻一刻、歩一歩踏みこんでいくために、有罪なのです。アメリカ政府は、みずからみとめているように、ジェノサイドを全世界の人民への挑戦と脅迫として用いるべくこの見せしめの戦争を意識的に遂行しているために有罪なのです。全体戦争の要因のひとつに運輸機関の種類と速度の不断の増加があったことはすでに見ました。すでに一九一四年には戦争は局地的ではありえず、全世界に拡大されたのは必然の勢いでした。一九六七年の今日、その過程は促進されつつあります。「ひとつの世界」の絆、アメリカがそのヘゲモニーを強制しようとしているこの世界の絆はますます強固になりつつあります。アメリカ政府も十分に自覚しているこの理由ゆえに――人民戦争にたいする反撃としての――現在のジェノサイドが、ヴェトナムで、しかしたんにヴェトナム人民にたいしてだけではなく、人類にたいして、計画され遂行されているのです。ひとりの農夫が機銃掃射を浴びて稲田に倒れるとき、その農夫とともに撃ち殪《たお》されたのはわたしたちすべてなのです。それゆえにヴェトナム人民はすべての人間のためにたたかっているのです。そしてアメリカ軍はすべての人間を敵としてたたかっているのです。比喩でも抽象でもありません。またたんに、ヴェトナムでのジェノサイドが国際法によって全世界的に禁じられている犯罪であるからではありません。ジェノサイドによる恐喝が、核戦争、すなわち全体戦争の絶対的型態による恐喝に依拠しつつ全人類のうえに及びつつあるからです。そしてまた、連日わたしたちすべての面前で犯されつつあるこの犯罪が、それを告発しないすべての人間を、わたしたちをいっそう隷属させるためにまず堕落させようとする犯罪者たちの共犯者にするからです。この意味で帝国主義的ジェノサイドは狂暴化の一途をたどるほかないのです。というのはアメリカがヴェトナム民族をとおして打撃をくわえ威嚇しようとしている集団は、まさに人類という集団全体であるからです。

「レ・タン・モデルヌ」二五九号、一九六七年十二月号。

第三世界は郊外に始まる

本書(1)から理解されるのは、アフリカ人労働者の陥っている状況が――また多くの他の移民労働者もそうであるが――怠慢さのせいではなく、また単に人種差別のためでもない、ということである。アフリカ人労働者に対する過剰搾取は、フランスの資本主義経済にとって必要なものなのだ。

アメリカが《家の中に》、つまり自国内に、その植民地を持っているということが、しばしば指摘される。ところでフランスがいま行ないつつあるのは、フランスが失った植民地を自国に再建しようとする努力である。とりわけわれわれは、アフリカ人労働者をフランス経済に組みいれている体制《システム》が何を意味しているかを見ることになるだろう。

まず第一にこの書物は、一つの事柄についてきわめて明快だ。すなわち、不法入国(clandestinité)についいて。不法入国とは茶番である。実のところ、それは移民政策である。質問を受けたアフリカ人の一人がはっきりと語っているように。「われわれはセネガルから歩いて来るんじゃない。船に乗って来るんです。したがって、この船は港に着く。たとえばマルセーユに着きます。いったいその船の三十人とか五十人とかのアフリカ人労働者は、警察が大目に見てくれなければ、どうやって下船できましょう?」大目に見るということが、一方から言えば、経営者の政策によって指示されていることは明々白々だ。また他方では、これはアフリカ人労働者自身の、高い買物だ。別な言い方をすれば、彼らはわざわざ金を払って入国するのであり、しかもその国たるや、今ではこんなふうに言っているのである。「だがあの連中は招かれざる客なんだ。われわれの知りもしないやつらだ。あいつらに対して、われわれに責任はないのだよ。なに？　やつらがあばら家に生活しているって？　だがそりゃ、やつらの数が多すぎるからさ！」彼らの数は多すぎるが、しかし、それほど多いというわけでもないから、みながちゃんとフランス経済に役立っているのだ。それはまた何かにつけて、彼らの上に国外追放という脅威を加えるのを可能にしている。というのも、まさに彼らは招かれて来たわけではないのだから。

ごらんのように、何よりもまずかの有名な不法入国という茶番を、実は経営者が望む通りの移民のタイプそのものであると見なさなければならない。実際、以前だったら本国は植民地から原料を輸入していた。それればかりか今でも、新植民地主義的形態のもとに、同じことをやっている。そのことが、いみじくも言われたように、旧本国の利益のためのアフリカ諸国の構造破壊を説明している。それがまたしたがって（これは悪循環だ）、移民労働者が以前より増大していることを説明する。それというのも、まさに彼らの国において、状況はますます困難になっているからだ。では、現在これらの人間たちによって、人はいったい何を輸入しているのか？　《原料人間》とでも呼べるもののように、彼らを輸入したがっているのだ。つまり、彼らが未熟練労働者であることを望んでいるのだ。熟練していない方がいいのは、まさしく熟練が、フランス人労働者のためにとっておかれることになるからである。したがって、彼らがその場で技術を習得できる場合でも、その可能性は頑なに拒否される。彼らのなかの一人は——こういうことはすべてこの書物に書かれているのだが——勉強して熟練労働の職を得たいと申し出たところ、こういう答を与えられた。「われわれは熟練労働者はおろか一般工員すらも必要としていない。われわれが必要としているのは下働きだ」。

したがって、むろんのこと人びとは労働者を、その最も単純な可能性に引き下げようとする。また、セネガル人や一般にアフリカ人のなかに熟練労働者が現われると、人びとはこれら労働者を、その熟練度よりはるかに劣った仕事につけて働かせる（ル・アーヴルにいる何人かの料理人は、完全に自分の仕事を心得ているにもかかわらず、三十年来某ホテルで皿洗いをしている）。または、たとえ彼らをその職で採用したとしても、仕事の要求するような賃金よりもはるかに低い額しか支払わない。たとえばさるトラックの運転手がそうで、彼は、どこの市役所だったか忘れたが、実際はトラックの運転手として使われているのに、道路人夫としての給料しかもらっていない。

したがって、ここではまさに一般的な政策が問題だ。この政策は、経営者側にとって大きな利点を持っている。まず第一に、こうして連れてくる人びとが《一人前》の男たちだということがある。つまり経営者側、またより広くフランス経済は、〔労働者の〕幼少年期に投資すべきであるにもかかわらず、その当然の負担から免れているのだ。労働をするには少なくとも十四歳か十五歳にならなければならず、したがって生まれおちてから製造所なり工場なり、あるいは別のところなりに就職するまで、人は生産に従事しない十五年間を持っている。ところが一人前の人間、たとえば三日間の見習期間の後にすぐ仕事につける者という意味だが、こういう人を連れて来る場合には、この十五年間は完全に廃止される。だからおとなたちが連れられて来るのだ。このようにして、フランスの経営者に膨大な節約をさせている百万人もの人びとが——ただセネガル人だけの話ではない——じつに百万人もの人びとが存在することになる。その上この人たちは、フランス人労働者がますます嫌がる仕事を引き受けており、そのために、いみじくも言われているごとく、彼らはフランスの労働者階級に統合されず、放り出されてしまう。彼らは労働者以下の人間なのだ。かくて、資本にとってまことに便利な人種主義が育成される。ついで、彼らがフランス人の生活に入りこむことのないように、またほかの誰かれとちがって彼らがフランス人にたちまじって進歩発展することのないようにと、あるゆる努力が払われる。彼らが母国語を守るよう、またフランス人の仲間との意志疎通を可能にする第二の言語を覚えることのないようにと、人は全力を傾ける。読み書きの習得は嫌悪される。それに手をつける必要が起こるたびに、その仕事を引き受けるのは、ヴォランティアの人たちであり、たいていはフランス人の革命家たちだ。公的には、読み書きを習得させるようなものは何もない。なぜか。なぜなら、「エリートがいなければ、面倒も起こらない」からだ。これはベルギー領コンゴで言われたことである（もっとも、それが後になって、多くの面倒を惹き起こしたのだが……(2)）。

それでも彼らが団体を作ることだけは辛うじて許されている。UGTSF(3)は、《外人》組織だと言われる。ところで外人の組織については、これを解散するのに、何の理由も示さずにただ内務大臣が一片の政令を発すれば、それでこと足りるのだ。したがって、いっさいの団結の可能性が、はなはだ心もとないものでしかない。さらにたとえば、原則として彼らが受けられるはずの社会保障については、次のようなやり方で、莫大な利益が引き出されている。すなわち、家族手当は、家族が彼らといっしょにいなければ支給されないというのだ。ところで大部分のアフリカ人労働者が、その家族を国外に連れ出せないことは明らかである。なぜなら彼らは、まさにこの家族を養えるだけの金を送るためにフランスに来ているのだから。結果として、この手当は全然支払われないか、あるいはたまたま支払われてもごく低い金額にすぎない。しかるに人はアフリカ人労働者に言うのである。「君たちがくすねとられてなんかいるものか。だってすべては、ある社会事業基金(4)に還元されるのだから。その基金は、たとえばこの金で宿舎などを建設するにちがいない」。これがどれほど見事な詐欺になるのか、お分りだろうか？　というのも結局のところ、これらアフリカ人労働者には、自分自身で、彼らが当然受けとる権利のある金でもって、家を建てることが求められており、しかもその家は後でフランス国家に帰属するものであって、彼らにはその使用権さえ絶対に長いこと持てるはずはないからだ。なぜなら普通は例の交替制があって、一人前の人びとが過労や病気でくたくたになると、別の者に代えることができるからである。したがって彼らは、自分たちが金を払った宿舎だというのに、決してそこに二年ないし三年以上いることはないだろう。つまりそこにはごらんのように詐欺があり、それと同時に、フランス経済にとって一つの利益が加算されている。だから、アフリカ人労働者は過剰搾取を受けているのだ。そして彼らが過剰搾取を受けているのは、まさしくフランス経済が、賃金以下の賃金、フランス人労働者の給料より劣った給料の人びとを使わぬかぎり、ヨーロッパにおける競争的な地位を維持できないからである。

さて、以上のことから発して、周知のとおり、唾棄すべき一連の結果が生じる。つまりまず現実に彼らが生活している住いだ。というのも、彼らのために建設するはずの例の宿舎は、実は建設されないからだ。差別がある。たえず国外に追放される可能性がある。それぱかりか現実に多くの追放が行なわれている（本書の中では、一九六八年以来なされたすべての国外追放が挙げられている）。だがより一般的に、人びとが数万人ずつ解体されているのだ。彼らは熟練技術を身につけることもなく、気候の変化からくる病気、だがとりわけ不衛生な居住条件に発する病気にかかって、自分の国へ送り返される。彼らはたえず搾取され、超搾取されてきた。そしてこういった一切のことは、人がただひたすらに、またすべてを承知の上で、この文字通りの植民地労働力を必要としていることから起こるのである。

以上に挙げた理由から、私は万人がこの本を読むべきだと考える――なぜなら、人が過剰搾取のメカニズムを理解するのは、理論によってではなく、事実によってであり、ひたすら事実のみによってであるから。また、以上に挙げた理由から、私は、フランス人がアメリカ人と同じく、自国内部に現実に自分の植民地を持っていると考える。たった一つの相違点は、アメリカ黒人のおかれた状況が、わが国で働いているアフリカ人の状況に比して、何はともあれいくぶんましであるということだけだ。

『在仏アフリカ人労働者に関する書』（パリ、マスペロ社、一九七〇年）の刊行に当たり、UGIS(5)主催討論会においての発言。

『第三世界は郊外に始まる』は、「トリコンティナンタル」誌（パリ、一九七〇年）に、「資本主義諸国とその国内植民地」の題で掲載された。

原注・訳注

『一つの中国からもう一つの中国へ』

訳注

(1) アンリ・ミショー（一八九九―一九八四）はフランスの詩人。『昔のぼく』などの詩集のほかに『エクァドル』、『アジアの野蛮人』などの旅行記がある。

(2) アグリッピナ（前一四頃―後三三）はローマの貴婦人。元老院の一派をひきいてセイアヌスと抗争した。美貌と政治とで知られる。

(3) 西太后（一八三五―一九〇八）は清の文宗の側室。政治的野心に燃え、しばしば実権をにぎる。慈禧太后。

(4) シュルー人はモロッコに居住するベルベル人を指す。

(5) ジャン－バプティスト・カルポー（一八二七―七五）はフランスの彫刻家、画家。

(6) ジョルジュ・ウジェーヌ・オスマン（一八〇九―九一）。セーヌ県知事。パリの都市改造で有名。ナポレオン三世の威容にふさわしい都市の近代化を実行した。

(7) モーリス・バレス（一八六二―一九二三）。フランスの小説家。伝統主義、地方主義の立場よりする国家主義者。代表作『自我礼讃』。

『植民地主義は一つの体制である』

原注

1　この体制の犠牲者であり、同時に罪なき受益者であるヨーロッパ系の小役人や労働者を、わたしは植民者とは呼ばない。

訳注

(1) アンリ・ド・マン（一八八五―一九五三）ベルギーの政治家。

(2) FLN（Front de Libération Nationale）民族解放戦線。一九五四年十一月一日、FLNの名で、はじめてアルジェリア人民への呼びかけがなされた。革命的手段による植民地制度打倒を目ざす集団。この呼びかけに応じて、アルジェリアの多くの政党がこれに参加し、FLNは一大革命勢力となった。「アルジェリア革命は、同一祖国に属するすべての市民のあいだの、差別なき、真の平等を保障する、民主的・社会的共和制を樹立するために、国民的独立をたたかいとらんとするものである」（FLN綱領の一部）。以来八年間にわたる闘争ののち、一九六二年、FLNは民族独立の勝利を獲得した。

(3) トマス・ロベール・ビュゴー（一七八四―一八四九）。ルイ・フィリップ時代の将軍。三六年、アルジェリアに派遣され、原住民に苛烈な戦いを挑んだ。三七年、アルジェリア総督。四三年、功により元帥。

(4) ジュール・フェリ（一八三二―九三）。パリ・コミューヌ当時の市長。反動政治の立役者。植民地確保に「功績」をのこした。

(5) ポール・ルロワ゠ボーリュ（一八四三―一九一六）。コレージュ・ド・フランス経済学教授。自由主義経済学の理論家。『財政学』（一八七七）、『人口問題』（一九一三）。

『植民者の肖像と被植民者の肖像』

原　注

1　「植民地の状況が、被植民者をつくり出すと同じように植民主義者をつくり出す」（七七ページ）とかれは書いてはいないか。われわれの間の相違は、わたしが体制《システム》を見ているところにかれが状況《シチュアシオン》を見ているという点から来ているらしい。(5)

訳　注

（1）前者はテキサス州、後者はルイジアナ州、ともに南部にある都会。

（2）拙訳『植民地——その心理的風土』三一書房刊、参照。

（3）メンミの小説、一九五三年刊。邦訳『塩の柱——あるユダヤ人の青春』（菊地昌實・白井成雄訳）合同出版刊、参照。

（4）メンミはユダヤ人である。

（5）サルトルの引用では、《被植民者》のところが、《植民地《コロニー》》となっているが、これでは意味が通じないので、メンミの原文と照らしあわせて、訳文のように訂正した。邦訳七〇ページ参照。

『地に呪われたる者』

訳　注

（1）フランツ・ファノンの著書。本論文はその序文として一九六一年に発表された。『シチュアシオンV』収録テクストとの間に重要なヴァリアントは見当らない。

原題は *Les Damnés de la Terre*。「インターナショナル」冒頭の一句からとられたものである。ゆえに、当初『シチュアシオンV』に収めたときは『飢えたる者』と訳出していたが、みすず書房版刊行時に『地に呪われたる者』とあらためた。

フランツ・ファノン(一九二四―六一)は、西インド諸島マルチニック島出身の黒人。第二次大戦に参加後、リヨンで精神医学を修める。フランス人女性と結婚。アルジェリアのブリダの病院長に任命され、ここでアルジェリア革命の勃発(一九五四)に強く揺り動かされる。一九五七年初頭には、アルジェリア総督ラコストに書簡を送り、自分がマルチニック生まれのフランス人ではなくてアルジェリア人であることを宣言して国外に亡命する。以後、FLN(民族解放戦線)の機関紙「エル・ムジャヒド」の政治欄を担当。臨時政府成立後はガーナ大使となり、FLNの指導的インテリとして活躍する。一九六一年、白血病の手術のためアメリカに赴いたが、手術は失敗し、十二月六日に短い一生を終えた。その遺体は、同年暮に、少数のアルジェリア解放軍兵士に護られて秘かに〈祖国〉アルジェリアの土に埋められた。

著書としては、『黒い皮膚、白い仮面』(一九五二)、『アルジェリア革命第五年』(一九六〇、後に『革命の社会学』と改題)、『地に呪われたる者』(一九六一)、『アフリカ革命のために』(一九六四)がある(いずれもみすず書房刊)。最後のものは、「エル・ムジャヒド」その他に発表された彼の文章を集めており、死後出版されたものである。なお、彼の全体像については、海老坂武著『フランツ・ファノン』(講談社「人類の知的遺産」第七八巻)を参照されたい。

(2) アテネの神殿パルテノン、フランス大革命の所産である「自由、平等、友愛」の「友愛」は、いずれも西欧文明の象徴として記されている。
(3) ヘーゲル著『精神現象学』の「自己意識」の章参照。自己のうちにおいて分裂した意識。
(4) 完全なフランス人となり、平等の権利を与えられることを指す。
(5) ルネ・マラン(一八八七―一九六〇)を指す。マルチニック生まれの黒人作家。一九二一年にゴンクール賞を受けた。
(6) いずれも植民地。フランス軍の大量虐殺で名高い。セティフはアルジェリアのコンスタンチーヌ県にあり、一九四五年五月八日の対独戦勝記念日にこの町で行なわれたデモに警官隊が発砲、大混乱に陥り、その後徹底的な弾圧が一週間つづけられた。最初の政府発表では、ヨーロッパ人死者百二名、アラブ側死者千五百名とされたが、その後の政府調査で、アラブ人死者は二万と見積もられた。非公式には、四万人以上の犠牲者があったと推定されている。
ヴェトナムのハノイでは、一九四六年十二月十九日から二十日の夜にかけて、フランス軍とヴェトナム軍が全面的に衝突し、八年にわたるヴェトナム戦争が切って落とされた。これはそのひと月前に起こったハイフォン事件(フランス巡洋艦の砲撃により六千人の死者が出たという)と一連の関係を持つ。

マダガスカルにおいては、一九四七年に〈マダガスカル革新民主運動〉の反乱事件があり、推定約八万といわれる犠牲者を出している。
(7) 旧ベルギー領コンゴ(現コンゴ民主共和国)のカタンガは、豊富な鉱物資源を有する一州。その指導者モイーズ・チョンベはベルギー資本に操られ、カタンガの分離をくり返し主張。
(8) 原住民の独立運動と本国政府との間に立つ中立的原住民。実は本国の傀儡である。ド・ゴールは、一九五八年に政権について以来、アルジェリア戦争解決のために専ら〈第三勢力〉の発見に力を注いだが、完全に失敗した。むろん本論文執筆当時、〈第三勢力〉と言えば直ちにド・ゴールの新植民地主義の野心を指すものと受けとられていた。
(9) ビゼルトはチュニジアにフランスの保有する軍港。チュニジアのブルギバ大統領は何度かこの返還を迫り、一九六一年七月十九日にビゼルトを包囲。戦闘が開始され、二十三日停戦。チュニジア側に六百七十名、フランス側に三十名の死者が出た。
エリザベートヴィルは旧ベルギー領コンゴのカタンガ州首都。カタンガ分離を狙うチョンベを中心に、常にコンゴの動揺の震源地となっていた。現在はルブンバシと改称されている。
(10) ジョルジュ・ソレル(一八四七—一九二二)。フランスの哲学者、社会主義者。反議会主義と行動主義を提唱。

晩年は反民主主義的立場をとる。ムッソリーニは彼をファシズムの父として高く評価した。主著『暴力論』。

(11) エチオピアの信仰にある、人間にのり移る一種の霊。

(12) マーシャル群島の住民の信仰にある、一種の創造神。

(13) サルトルはここで、第二次大戦中のレジスタンスを想起しているのであろう。

(14) 解放戦争の進展とともに、アルジェリア各地に地下の政治行政機構が生まれ、解放軍と密接な関係を持ちながら一般住民を組織し、戦争遂行の組織として税金を徴収し、小人数のゲリラ兵を擁していたことをサルトルは考えているのであろう。

(15) 「かれらは風をまきて狂風《はやて》をかりとらん」(『旧約聖書』「ホセア書」第八章)。悪事をなす者はそれに倍する罰を受けるの意。

(16) 一九六〇年には、フランシス・ジャンソンらによるFLN援助の地下組織の存在が明るみに出て、これを支持する知識人による「一二一人宣言」が発表された。これは作家のブランショ、ナドーらが執筆したもので、サルトルも賛同署名している。これに対して、植民地戦争には反対するが、FLNの暴力も、またFLN支持のような祖国を裏切る行為も、いずれも肯定できないとする人びとが、「非暴力」運動を起こした。彼らの主な戦術は「坐りこみ」であり、無抵抗に排除されるに任せながらくり返して「坐りこみ」を行なった。ここでサルトルは第一にその運動の推進者を想起しているのであろう。

(17) アジア・アフリカ・南米などを指す。

(18) アルジェリアのコロンたちは、原住民を〈ねずみ〉と呼んで蔑視した。

(19) 前出。注(6)参照。

(20) 原住民に一見リベラルな性格のステータスを与えること。ここにもド・ゴールの家父長的政策への暗示が含まれている。

(21) ビュジョー(一七八四―一八四九)は、フランスによるアルジェリア植民支配の基礎を固めた将軍。「剣と鋤」

でアルジェリアを手に入れたと言われるように、軍による侵略後は兵士を農民に変え、自分は総督としてこれを統治した。

(22) アルジェリアの欧米系住民による原住民への暴行。

(23) 「フランスのアルジェリア」は、アルジェリアの本国統合を主張する右翼団体のスローガン。現地では、一九六〇年一月の極右派の反乱(バリケード事件)が失敗して以来、OASと呼ばれる秘密軍事組織ができあがり、急速に勢力を拡大し、欧州系住民の幅広い支持を受けていた。とくにデモや「ねずみ狩り」の際には、自家用車やタクシーの運転手たちが、OAS支持を示すべく、「フランスのアルジェリア」のシュプレヒコールに合わせて警笛を一斉に鳴らす習慣があった。

(24) 一九六一年頃から、OASは仏本国にも進出。最初はプジャード派、元仏印戦争従軍者、アルジェリアから引き揚げたパラシュート部隊が中心になり、プラスチック爆弾を用いたテロによって、報道機関、ド・ゴールを初めとする閣僚や左右の政治家、知識人、OASへのカンパを拒否した商人たちに攻撃を加え、アパルトマン、事務所、商店、自動車などを次々と破壊した。サルトル自身も何回か襲われている。この文章を執筆した一九六一年九月には、サルトルはファシズムの到来と内戦の危機を強く感じていたのである。

(25) アルジェリアにおける一連の「ねずみ狩り」を指す。

(26) いずれも当時、OASやパラシュート部隊のテロ・暴行のあった場所。

(27) 長い円形の紐に指環を通し、円陣を作ってその紐をにぎった者が、次々とその指環を隣の人の手に移動させ、円陣の中心にいる者がだれの手に渡ったかをあてる遊び。

(28) ツアールおよびロアについては、注(11)、注(12)参照。

(29) 政府が、アルジェリア臨時政府との連帯を表明した人びとを弾圧し、国民の士気を維持しようとしたことを指す。

(30) ギリシア神話中の一挿話。アキレウスの槍に誤って傷つけれらたテウトラーニアの王テーレポスは、デルポイの神託により、「傷をつけたものが癒やすべし」と言われる。オデュッセウスが、傷をつけたものはアキレウスの槍だから槍の錆を削りとって創口につけたらよいと主張し、その通り試みると、傷はすっかり癒えたという。

パトリス・ルムンバの政治思想

原注

1 ただし、マスペロ社から刊行された、ミシェル・メルリエの『コンゴ』という素晴しい著書があることは指摘しておこう。

2 APIC。植民地原住民職員協議会。

3 カサヴブは、公安軍の行きすぎの責任をルムンバに負わせたとき、自分が嘘をついていることを知っていたのだ。

訳注

(1) プレザンス・アフリケーヌ刊行の『パトリス・ルムンバの政治思想』(一九六三)に付けた序文。ただし、本論文末尾の記述とは異なって、序文の題名も「パトリス・ルムンバの政治思想」となっている。『シチュアシオンV』収録テクストにおいては、句読点、大文字使用、若干の語句に訂正をほどこしているが、とくに重大なヴァリアントは見当たらない。

(2) 本書収録の「『地に呪われたる者』」訳注(1)参照。

(3) 一九〇八年にコンゴを責任統治下に収めて以来、ベルギー政府は原住民に安定した生活を与え、キリスト教によって教化し、こうして植民地搾取を「温情主義」でカムフラージュすることを基本方針とした。

(4) 一九五八年十月十日に、「社会主義行動」、「自由友好党」その他の連合として発足した。ルムンバはその指導者だが、内部にはルムンバの中央集権主義に反対して連邦国家を理想とするカロンジもおり、後にルムンバ派とカロンジ派に分裂して相争うこととなる。一九六〇年五月、独立を一ヵ月後に控えての総選挙では、百三十七議席中、ルムンバ派は三十五議席を占めて第一党となった。

(5) 一九四七年にパリとダカールで同時に発刊された黒人の雑誌。サンゴール、セゼール、リチャード・ライトらの黒人作家、ジッド、サルトル、カミュらの白人作家がこれに協力し、フランス語圏の黒人文学の中心となった。植民地主義に反対する明確な姿勢を持っていたことは言うまでもない。出版活動も極めて活発である。

(6) サルトルが序文を付した『パトリス・ルムンバの政治思想』は、ルムンバの演説集。

(7) ベルギーの大資本。コンゴの植民地搾取の中核であり、鉄道、保険、ダイヤモンド、畜産、造船、罐詰などの利権を独占していた。その系列下にコミテ・スペシアル・ド・カタンガがあり、これがカタンガ地方の鉱業を独占するユニオン・ミニエールとつながっていた。

(8) レオポルド二世(一八三五—一九〇九)。ベルギー国王。奴隷貿易の廃止を口実にコンゴを私領化し、一九〇八年まで「レオポルド方式」と称される最も苛酷な植民地収奪を行なった。その結果、コンゴ原住民の人口の急速な減少をすら招いたと言われる。

(9) コンゴ独立式典のさい、ベルギー国王ボードワンの挨拶に答えたルムンバの演説。

(10) ベルギーの植民地当時、「部族地帯」は、「首長区」(cheffries)と「地区」(secteurs)に分かれ、旧来の部族的伝統、族長の支配がつづけられていた。ここを出て都市化した現地人を「部族地帯外住民」と称し、一九三五年には全人口の僅か六パーセントにすぎなかった。だがその後飛躍的に増加し、五〇年代後半に二十二—三パーセントに及んだ(メルリエ『コンゴ』による)。

(11) 教会は、ベルギーの「温情主義」の重要な支柱で、コンゴはアフリカ第一の布教率を示した。ミッション・スクールの数も多く、ホスキンズ『コンゴ独立史』(みすず書房)によれば、一九五九年から六〇年にかけて、小学校の児童数は一四六万人と言われる。ただしその大部分は小学校止まりで、大学卒業者はコンゴ独立当時、文字通り指折り数えるほどしかいなかった。

(12) ジョゼフ・イレオ(一九二一年生)。「アフリカの意識」のジャーナリスト。一九五六年に、ベルギーのファン・

ビンセン教授が三十年間にコンゴ独立を果たすべしという生温いプランを発表すると、これを概ね支持する旨の宣言を発表。一九五八年にルムンバの「コンゴ民族運動」に参加。後にこれと袂を分かってカロンジ派（後出）に走る。コンゴ独立後、上院議長。ルムンバ失脚後は一時首相となった。

(13) 一九五二年に立法化された登録民制度により、中等教育を受けて適当な資産を有する少数の原住民に登録証を与え、原住民中のエリートを形成した。〈登録民〉（immatriculés）が正式名称。

(14) 一八八五年にレオポルド二世の創設した軍隊。ベルギー人将校の下に、初めはアフリカ各地から徴募した兵隊で編成。一八九一年以後はコンゴの兵隊に切りかえ、一時は強制徴募も行なわれた。他の植民地に類例の少ないほどに強力な軍隊で、それがコンゴ独立以後の混乱の不幸な原因ともなっている。

(15) 最初の正式名称は「キコンゴ語の統一と保存のためのバコンゴ協会」Association des Bakongo pour l'Unification et la Conservation de la langue Kikongo。一九五〇年に、バコンゴ部族の文化運動として、レオポルドヴィル及びその周辺に発生したもの。イレオの「宣言」（訳注12）に反対して一九五六年八月二十三日にラディカルな「宣言」を発表。以後、レオポルドヴィルを中心に、旧フランス領コンゴ（現在のブラザヴィル・コンゴ共和国）やアンゴラの一部などを統合する伝統的なバコンゴ族の王国の独立を目標に、政党（Alliance des Bakongo）に発展した。

(16) ジョゼフ・カサヴブ（一九一三―六九）。「アバコ党」の指導者。一九五八年以後、コンゴ即時独立を提唱。一九五九年一月暴動以後、一時逮捕された。コンゴ独立以後は大統領。

(17) 一九五九年レオポルドヴィルで結成。ギゼンガが総裁となる。初めは「アバコ党」に、後には「コンゴ民族運動」に接近。

(18) 一九五九年、キヴ州のブカブで結成。社会主義的色彩が強く、「コンゴ民族運動」に協力。指導者はカシャムラ。

(19) 原語は ethnies。本論文では、これを tribus と全く同視して使用していると思われる故に、以下「部族」と訳す。旧ベルギー領コンゴには二百以上の部族が存在し、それが動乱と政情不安の大きな原因である。

(20) レオポルドヴィルのカルム区で開かれた「アバコ党」の集会に端を発した事件。民衆のデモに警官が発砲、デモは暴動化、放火やリンチが行なわれた。公式発表によれば死者四十九名、負傷者二百四十一名(ホスキンズ『コンゴ独立史』による)。だが外電のなかには、死者二、三百、負傷者二千と伝えているものもある。「アバコ党」の指導者は逮捕され、党は一時解散の命令を受けたが、実質的には逆に党勢を拡張した。

(21) クワメ・エンクルマ(一九〇九—七二)。ガーナの政治家。首相(一九五七—六〇)、大統領(一九六〇—六六)をつとめた。パン・アフリカニズムの重要な指導者であった。北京訪問中に自国のクーデターで失脚。以後、ガーナに帰ることはなかった。

(22) 相手の言葉や行動を、当の相手につきつけて、その矛盾を衝き混乱させる論法。

(23) ベルクソンは『創造的進化』のなかで、知性は人工的対象、とくに道具を作る道具を製作する能力であると言い、そのような知性を備えた人間をホモ・ファーベル(工作人)と呼んでいる。

(24) 原住民から徴募した労働者を、工場とヨーロッパ人居住地から一、二キロ離れた兵営状の収容所に強制的に入れる習慣があった。出入口はたった一カ所しかなく、原住民労働者の組織的隔離と労働力確保の役を果たすもの。

(25) 正式には「カタンガ協会総同盟」Confédération des Associations Katangaises。カサイ移民がカタンガ州で有力な地位につくのに反対して結成された。モイーズ・チョンベを指導者とし、鉱物資源に富む宝庫カタンガに広汎な自治を与える連邦制を主張。白人と最も密接に結びついた政党である。

(26) 一九五八年十二月に、ガーナのイニシアティーヴの下に同国のアクラで開かれた「全アフリカ人民会議」。

(27) フュルベール・ユールー(一九一七—七二)。旧フランス領であったコンゴ共和国の独立後、その大統領となった人物。一九六三年にクーデタのため辞任。彼はまたカトリックの神父でもあった。

(28) 一九五八年六月に首相となったド・ゴールは、第五共和国憲法草案において、「フランス共同体」の構想を打ち出した。その国民投票(九月二十八日)を控えて、八月下旬にド・ゴールはフランス領のアフリカ各地を歴訪し、憲法草案の意義を説得したが、その途中ブラザヴィルに立ち寄った際の演説内容を指す。「共同体」構想が、アフリカ人民の主張する「独立」とはかけ離れた新植民地主義であり（ギニアはこれを拒否した）、にもかかわらず「共同体内独立」という言葉が魅力的に響いて連鎖反応を惹き起こすことを、サルトルは指摘しているのである。

(29) コンゴ独立は一九六〇年六月三十日に宣せられ、七月当時ルムンバは首相の地位にあった。

(30) ソ連から輸送機の援助を受けたことを指す。

(31) モイーズ・チョンベ（一九一九—六九）。ルンダ部族の古い王家の末裔。カタンガを支配するベルギー鉱山会社と密接な関係にある。カタンガ州の自治を要求する「コナカット党」（訳注25）の党首となり、独立直後の七月十一日には、早くもカタンガ独立を宣告。

(32) カロンジ（一九二九年生）は、「コンゴ民族運動」中の、カトリックに支持される穏健分子。バルバ部族の部族主義と結び、ルムンバに対立、後にカサイ鉱山州大統領として完全な分離主義者となる。

(33) 一九六〇年五月十六日、ベルギーは新たに「一般アフリカ問題大臣」のポストを新設、最高裁判事ガンショフ・ファン・デル・メールスを任命した。これはコンゴに駐在して事態を監視し、ベルギー政府の意のままに調整する役割であった。

(34) 九月五日、カサヴブ大統領はルムンバ首相解任を発表、後任に上院議長イレオを任命した。

(35) 一九五八年九月二十八日の国民投票で、フランス第五共和国憲法草案に圧倒的多数で賛成。同年十一月二十八日、コンゴ共和国宣言。翌年二月共和国憲法採択。同六月新議会選挙。六〇年六月十三日、独立宣言。

(36) ベン・ベラ（一九一九年生）はアルジェリアの政治家。アルジェリア戦争（一九五四—六二）の口火を切った民族解放戦線（FLN）の武装蜂起を指導。後にフランス軍に逮捕され、拘禁された。独立後、初代首相、初代大統領となる。一九六五年にクーデターで失脚。

(37) エミール・ヤンセンス。コンゴ軍総司令官。

(38) おそらく「独立以前」、ないしは「非植民地化以前」の誤りであろう。

(39) メルロー＝ポンチの『ヒューマニズムとテロル』におけるブハーリンの分析にこの記述がある。

（40） ムノンゴ。当時のカタンガ州内相。
（41） 一九〇六年設立。カタンガ地方の鉱山地帯二万平方キロを一九九〇年まで買い占めて、巨大な植民地独占資本となった。コンゴ収奪の代表的な企業。チョンベは彼らの「操り人形」である。
（42） 本書の「『地に呪われたる者』」訳注（27）参照。
（43） 七月十三日、コンゴは国連軍の派遣を要請、国連は緊急安保理事会を開き、直ちにベルギー軍の撤退を要求する決議案を可決、国連軍派遣も決定された。
（44） ジョゼフ－デジレ・モブツ（一九三〇―九七）。七年間〈公安軍〉にあり、後ジャーナリストとなる。一時ルムンバの〈コンゴ民族運動〉に参加、さらにコンゴ軍の参謀長となる。九月十四日の軍の反乱の先頭に立ってコンゴの実権を握った。その後カサヴブと和解。ルムンバを逮捕し、カタンガに引き渡して虐殺させたのもモブツである。
（45） 当時の国連事務総長ハマーショルドは、国連軍派遣を要請した当のルムンバを見殺しにし、チョンベと会談して実質的にカタンガの分離主義をバック・アップした。アラブ連合、ガーナ、モロッコ、ユーゴ、インド、セイロン等、コンゴ派遣国連軍に加わっていた国々が国連軍の行動を非とし、その幾つかの国が自国軍を引き揚げた。
（46） 一九六〇年十月二十八日、旧フランス領のコンゴ共和国独立式典の機会に、同国のユールー大統領は、チョンベ・カタンガ州首相、カサヴブ大統領、モブツ、カロンジ・カサイ鉱山州大統領（いずれも当時）を招き、問題解決のための〈家族会議〉を開いた。この顔ぶれから見ても反ルムンバの会議であることは明らかである。
（47） ハマーショルドを指すのであろう。
（48） アントワヌ・ギゼンガ（一九二五年生）。ルムンバの後継者。一九五九年六月にアフリカ連帯党を結成して総裁となり、独立後、副首相の地位に就く。六〇年十二月十三日、逮捕されていたルムンバに代わってコンゴ政府樹立を宣言。スタンレーヴィルに首都をおき、七千の軍隊を駆使して忽ち勢力を増大した。
（49） シリル・アドゥラ（一九二一―七八）。「コンゴ民族運動」に参加。その後カロンジ派に走ってルムンバと袂を分かった。さらにカロンジをも離れて独立直前の総選挙で温健左派の国民同盟党から上院議員に当選。一九六一年八月二日に首相となる。

（50）　一九六三年五月、エチオピアの首都アジス－アベバでアフリカ首脳会議が開かれ、三十カ国の首脳が「アフリカ統合機構」憲章に調印したことを指す。

（51）　ホセ・マルティ（一八五三－九五）。キューバ革命の父と呼ばれる詩人。キューバ革命党を設立して亡命中のニューヨークからキューバに出撃したが、数日後に戦死した。

黒いオルフェ

原注

1　マラルメ『魔法』プレイアード版、四〇〇ページ。

2　セゼール『奇蹟の武器』《タムタムII》より。

3　この意味において、批判精神（カントの）は非プロレタリア的技術者の観点を表わしている。主観は事物の中に彼が置いたものを見出す。しかし彼がそこに何ものかを置くのは頭の中だけのことである。つまり悟性の操作にすぎない。学者と技術者とはカント派である。

4　その上、カメルーンや象牙海岸における黒人の現在の境遇とは、ことばのもっとも厳密な意味における奴隷制でなくしていったい何であろう。

5　セゼール『奇蹟の武器』一五六ページ。

訳注

（1）『黒いオルフェ』は、一九四八年、レオポルド・サンゴール編『ニグロ・マダガスカル新詞華集』の序文として書かれたものであり、のちに評論集『シチュアシオンIII』に収録された。翻訳にあたっては、『シチュアシオンIII』

第八版（一九四九）を底本とし、同時に『新詞華集』をも参照した。両者のあいだには若干の訂正・誤植の外に、サルトル自身の手によるものか否かも判定できない細かい相違点が見られた。とくに『新詞華集』序文の強調符号の多くは『シチュアシオン』では省略されており、改行個所にも多少の変化がある。これは主として『新詞華集』によって訳した。とりわけ原文のイタリックを示す傍点の有無がそれに当たる。なお、詩の引用は、しばしば不正確であるが、これはできるかぎり原詩によって訂正した。

意味を明確にするために、原文にない個所で改行をほどこした個所がいくつかある。また、〔　〕内の言葉は、すべて訳注ないし訳者の補ったものである。

文中のギリシア名前は、ギリシア読みに従った。ただし、オルフェとナルシスは、この読み方で広く知られていると思われる故に、敢てフランス読みを採用した。

（2）　レオポルド・セダル・サンゴール『黒いおんな』より。レオポルド・セダル・サンゴールは、一九〇六年セネガルに生まれる。七歳のときに白人の学校に入る。ダカールの学校に、ついでパリのリセ・ルイ・ル・グランとソルボンヌに学ぶ。トゥール及びパリで教鞭をとるかたわら、詩作を始め、エメ・セゼールと共に一九三〇年代の《ネグリチュード》の運動の中心となる。一九四七年の「プレザンス・アフリケーヌ」誌発刊にも関係した。セネガル独立後、一九六〇年から八〇年まで大統領の職にあった。『影の歌』、『黒い生贄』に始まるいくつかの詩集を出している。なお、サルトルが序文『黒いオルフェ』を寄せたこの『ニグロ・マダガスカル新詞華集』は、サンゴールの編になるものである。

（3）　ギイ・チロリアン『小さなニグロの子供の祈り』より。ギイ・チロリアンは一九一七年生。西インド諸島の一つ、グアドゥルゥプ島出身。当地の高等学校を卒え、植民地行政官を経て国連の職員となった。詩集に『金の梱《こり》』。

（4）　ポール・ヴァレリーの「精神の危機」（一九一九）のなかの、「ヨーロッパはアジア大陸の小さな岬になってしまうのだろうか」という言葉を踏まえている。

（5）　レオン・G・ダマ『ルンペンが私に十スーねだった』より。ダマ（一九一二―七八）はギアナ出身。マルチニック島の高等中学を卒えたのち、パリにて法律を学んだ。作品としては詩集『色素』『フレスコ画法』『ブラック・ラベル』の外に、コントやエッセイ集がある。なお、この引用詩は

jusqu'au bout de
l'éternité de leurs boulevards sans fin
à flics ……

となっているが、原詩にしたがって sans fin は削除した。

(6) エメ・セゼールの詩劇『そして犬どもは黙っていた』より。エメ・セゼールは一九一三年生。マルチニック島出身。一九三二年六月に発行された黒人誌「正当防衛《レジティム・デファンス》」(エチエンヌ・レロ、ルネ・メニルらによる)の宣言に心を打たれて詩作に入り、サンゴールと識って、三〇年代の《ネグリチュード》の運動の推進者となった。詩集に『帰郷ノート』(砂野幸稔訳・平凡社)、『奇蹟の武器』など多数。ほかに『トゥッサン・ルゥヴェルチュール』、『モーリス・トレーズへの手紙』など、伝記や政治にかんする文章が多い。マルチニックの代議士としてフランス議会に選ばれ、また長く共産党に属したが、フランス共産党の植民地主義に対する政策を不満としてこれを離れた。多年にわたりマルチニック島のフォール・ド・フランスの市長を続けている。

(7) サンゴール『サバの種族への呼びかけ』より。

(8) 出典不詳。

(9) ジャック・ラベマナンジャラ『七絃琴』より。なお引用中の hanterons (つきまとう)を原詩に従って hanteront と訂正。

ジャック・ラベマナンジャラは一九一三年生。マダガスカル出身。タナナリヴで学校を卒える。『青年評論』を創設。のちにフランスに赴き、大学を卒え、その間に十九世紀のフランス詩人の作品と、同じくマダガスカル出身の詩人ラベアリヴェロから影響を受けた。詩集、劇作、エッセイなど多数。のちに政治活動に入り、一九四七年には《マダガスカル革新民主運動》の反乱に参加して捕えられ、一九五六年まで獄中生活を送った。この四七年事件は、原住

民に八万の死者を出したと言われるフランス側の大虐殺を惹きおこしたもので、詩人は反乱首謀者の一人だった。なお、彼は雑誌「プレザンス・アフリケーヌ」の運動には深い関係を持っている。

(10) セゼール『帰郷ノート』より。

(11) バシュラールの用語。サルトルはこれを用いて、事物が道具複合の中に入ってくる際の抵抗を説明している。『存在と無』新装版下巻六四七ページ参照。

(12) 現在の制度を一変する社会的変動と革命のあとに来る、革命家にとっての偉大な夕べ。

(13) ブリス・パラン(一八九七—一九七一)。フランスの小説家、批評家。『言語の本性と機能にかんする研究』の著者。

(14) 『シチュアシオンⅢ』には dans l'antinomie de leur idéal de leur classe とある。『新詞華集』に従って、idéal の次に et を補う。

(15) 異なった人種の中に入りこむこと。たとえば比較的白い黒人が白人を装って、白人地帯にもぐりこむこと。

(16) 人間現実にかんする理解は覆われ歪められているが、これを正しく顕在化し、矯正してゆく態度をサルトルは原本的と呼ぶ。

(17) これが一九四八年に書かれたことを想起する必要がある。それから一〇年後に、セネガル大統領サンゴールは、社会主義国とも、またアジア・アフリカの急進的な独立国ともちがった独自の《社会主義のアフリカ的な道》を提唱することになる。

(18) この言葉には、黒人であること、黒人性、黒人意識、黒人精神、ニグロ意識、ニグロ精神、などの訳語を考えることができようが、この一文全体が《ネグリチュード》の分析であり、その解明であることを考え併せて、あえて原語をそのまま用いることとした。なお現代語を豊富に収めたポール・ロベールの辞典 Dictionnaire Alphabétique et Analogique de la Langue Française では、《ネグリチュード》を「黒人独特の思考や感覚の性格、及びその方法。黒人種に属すること」と説明され、サルトルの『黒いオルフェ』を参照せよと記されている。

ろう。

(19) 一九三〇年代の《ネグリチュード》の運動が、パリに集まった黒人学生の手で始まったことを考えているのであろう。

(20) レオン・G・ダマ『宴会』より。

(21) 毒蛇にかまれて死んだ妻のエウリュディケーを求めて、オルフェは地獄に行く。地獄を出るまでけっしてエウリュディケーをふり返って見ないという条件でプルートーンから彼女を返してもらうが、途中で禁を破ったために永遠に彼女を失う。

(22) ビラゴ・ディオップ(一九〇六―八九)。セネガル出身。獣医となり、トゥールーズで開業。そのかたわら詩を書いた。『アマドゥー・クンバ物語』など物語作家としてとくに知られている。

(23) レオン・ラロ(一八九二―一九七九)。ハイチ出身。詩人であると共に外交官としての経歴も長い。『低い声で』、『ニグロ音楽』などの詩集がある。

(24) ジャン゠ジョゼフ・ラベアリヴェロ。一九〇一年生。マダガスカル島出身。貧窮のうちに育ち、転々と職をかえ、最後には印刷所の校正係だった。一九三七年に自殺。生前にいくつかの詩集を出している。学校卒業当時、彼はフランス語を十分に理解はしたが、しかしフランス語で執筆することはきわめて困難だった。数年間の驚くべき努力の末に、彼はフランス語を自分のものとしたのであって、サルトルがここに名前を挙げているのにはそれだけの理由があると言える。

(25) ラロ『裏切り』より。

(26) ジョルジュ・バタイユ(一八九七―一九六二)。評論家、小説家。『内的体験』のなかで、「言葉の全燔祭」という表現を用いている。

(27) ゾロアスター教徒が、風葬・鳥葬のために死者の身体をさらす習慣のあった塔。「ダクマ」と呼ばれ、人里離れた荒涼たる山の頂上などに作られた。

(28) 現在はアンタナナリボ、マダガスカル民主共和国の首都。

(29) チロリアン『黒い国の魂』より。
(30) サンゴール『サバの種族への呼びかけ』より。
(31) ディオップ『苦しめ哀れなニグロ』より。ダヴィッド・ディオップは一九二七年ボルドーに生まれる。セネガル人の父親とカメルーンの母親の子で、この両国とフランス本国のあいだを始終往来していた。「プレザンス・アフリケーヌ」に詩を発表。詩集『杵の響』。一九六〇年、飛行機事故で死亡。
(32) サンゴール『コンゴ』より。
(33) マルセル・デュシャン(一八八七—一九六八)。ダダ、シュールレアリスムの運動に大きな役割を演じた画家、彫刻家。
(34) セゼール『とり返しのつかぬもの』より。
(35) セゼール『野蛮人』より。
(36) 『シチュシオンI』に収められたサルトルのバタイユ論「新しい神秘家」によれば、サルトルはこの表現をヤスパースの著作から得たようである。ここでは、サルトルがボードレール論に用いた《ひび》(fêlure)、ジュネ論における《切り傷》(coupure)と同じく、他者(白人)との根源的な体験、すなわち他者によって対自と対他に引き裂かれることを指しているのであろう。
(37) デカルト『精神指導の規則』を作者は念頭においているのであろう。
(38) イグナチウス・ロヨラ(一四九一頃—一五五六)の代表的著作『精神の修練』(門脇佳吉訳『霊操』岩波文庫)を作者は思い起こしているのであろう。
(39) ペルシャやシリアなどで、イスラム教の僧たちの一部にあった風習。大道芸人のように芸をして、信者から金銭を得る。
(40) マダガスカルにある一種の詩の形式。ジャン・ポーランはこれに興味を抱いて『ハインテニ』(一九三八)を著わした。

(41) 西アフリカの父子相伝の彷徨詩人。民謡の作曲家。あちこちで施物を受け、一種の賤民扱いを受けながら、独特な歌謡を伝えた。
(42) セゼール『とり返しのつかぬもの』より。
(43) エティエンヌ・レロ（一九〇九―三九）。マルチニック島出身。パリで夭折した。英文学、哲学を修め、一九三二年の『正当防衛』刊行の際は、ルネ・メニル、ジュール・モヌロと共に指導的立場にあった。彼の短い一生は多くの詩作を残しはしなかったが、三〇年代の《ネグリチュード》運動のきっかけを作った者として知られている。
(44) 一九三二年六月一日に、パリにいたマルチニックの留学生たちによって作られた雑誌。マルクス、フロイト、ランボー、ブルトンなどを、同人たちは師と仰いでいた。
(45) レロ『睫毛のある栗』より。
(46) 一九二四年に刊行され、五年間つづいたシュールレアリスムの機関誌。
(47) 「シュールレアリスム革命」（一九二四―二九）、「革命に奉仕するシュールレアリスム」（一九三〇―三三）に続いて、シュールレアリストたちが拠点とした美術雑誌。一九三三年に創刊され、一九三八年まで刊行された。
(48) ルコント・ド・リールを中心とする十九世紀フランス詩の主要な一流派。
(49) セゼール『射撃通告』より。
(50) 前出一六一ページ参照。
(51) セゼール『太陽・蛇』より。
(52) トゥッサン・ルーヴェルチュール（一七四四―一八〇三）。ハイチの奴隷として生まれ、奴隷解放のために闘った軍人政治家。捕えられてフランスで獄死した。《黒人ジャコバン》と呼ばれる。
(53) ギリシア神話において、オリュンポス神以前に、ウラノス（天）とガイア（地）から生まれた神族で、原始時代を支配していた巨人たち。なお、そこから単に巨人のこともティタンという。
(54) 西インド諸島の黒人の宗教。

(55) キリストの最後の晩餐に用いられ、また、十字架のキリストから流れる血を受けたとされる器。この聖杯探索の物語は、中世伝説の中でももっとも多く語られたものの一つで、クレチアン・ド・トロワを初めとして多くの詩人の想像力を刺激した。

(56) セゼール『帰郷ノート』より。

(57) 存在そのものをわがものとし、存在とのあいだに内的なきずなをうちたてようとする所有。『存在と無』第四部第二章第二節《「為す」と「持つ」――所有》参照。

(58) 『帰郷ノート』より。なお改行は原詩に従った。

(59) ベルクソンは『創造的進化』のなかで、人工的対象、とくに道具を作る道具を製作する能力としての知性を備えた人間を、工作人(homo faber)と呼んでいる。

(60) 「白人は……」に始まるこの文章は、『シチュアシオンIII』には見あたらない。おそらく脱漏であろう。というのは、『ニグロ・マダガスカル新詞華集』においては、これはちょうど一行分にあたり、その冒頭は en agissant d'abord sur la Nature であるが、次の行の冒頭が、en agissant d'abord sur soi となっているため、植字の際に一行とばしたと考えられるからである。

(61) 『シチュアシオンIII』も『新詞華集』も compter となっている。原詩に従って dompter と訳す。

(62) セゼール『帰郷ノート』より。「肉の肉」という表現は、最愛の者を意味する。

(63) たとえば『創造的進化』や、『思想と動くもの』に収められた「緒論(第二部)」などを参照。

(64) 前出一四四ページ。

(65) compréhension par sympathie. ベルクソンの「共感」(sympathie)による直観的把握を考えているのであろう。了解とはこの場合、主体的な理解を指している。

(66) サルトルはサン・テグジュペリを、「建設の文学の先駆者」(『文学とは何か』)として高く評価している。

(67) enceinter を enceintrer の誤植と解する。

(68) サンゴール『コンゴ』より。
(69)『春の歌』より。
(70)『サボテン』より。
(71)『犠牲』より。
(72)『夜の歌』より。
(73)『そして犬どもは黙っていた』より。
(74) 一九一〇年生まれの批評家。エリュアール、クローデル、ニーチェなどにかんする著作がある。とくに、サルトルのこの一文よりも後の出版になるが、『アンドレ・ブルトンとシュールレアリスムの基本的素材』(一九四九)と、『独身者の機械』(一九五四)は有名。後者は高山宏・森永徹の邦訳がある(ありな書房刊)。
(75)『帰郷ノート』より。原詩に従って mais を補う。
(76) ポール・ニジェル(一九一五―六二)。グァドゥループ島出身。レジスタンスに参加。またマンチル諸島の独立運動に参加したため、グァドゥループ島への滞在を禁止された。飛行機事故で死亡。詩集に『私はアフリカが好きでない』、小説に『権力者たち』がある。
(77) ニーチェにおける、明晰さ、光、節度の神としてのアポロン的なものと、生の充溢、混沌、狂乱の神であるディオニュソス的なものとの対立をふまえている。
(78) 西アフリカのニジェル、ナイジェリア、などを通る大河。
(79)『わたしはアフリカが好きでない』より。
(80)『黒人の歎き』より。
(81) ジャン・F・ブリエール。一九〇九年生。ハイチ島出身。後出のルーマンと同じく革命運動に積極的に参加し、反政府新聞「戦闘」を創刊し、何度も投獄された。『小さい兵隊』『ブラック・ソウル』など、いくつかの詩集がある。
(82)『わたしはまたここにいる、ハーレムよ』より。

(83)『そして犬どもは黙っていた』にこの言葉がある。
(84) マルチニックの奴隷制は一七九四年にいったん破壊されたが、ナポレオンによって再び実施され、一八四八年に至って決定的に廃止された。
(85) ルーマン『黒の森』より。ジャック・ルーマン(一九〇七—四四)はハイチ島出身。二〇歳の頃フランスをはじめヨーロッパ諸国に滞在、各国の言語、文学を吸収した。多方面の才能をもち、「原住民評論」という雑誌を創立し、詩、コント、小説を書き、政治に積極的に参加し、投獄されたこともある。
『黒の森』は詩集の題であると共に一詩篇の題でもある。原題は《Bois-d'Ebène》(『黒檀の森』)だが、これは奴隷商人のあいだの俗語で黒人たちのことを指す言葉でもある。
(86) ルーマン『ブラック・ソウル』より。
(87)『ブラック・ソウル』より。「未来の城塞へと昇ってくるだろう」の部分は、原詩では monterez となっているが、サルトルの引用に従って monteront と解した。
(88)『黒の森』より。
(89) 第二次大戦中の対独協力を想起しながら、白人に《協力》するの意に用いられている。
(90) サンゴール編のこの『ニグロ・マダガスカル新詞華集』には、各詩人の詩の前に簡単な作者の経歴や作品を紹介する編者の文章が付せられている。
(91) キルケゴールの主要著書の一つに『怖れと慄き』がある。
(92)《良識は世界でもっともよく分かたれたものである》というデカルトの句にかけている。
(93) 会得、ないしは了解と、知解との関係は、『弁証法的理性批判』(一九六〇)の主要なテーマであり、分析的理性と弁証法的理性との関係でとらえられているが、この十余年後の労作のテーマがすでにこの一文にあらわれていることは興味深い。なお、了解(会得)と知解については、「サルトル手帳28」(サルトル全集『弁証法的理性批判』I付録)の「基本術語解説表」を参照されたい。

(94)『黒の森』より。
(95) ヘーゲル『精神現象学』の《自己意識》の章参照。自己のうちにおいて分裂した意識。
(96) 黒人と資本主義社会の労働者農民との相違の意。
(97)『黒の森』より。
(98) ギリシア神話のフィロクテテスはギリシア軍隊中もっとも高名の射手とされており、ヘラクレスの弓矢を授かった。トロイア遠征の折、航海の途中で足を傷つけ、エーゲ海の孤島に置き去りにされた。トロイア攻落にはヘラクレスの弓矢が必要であるという予言に基づき、オデュッセウスと共にこの島に来たネオプトレモスが、まんまとフィロクテテスから弓矢を受け取ることに成功する。ソフォクレスはこの主題を悲劇『フィロクテテス』に描いている。
(99) 王家の血を引く叛逆者に対して、合唱隊が、「お前の掟は統治することだ、お前はこの掟から逃げ出しはしないだろう」と言う。これに対して叛逆者が以下の引用のように答えるのである。
(100) *Une* loi que je *couvre* d'une chaine..... で始まる『シチュアシオン』版に対して、いくつかの異本がある。
(1) *Une* loi *est* que je *couvre* d'une chaine.....(『新詞華集』)
(2) *Ma* loi *est* que je *courre* d'une chaine.....(『奇蹟の武器』、ガリマール、一九六一年版)
(3) *Ma* loi *est* que je *couvre* d'une chaine.....(『そして犬どもは黙っていた』、プレザンス・アフリケーヌ、一九六二年版)

われわれは、原詩のコンテクストを検討し、かつ訳者の一人(海老坂)が直接セゼールに会ってただした上で、『奇蹟の武器』一九六一年版を採用した。courre という古い語句は、現在不定法としてしか用いられていないが、セゼールはこれを接続法と思い誤っていたらしい。そこからいっさいの誤植が生じたのであろう。
(101)『新詞華集』『シチュアシオン』の Mais un. は採用せず、『奇蹟の武器』の Mais nu. を選んだ。原詩のコンテクストから見てこれは完全な誤植と考えられる。
(102)『そして犬どもは黙っていた』より。

(103)『そして犬どもは黙っていた』より。

第三世界は郊外に始まる

訳注

(1) 付記にある『在仏アフリカ人労働者に関する書』を指す。
(2) この点については、本書所収の「パトリス・ルムンバの政治思想」を参照されたい。
(3) 在仏セネガル人労働者総連合(Union Générale des Travailleurs Sénégalais en France)の略。問題になっている書物は、この組織が編んだもの。
(4) 一九五八年十二月に、「本国在住アルジェリア・イスラム教徒労働者とその家族のための社会事業基金」が設立され、それを土台として一九六四年七月に、「外国人労働者のための社会事業基金」が設立された。
(5) セネガル人移民総連合の略でもあろうか。

解　題

『一つの中国からもう一つの中国へ』

古い中国から新しい中国への移行期をとらえたアンリ・カルチエ＝ブレッソンの写真集（一四四枚）に寄せた序文。〈永遠〉から〈歴史〉への歩みという視覚からカメラのあとを解説している。サルトルが中国を初めて訪れたのは一九九五年秋で、それ以前に書かれた文章。『シチュアシオンV』に再録された。

植民地主義は一つの体制である

一九五六年一月二十七日に「北アフリカの戦争継続に反対する知識人行動委員会」主催の大集会での講演。サルトルの前にエメ・セゼールが講演している。アルジェリア戦争の初期においては、情報を欠いていたこともあり、サルトルはかならずしも積極的な発言をしていないが、これ以後アルジェリアの独立を支持する立場を明確にさせていく。『シチュアシオンV』に再録。

『植民者の肖像と被植民者の肖像』

ユダヤ系のチュニジア人の作家、アルベール・メンミのエッセーに寄せた序文。『シチュアシオンV』

に再録。

『地に呪われたる者』

フランツ・ファノンの三冊目の著作に寄せた序文。ファノンの経歴については訳注（1）を参照。『シチュアシオンV』に再録。

パトリス・ルムンバの政治思想

独立コンゴの初代首相ルムンバの演説と手紙をまとめた書物への序文。ルムンバは当時、次々と独立を達成する黒いアフリカ諸国の指導者の中で、もっとも注目をあびた存在だった。『シチュアシオンV』に再録。

黒いオルフェ

訳注（1）にあるように、サンゴール編の『ニグロ・マダガスカル新詞華集』の序文として書かれたもの。その前年、一九四七年に、アフリカの若い世代によってプレザンス・アフリケーヌ誌が月刊誌として創設され、この後援会にサルトルは、ジッド、カミュ、レイリス、セゼールなどと共に名をつらね、創刊号に短い文章を寄せていた。『シチュアシオンIII』に再録。

ラッセル法廷

一九六五年二月、アメリカ空軍が本格的に北ヴェトナムの爆撃を開始して以後、サルトルはヴェトナム戦争にたいする批判の姿勢を強め、アメリカの北爆を理由にコーネル大学からの招待を、拒否した。六六年秋からは、イギリスの哲学者バートランド・ラッセルのアピールに応じて、「ヴェトナム戦争犯罪国際法廷」のための準備に奔走している。〈ラッセル法廷〉と呼ばれるこの公開裁判は六七年五月二日から十日までストックホルムで開かれ、サルトルは議長の役をつとめた。この文章はその開会の辞。『シチュアシオンVIII』に再録。また、このときの裁判記録全体は『ラッセル法廷』（人文書院、一九六七年）で知ることができる。

ジェノサイド

第二回〈ラッセル法廷〉は六七年十一月二十日から十二月二日までコペンハーゲン郊外のロスキルド市で開かれ、サルトルはこのときも議長をつとめている。〈ジェノサイド〉という言葉ならびにこの文章の位置については本文参照。『シチュアシオンVIII』に再録。またこのときの裁判記録全体については『続ラッセル法廷』（人文書院、一九六八年）がある。

第三世界は郊外に始まる

書誌については本文の付記を参照。体制としての植民地主義という視点に注目したい。『シチュアシオンVIII』に再録。

（海老坂武）

マ　行

ヤ　行

ラ　行

人名索引

訳者略歴

多田道太郎（ただ・みちたろう）
1924年生まれ。フランス文学者、評論家。『遊びと日本人』『風俗学』『変身放火論』の著書のほか、カイヨワ『遊びと人間』の訳書など多数。

渡辺　淳（わたなべ・じゅん）
1922年生まれ。フランス文学者。メンミ、バルトほか多くの翻訳を手がける一方『映画と文学の間』『パリ・開幕』など映画・演劇評論多数。

鈴木道彦（すずき・みちひこ）
1929年生まれ。フランス文学者。ニザンやサルトルの多数の翻訳、論著にくわえ、プルースト『失われた時を求めて』個人全訳を翻訳刊行中。

海老坂武（えびさか・たけし）
1934年生まれ。フランス文学者。サルトル他数多くの翻訳と、『思想の冬の時代に』『ヨーロッパ新空間』『シングル・ライフ』など著書多数。

浦野衣子（うらの・きぬこ）
1934年生まれ。フランス文学者。共著の『サルトルとその時代』のほかニザン『トロイの木馬』、ライナー他『今日のポール・ニザン』の翻訳。

加藤晴久（かとう・はるひさ）
1935年生まれ。フランス文学者。バリバール『プロレタリア独裁とは何か』など多くの翻訳の他に、編著として『ピエール・ブルデュー』等。

ISBN4-409-03054-X C3010

植民地《しょくみんち》の問題《もんだい》

二〇〇〇年二月二〇日　初版第一刷印刷
二〇〇〇年二月二五日　初版第一刷発行

著　者　J-P・サルトル
訳　者　多田道太郎／渡辺淳
　　　　鈴木道彦／海老坂武
　　　　浦野衣子／加藤晴久
発行者　渡辺睦久
発行所　人文書院
〒六一二-八四四七
京都市伏見区竹田西内畑町九
電話〇七五（六〇三）一三四四
振替〇一〇〇〇-八-一一〇三

印刷　創栄図書印刷株式会社
製本　坂井製本所
装幀　倉本　修

乱丁・落丁本は送料小社負担にてお取替いたします。

http://www.jimbunshoin.co.jp/